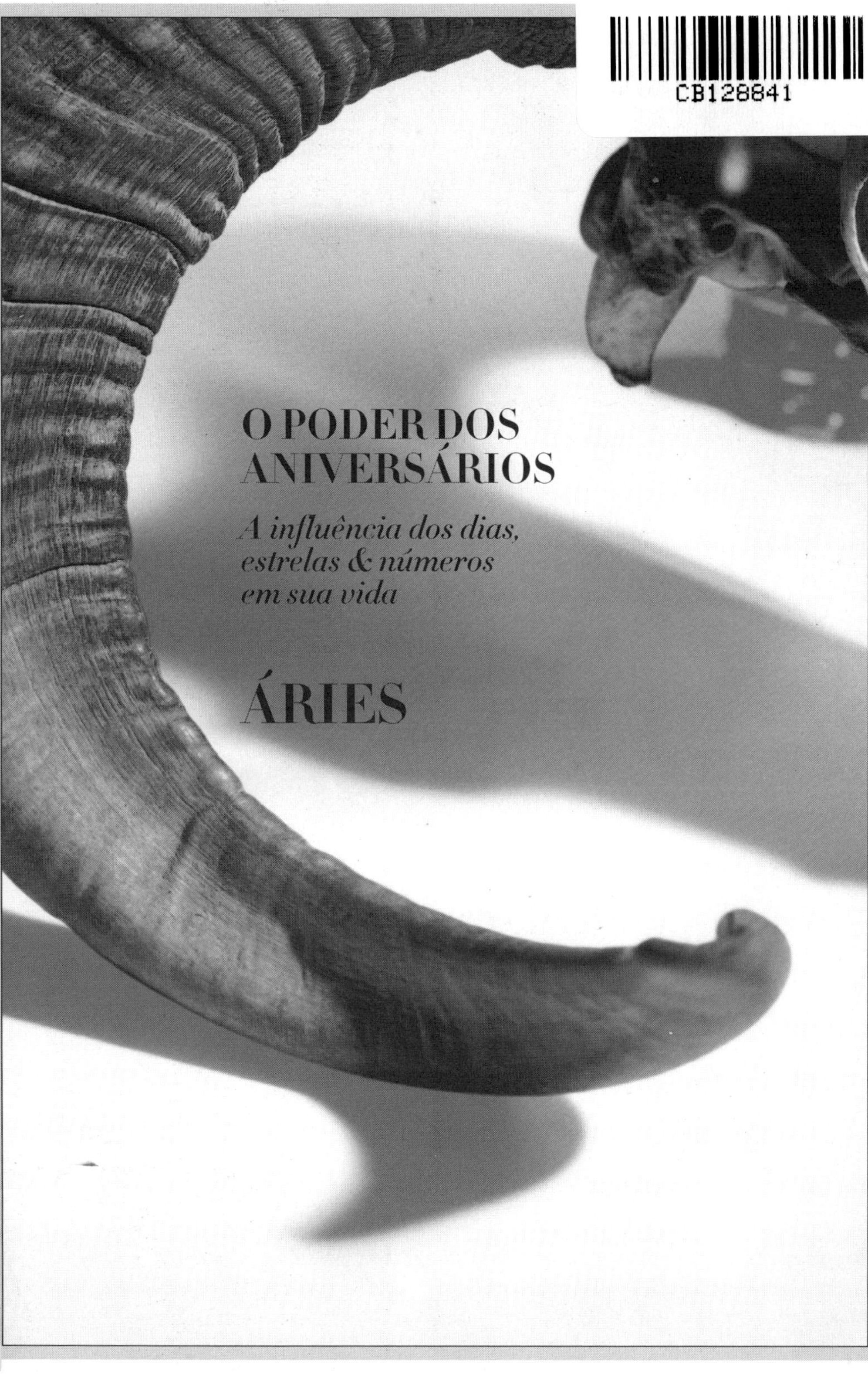

O PODER DOS ANIVERSÁRIOS

A influência dos dias, estrelas & números em sua vida

ÁRIES

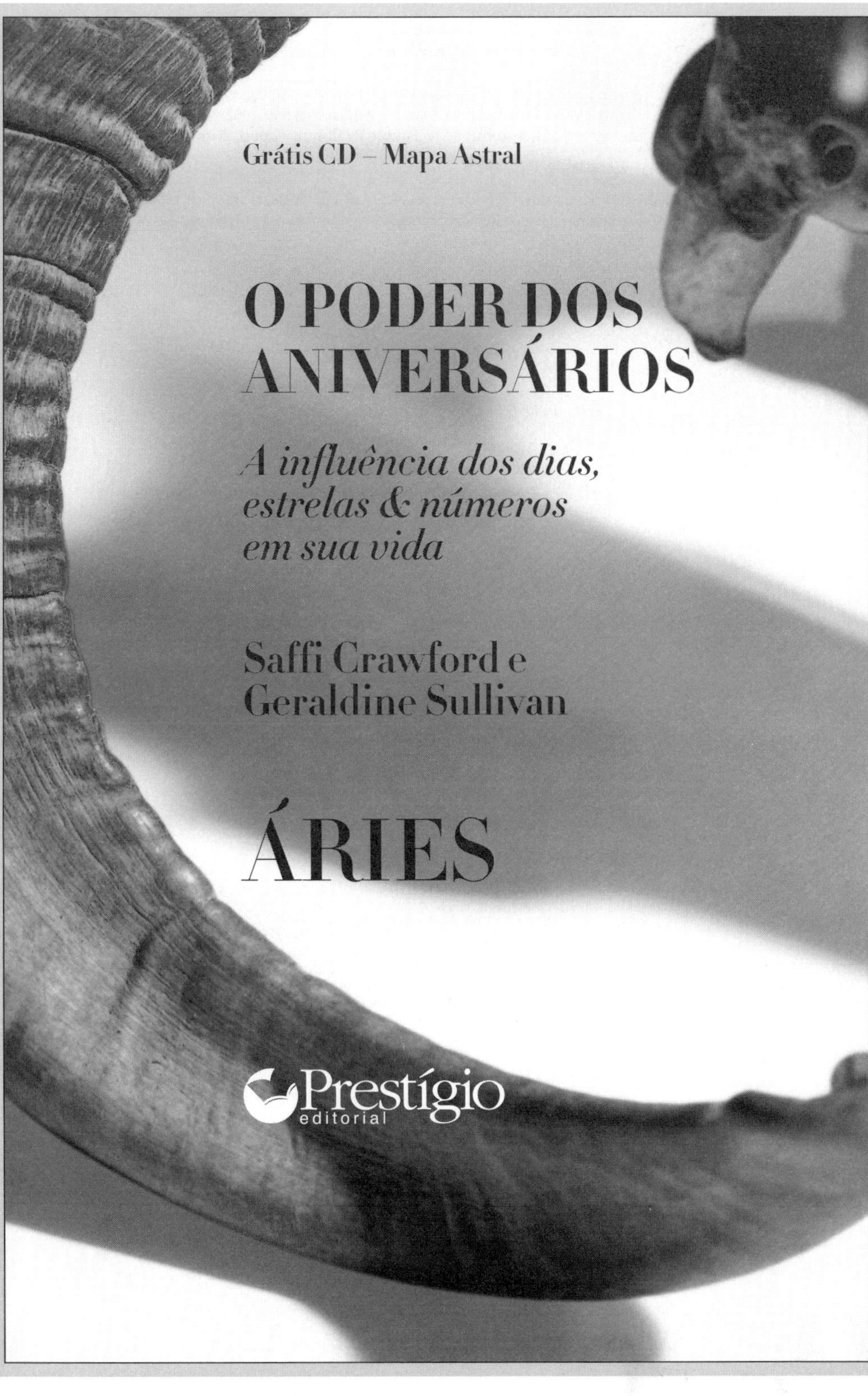

Grátis CD – Mapa Astral

O PODER DOS ANIVERSÁRIOS

A influência dos dias, estrelas & números em sua vida

Saffi Crawford e
Geraldine Sullivan

ÁRIES

Prestígio editorial

Do original
The power of Birthdays's stars & numbers

ISBN original 0-345-41819-0

Direção Editorial Pedro Almeida
Tradução Walter Agostinho
Preparação de Originais Marcos Marcionilo
Capa W/Brasil / Alexandre Suannes
Imagem da Capa Marcel Valvassori
Projeto Gráfico e Diagramação Osmane Garcia Filho
Revisão Marcia Alves Batista e Elaine Silveira

Dados Internacionais de Catalogação na Publicação (CIP)
(Câmara Brasileira do Livro, SP, Brasil)

Crawford, Saffi
O poder dos aniversários : a influência dos dias, estrelas e números em sua vida / Saffi Crawford e Geraldine Sullivan ; [tradução Walter Agostinho]. — 2. ed. — São Paulo : Ediouro, 2005.

Título original: *The power of birthdays, stars & numbers*
Obra em 12 v. - Conteúdo desta edição: Áries

ISBN: 85-99170-06-6

1. Aniversários 2. Astrologia e Psicologia 3. Numerologia 4. Ocultismo 5. Personalidade 6. Zodíaco I. Sullivan, Geraldine. II. Título.

05-0387 CDD-133.52

Índice para catálogo sistemático:
1. Signos do zodíaco e personalidade : Astrologia : Ocultismo 133.52

Prestígio Editorial
Rua Nova Jerusalém, 345 – CEP 21042-230
Rio de Janeiro — RJ
Tel.: (21) 3882-8200 – Fax: (21) 2260-6522
e-mail: relume@relumedumara.com.br
vendas@ediouro.com.br
internet: www.ediouro.com.br

Para nossas famílias,
que tiveram paciência conosco enquanto concluíamos este livro e por todo o seu apoio: nossos pais, Margaret e Michael Sullivan, Leon e Kristina Grushko, Melissa Crawford, Ricky Foulcer e Cleo Foulcer.

Agradecimentos

Um agradecimento especial a nosso editor, Ginny Faber; a nossa agente, Julie Castiglia, e a Chuck Wein, pelo apoio que deram a nosso projeto desde o início.

Também queremos agradecer em particular a Jason Zuzga, Huw Davies e Jane Laing, pelo encorajamento e assistência na edição, e a Mark Reiner, pelas contribuições no projeto de arte.

Queremos mencionar outros que possibilitaram este projeto: Pat Foster, Josephine Shannon, Tom Sullivan, Deirdre Edwards, Julianna Doyle, Alexia Beck, Tasha Griffiths e Anne Leman.

Sumário

Introdução, 9

Introdução à Astrologia, 12
Os doze papéis astrológicos do sol, 13
Os arquétipos e os papéis dos doze signos zodiacais, 13
Os doze signos zodiacais, 14
Os dez planetas, 23
Decanatos, 29
Progressões, 31

Introdução às Estrelas Fixas, 33

Estrelas Fixas: regras básicas de interpretação, 34
Lista das estrelas fixas de Áries, 35

Introdução à Numerologia, 36

Como calcular o seu número holístico, 37
Os nove números básicos, 37
Como calcular o seu número pessoal anual, 42
Interpretação dos nove anos pessoais, 42
Interpretação dos 31 dias pessoais, 46

Os 31 dias de Áries, 63

Pessoas famosas de Áries, 157

Estrelas Fixas de Áries, 159

As autoras, 163
Software para Astrologia, 164

Introdução

Nas páginas deste livro, você encontrará um perfil completo da personalidade das pessoas nascidas sob o signo de Áries. Este livro vai muito além da astrologia do signo solar, oferecendo uma compreensão profunda das características exclusivas de cada dia. Utilizamos nossos conhecimentos de Astrologia, de Psicologia, de Numerologia e de Estrelas Fixas. Só depois de sintetizar todas essas disciplinas é que criamos os perfis diários abrangentes.

Não há forças cósmicas idênticas para dois dias diferentes — cada dia é singularmente especial. Cada perfil diário fornece informações fascinantes a respeito de você e acerca de seu futuro. Além disso, você também irá adquirir um conhecimento mais profundo das suas próprias habilidades e potenciais, além da compreensão do caráter e da motivação das pessoas à sua volta. A Astrologia e a Numerologia são linguagens de símbolos que exploram a relação entre a humanidade e o Universo. Elas nos dão indicação de nosso lugar no plano maior do Cosmos.

Desde os primórdios da sua história, a humanidade tem consciência das forças e ciclos da natureza. Esses ciclos naturais e ritmos cósmicos exercem influência em todos os organismos vivos. Embora estejam situadas fora do nosso sistema solar, as Estrelas Fixas também exercem influência sobre nós. Elas foram incorporadas pela Astrologia desde a antigüidade. Neste livro, apresentamos interpretações modernas da influência das Estrelas Fixas para cada dia do ciclo solar anual.

A Astrologia e a Numerologia são maneiras de interpretar essas influências, de mostrar como esses ciclos afetam a nossa vida. As diversas facetas do estudo astrológico incluem a Astronomia, o Simbolismo, a Psicologia, a Física e a Geometria, ao passo que a Numerologia sustenta a tese de que os números possuem uma dualidade de qualidade e quantidade. Todos os poderosos métodos interpretativos foram reunidos neste livro para traçar um perfil diário profundo e exclusivo.

O Poder dos Aniversários une duas diferentes maneiras de calcular o ciclo solar anual. O ano astrológico começa no dia 21 de março, a 0 grau de Áries, enquanto o ano numerológico, que se baseia no calendário ocidental, tem início a cada dia 1º de janeiro. Esses dois sistemas solares anuais, quando combinados, revelam a visão holística da Astronumerologia, que pode fornecer uma profunda compreensão psicológica de cada dia de aniversário.

As práticas convincentes de astrologia tomam por base um único momento no tempo e no espaço, fazendo com que cada mapa astrológico seja simbolicamente exclusivo. Embora os astrólogos exijam ano, data, hora e local de nascimento exatos para poder calcular um mapa astrológico pessoal, a Astrologia popular usa apenas os doze signos zodiacais. Essa divisão do ano em doze categorias mensais, juntamente com os planetas, pode ser vista como uma introdução ao estudo astrológico. Neste livro, vamos oferecer todos os recursos. Você poderá consultar seu dia natal, realizar os cálculos de numerologia e progressões e, com o cd, calcular o ascendente de qualquer pessoa e ter um breve relato de cada signo.

O Sol é o centro do nosso sistema solar. Os planetas, incluindo a Terra, orbitam em torno dele. A Terra efetua dois ciclos importantes: gira em torno do seu eixo e em torno do Sol em movimento anti-horário. É a rotação da Terra sobre o próprio eixo que produz o ciclo do dia e da noite. Do ponto de vista geocêntrico (da Terra), o Sol aparece para cruzar o céu do horizonte oriental para o horizonte ocidental. A trajetória aparente do Sol, tendo como pano de fundo as estrelas fixas nas doze constelações, descreve um caminho elíptico em torno da Terra. O eixo da Terra não apenas gira, mas é também inclinado, com o Pólo Norte voltado para o Sol e distante do mesmo em diferentes épocas do ano, o que faz com que haja quatro variações climáticas, as chamadas quatro estações. Esses pontos são comumente denominados equinócios da primavera e do outono e solstícios do verão e do inverno. Na Astrologia, essas quatro divisões do ano são chamadas de quatro pontos cardeais da roda zodiacal de 360 graus.

O ano astrológico tem início na primavera[1] a 0 grau de Áries; o solstício de verão é marcado a 0 grau de Câncer; o outono, a 0 grau de Libra; e o solstício de inverno, a 0 grau de Capricórnio. Como a roda zodiacal é dividida em doze arcos iguais de 30 graus cada, os quatro signos cardeais da roda zodiacal são seguidos dos quatro signos fixos: Touro, Leão, Escorpião e Aquário. Os quatro signos mutáveis, Gêmeos,Virgem, Sagitário e Peixes, completam os doze signos da roda zodiacal.

O zodíaco é dividido em doze signos diferentes. Mas, na prática avançada de Astrologia, esses signos têm outras divisões, associadas a outras forças. Os doze signos são divididos em três partes, chamadas de decanatos. Cada decanato cobre 10 graus do círculo do zodíaco, e os três decanatos de cada signo atuam como uma subinfluência e um complemento das qualidades do próprio signo. Cada decanato é associado a um signo e a um planeta adicionais. Neste livro, você encontrará não apenas o signo sob o qual você nasceu, mas também o seu decanato.

Como o Sol retorna aproximadamente ao mesmo grau a cada ano, os astrólogos se referem à data de nascimento de uma pessoa como o retorno solar. Ao dividir cada um dos doze signos zodiacais em trinta graus individuais, incluindo a Numerologia e as Estrelas Fixas, *O Poder dos Aniversários* cria um elo entre os doze signos zodiacais e a abrangente arte da Astrologia.

Também foi providenciada uma seção especial, que permite ao leitor investigar mais profundamente a própria personalidade e o próprio futuro por meio da Numerologia. Isso inclui o cálculo do número holístico e predições baseadas em números pessoais anuais.

Os perfis dos dias de aniversário

Cada perfil do dia de aniversário contém um discernimento específico das características de cada dia. O perfil fornece um conhecimento geral das configurações planetárias e numerológicas, juntamente com o signo do Sol, grau e decanato, que individualizam ainda mais o signo do Sol, pois adicionam subinfluências de outro signo ou planeta.

Também incluímos a técnica astrológica de predição conhecida como progressão. Os astrólogos usam regularmente as progressões do Sol para indicar importantes anos da vida de uma pessoa. Esses períodos de mudanças no desenvolvimento pessoal ocorrem aproximadamente três vezes na vida de uma pessoa, quando o Sol progredido muda de signo.

Os recursos e fraquezas ocultos em cada pessoa são revelados em "O seu secreto", além das opções profissionais adequadas, juntamente com uma lista de personalidades famosas nascidas naquele dia. Cada perfil vem acompanhado de uma detalhada explicação da numerologia correspondente a cada dia de aniversário. Cada dia descreve as qualidades dos números, e estes números são descritos mediante as qualidades da numerologia do mês. Embora todo dia e mês

1. N.T.: As autoras se referem ao Hemisfério Norte.

tenham um papel significativo na compreensão da personalidade, eles são secundários em relação ao número holístico pessoal, que influencia toda a vida e todos os aspectos da personalidade. Por isso, para entender a sua personalidade, você precisa ler não apenas a Numerologia do dia e mês do seu aniversário, mas o seu número holístico, descrito na introdução deste livro.

Se quiser conhecer a influência numerológica de cada ano sobre sua vida, você pode calcular o seu número anual pessoal, também fornecido na seção introdutória.

Cada dia de aniversário inclui a seção "Amor e Relacionamentos", que contém as datas e tipos de pessoas com as quais o leitor provavelmente terá ligações cármicas, relacionamentos amorosos, amizades, além dos parceiros ideais. Apesar de termos incluído diversas datas adequadas, essas listas não são conclusivas; assim, você pode ter relacionamentos importantes com pessoas que não estão listadas neste livro.

Cada perfil do dia de aniversário fornece ainda informações relacionadas à especial e poderosa influência das estrelas fixas espalhadas ao longo do caminho do ciclo solar anual sobre cada dia de aniversário. Diversas estrelas podem afetar o seu dia de aniversário, ou pode ser que não haja estrelas brilhantes ou próximas o suficiente ao local do Sol no céu galáctico daquele dia para exercer alguma influência relacionada ao Sol. Estão listadas todas as estrelas que têm influência relacionada ao Sol para cada dia de aniversário. E você também encontrará a influência da sua estrela primária.

No final do livro, há um apêndice de todas as estrelas fixas importantes relacionadas com o seu signo, para que você possa consultar as influências de todas as estrelas da sua lista. Esperamos que todos vocês aprendam mais e investiguem mais profundamente a rica complexidade das Estrelas Fixas.

As explicações especiais a respeito das características de cada dia são também descritas por meio das qualidades do número correspondente a cada dia. Eles são complementados pelas interpretações do número do mês.

Reunimos em um volume os assuntos nos quais nos especializamos, para que você disponha da referência mais abrangente disponível no campo da Personologia. Sintetizamos muitos anos de pesquisa, experiência em mapas astrais complexos e milhares de estudos de casos em perfis personológicos que lhe proporcionarão uma compreensão mais profunda da personalidade, capacidade e potencial de cada pessoa.Vamos agora conhecer todos os dias do seu signo. Cada um deles se inicia como cada pessoa — exclusivo e cheio de promessas.

Introdução à Astrologia

Desde os primórdios da nossa civilização, observamos os céus para obter uma maior compreensão do relacionamento entre a humanidade e o Universo. Para os primeiros seres humanos, a impermanência da existência na Terra provocava uma sensação de incerteza. Contudo, a recorrência dos fenômenos celestes, como o nascer e o pôr-do-sol em contraste, trazia tranqüilidade. Nossos ancestrais percebiam esse contraste como uma distinção fundamental entre os domínios celestial e terrestre. A Astrologia, portanto, é um estudo da interação significativa entre as estrelas, os ciclos planetários e os acontecimentos na Terra.

Como uma das poucas filosofias remanescentes que mantêm uma perspectiva holística, a Astrologia nos ensina que tudo está interconectado. Nada se mantém como uma lei por si só. Tudo é parte de um relacionamento constantemente mutável e dinâmico com os ciclos do Cosmos. E não estamos fora desse sistema vivo. Nós o afetamos e somos profundamente afetados por ele. Todas as pessoas são parte de um relacionamento mutante e dinâmico com as outras pessoas. O Universo é um jogo complexo de ciclos e forças, pois as polaridades opostas colocam umas às outras em ação, sendo elas mesmas parte de sistemas maiores. Os astrólogos reconhecem esse jogo e tentam compreendê-lo por intermédio do simbolismo.

Nenhuma pessoa está sozinha, já que todas as pessoas são parte de relacionamentos mutáveis e dinâmicos com as outras pessoas, e cada uma está envolvida em relacionamentos mutáveis e dinâmicos com os ciclos do Cosmos. Tudo o que é orgânico pulsa e se distingue pela sua periocidade. Essa existência cíclica, rítmica, é captada pela hipótese astrológica. A Astrologia abrange a complexidade, a simultaneidade da subjetividade e da objetividade. Objetivamente, a Astrologia mede o tempo pelos ciclos dos planetas, dando uma perspectiva única do sentido da duração. Subjetivamente, a Astrologia opera por meio de um simbolismo profundo, e o seu conhecimento se dá por intermédio do estudo do contexto.

A Astrologia sustenta que o curso da natureza é um círculo ou uma mandala. Nos 360 graus do círculo, experimentamos cada momento, individual e coletivamente. Cada grau é um fragmento separado do círculo, mas o círculo só existe a partir de cada grau. A mandala é um símbolo de toda a criação, uma forma auto-suficiente e perfeita, sem começo nem fim. O círculo representa tanto o Universo como todos os indivíduos humanos, além do universo interior. Todas as atividades da vida estão relacionadas a esse círculo. Sua estrutura também contém os ciclos do tempo.

Ao explorar a Astrologia, podem-se revelar as conexões entre os universos externo e interno e se obter uma maior consciência psicológica e espiritual. As duas maiores luzes da Astrologia são o Sol e a Lua, que correspondem ao ciclo do dia e da noite. No que se refere a esse ritmo, os calendários solar e lunar foram estabelecidos pelas primeiras culturas e interpretados como horas, dias, meses e anos. Em termos psicológicos, a união simbólica do Sol com a Lua é percebida como o "casamento místico", representando a união dos opostos dentro do indivíduo. Segundo a Filosofia oriental, essa união é caracterizada pelo *yin/yang*, ou pelos princípios masculino e feminino.

Um horóscopo pessoal é um "mapa" que mostra a posição precisa dos planetas do nosso sistema solar em relação à Terra, no momento do nascimento do indivíduo. No seu formato básico, o mapa natal consiste em dez planetas e doze signos zodiacais.

Os doze papéis astrológicos do sol

O amor, o ódio, o nascimento, a morte, a infância, a paternidade e a velhice são temas universalmente conhecidos por toda a humanidade. O espectro completo das experiências humanas é simbolizado pela roda Astrológica, à medida que o Sol faz a sua jornada simbólica pelos doze signos zodiacais. Segundo a Astrologia, todos nascemos para nos juntar ao grande ciclo da existência e para assumir um papel dentro do drama divino. Nas palavras de Shakespeare: "O mundo todo é um palco e todos os homens e mulheres são apenas atores".

Na visão do todo, tudo está em relação com tudo o mais, tudo está interconectado. Da mesma forma, na Astrologia, todos os doze signos estão incorporados às psiques dos indivíduos e da humanidade. Embora uma pessoa nasça em um signo em particular, para se integrar ao todo, ela precisa se conectar aos outros onze signos. Na nossa vida diária, experimentamos todas as facetas dos doze signos, mas o nosso signo do Sol pode ser interpretado como o maior papel que temos de aprender a desempenhar. Em termos psicológicos, Carl-Gustav Jung interpretou os papéis universais como arquétipos.

As pessoas normalmente pensam que estão representando os próprios papéis, mas, por meio da auto-realização, elas são levadas a reconhecer que os indivíduos são apenas condutores ou canais do divino e que por meio delas o Universo é visto de acordo com o tempo e espaço dos seus desempenhos. O astrólogo Dane Rudhyar disse em seu livro *Uma mandala astrológica:* "O ego em [um indivíduo] se torna uma lente cristalina por meio da qual a vontade de Deus se concentra no ato individualizado. Ele nada faz, mas A Mente Única o pensa. Sua vida se tornou sagrada porque não é mais a sua vida, mas todo o seu desempenho com e por intermédio do espaço do seu organismo total".

Os arquétipos e os papéis dos doze signos zodiacais

Cada signo zodiacal assume e desempenha os papéis de determinado arquétipo para manifestar o próprio poder de criação.Na lista a seguir, alguns dos maiores arquétipos e papéis estão associados a cada signo:

♈ ÁRIES: o líder, o entusiasta, o pioneiro, o guerreiro, o destemido, o competidor

♉ TOURO: o pragmático, o sensual, o amante da natureza, o cantor, o avaliador

♊ GÊMEOS: o comunicador, o intérprete, o escritor, o orador, o contador de histórias, o educador

♋ CÂNCER: a mãe, o provedor, o psíquico, o conselheiro, o protetor

♌ LEÃO: o performático, o rei ou rainha, a criança, o artista criador, o amante, o ator

♍ VIRGEM: o analista, o perfeccionista, o pesquisador, o servo, o purificador, o crítico

♎ LIBRA: o amante, o diplomata, o parceiro, o socializador, o anfitrião, o equilibrador, o negociador

♏ ESCORPIÃO: o controlador, o hipnotizador, o mágico, o detetive, o transformador

♐ SAGITÁRIO: o viajante, o filósofo, o otimista, o explorador, o estrangeiro

♑ CAPRICÓRNIO: o pai, a figura de autoridade, o trabalhador, o disciplinador, o tradicionalista

♒ AQUÁRIO: o humanista, o observador imparcial, o inventor, o cientista, o amigo, o excêntrico, o revolucionário, o anarquista

♓ PEIXES: o visionário, o romântico, o salvador, o místico, o curador, o sonhador, o poeta

Os doze signos zodiacais

♈ Áries

Cheios de energia e de idéias criativas, os arianos pertencem ao primeiro signo do zodíaco. Áries é um signo de fogo, e o nativo de Áries é altamente vigoroso e entusiasta; ele acredita genuinamente que o mundo está aí para que ele o explore e conquiste. Ardente e assertivo por natureza, o nativo de Áries avança rapidamente com projetos e atividades intermináveis, que gosta de iniciar. Os arianos são pioneiros e líderes do zodíaco. Mesmo os mais calmos desejam secretamente ser o número 1 ou o primeiro em alguma coisa. Regidos pelo planeta Marte, os arianos são agentes ativos e muito raramente ficam inativos. Combinando um corpo ativo com um espírito ousado e empreendedor, os arianos procuram avidamente estar à frente de qualquer atividade. Freqüentemente ousados e apaixonados, eles podem ser altamente idealistas e muito leais às pessoas que amam. Os arianos gostam de conversar longamente com os seus parceiros a respeito dos seus projetos favoritos, mas também sabem apoiá-los.

♈

PRIMEIRO SIGNO
CARDEAL FOGO
PLANETA REGENTE: MARTE
PARTE DO CORPO: CABEÇA
PALAVRAS-CHAVE:
ENERGIA, ATIVIDADE, LIDERANÇA

♈

Como a paciência não é o seu ponto forte, podemos sempre reconhecer os arianos pela abordagem direta, pela ação decisiva e pela falta de sutileza e tato. Essa mesma impaciência pode também torná-los intolerantes, impulsivos e com muita tendência a agir sem prudência. Contudo, sabem reagir às crises e têm habilidade para responder aos desafios de frente e para enfrentar com coragem situações difíceis.

Apesar de se colocarem contra a opinião pública, os arianos, em geral, recusam-se a comprometer seus ideais, mesmo que isso os coloque em situação difícil. À medida que envelhecem, no entanto, a maior parte deles irá aprender a ser humilde, não sem antes passar por muitos confrontos. Os homens deste signo adoram fazer o papel de cavaleiro errante e as mulheres têm uma aparência enérgica e assertiva.

Freqüente e facilmente, os arianos se enraivecem e se mostram ávidos por expressar as próprias opiniões, mas são também muito rápidos em perdoar e esquecer. Estimulados pela adrenalina e sem paciência para detalhes, estão em geral com pressa e trabalham melhor quando são eles que iniciam os projetos. Não obstante, as personalidades de Áries precisam evitar a ingenuidade e o autocentramento ou a tendência a implicar com as outras pessoas.

De modo geral, os arianos são cheios de energia criativa e inspiração e têm muita fé em si mesmos. Isso normalmente se manifesta na sua habilidade de liderança natural. Por isso, não é de surpreender que façam com que os outros os sigam.

Sem nunca se deixar levar pelo desânimo, sempre dinâmico e generoso, o espírito ariano vive para mais um dia de luta.

♉ Touro

Os cordatos taurinos são indivíduos serenamente determinados e muito sensíveis, que nunca desistem. Pacientes e persistentes, eles prosseguem, deixando os outros pelo caminho. Sua maneira calorosa, aparentemente calma e fácil reflete alegria pela simplicidade da vida.

♉

SEGUNDO SIGNO
FIXO TERRA
PLANETA REGENTE: VÊNUS
PARTES DO CORPO:
GARGANTA E PESCOÇO
PALAVRAS-CHAVE:
RESISTÊNCIA, PERSISTÊNCIA
E SENSUALIDADE

♉

Os taurinos não gostam de se apressar — tomam decisões cuidadosa e deliberadamente, colocando em primeiro plano a segurança e as questões de ordem financeira. Por terem Vênus como planeta regente, os taurinos são muitas vezes magnéticos, sensuais e muito atraentes ao sexo oposto. A influência de Vênus também confere amor à beleza, interesse pelas artes e refinamento.

Touro é um prático signo da Terra, e por isso os confortos básicos da vida, como comida e moradia, são muito importantes para os taurinos. Freqüentemente, eles se tornam especialistas em culinária, conhecedores de vinhos e gostam muito de diversão. Os taurinos são também os banqueiros simbólicos do zodíaco — a maioria deles costuma anotar cuidadosamente todas as transações financeiras. Quando chamados de materialistas, os taurinos respondem que são apenas sensatos e que sabem o valor do dinheiro. Eles podem se tornar especialistas na avaliação de tudo: de questões financeiras a si mesmos.

Taurinos costumam ser generosos com as pessoas que amam, mas devem evitar ser muito possessivos. Amigos leais e devotados, freqüentemente sofrem em silêncio para manter a paz, mas tornam-se obstinados e teimosos se forem muito pressionados. As personalidades taurinas precisam sentir que estão com os pés no chão e que têm estabilidade. Por isso preferem manter as coisas do jeito em que estão. Em períodos de mudanças e de instabilidade, podem ter dificuldade para se adaptar a novas situações. Felizmente, sempre podem encontrar conforto no amor que têm pela arte, na criatividade, nas alegrias da natureza ou na música.

Em geral, os taurinos têm uma voz atraente e calma e são, muitas vezes, bons cantores. Contudo, se estão estressados, podem ter problemas na garganta, embora tendam a ser fortes e saudáveis. Personalidades taurinas amam o prazer e o conforto, mas precisam se resguardar da tendência ao excesso de auto-indulgência para com as coisas boas da vida.

Muitas vezes, esses indivíduos são pragmáticos e perseverantes e se esforçam diligentemente por conquistar os seus objetivos. Firmes em suas decisões para construir uma fundação sólida, os taurinos podem atrair e alcançar o sucesso.

♊ Gêmeos

Comunicadores naturais com uma interminável sede de conhecimento, os geminianos são eternos estudantes. Como pertencem a um signo de ar e são muito inteligentes, os nativos de Gêmeos estão sempre em movimento, sempre tentando satisfazer a própria curiosidade mental. Extremamente rápidos para apreender os pontos importantes de qualquer assunto, eles adquirem um conhecimento geral amplo, que adoram dividir com os outros. Os geminianos podem ser inteligentes, multitalentosos e entusiásticos, mas devem se prevenir contra a tendência a desperdiçar energia. Por meio da disciplina e da educação mental, os geminianos podem aprender a desenvolver um pensamento mais profundo.

♊

TERCEIRO SIGNO
MUTÁVEL AR
PLANETA REGENTE: MERCÚRIO
PARTES DO CORPO: PULMÕES, BRAÇOS, MÃOS
PALAVRAS-CHAVE: VERSATILIDADE, LOQUACIDADE, INGENUIDADE

♊

Associados a Mercúrio, os nativos deste signo muitas vezes possuem uma qualidade andrógina e têm um corpo elegante e jovem. Os geminianos costumam ter um rosto brilhante e expressivo e gostam de usar as mãos quando expressam as suas idéias. Como gostam de falar, podem conversar durante horas, o que em geral resulta em contas telefônicas altíssimas. Com uma aparência jovem, os geminianos são muitas vezes comparados à criança eterna — sempre maravilhados.

Uma vez que seu sistema nervoso é sensível, os geminianos acham difícil concentrar toda a sua atenção em uma coisa ou pessoa. Como o seu símbolo, os gêmeos, eles são conhecidos por serem capazes de fazer pelo menos duas coisas ao mesmo tempo, e também por serem flexíveis, versáteis e adaptáveis. Aéreos e sofisticados, os geminianos não gostam de assumir compromissos e não gostam de se chatear ou de chatear os outros. Conhecidos por não serem consistentes, os geminianos parecem ter muitas personalidades e mudanças de humor. Os nativos de Gêmeos são, em geral, intelectuais e normalmente interessam-se mais por desafios mentais do que por paixões terrenas.

Leves e amigáveis, os geminianos têm uma relação fácil com os outros e estão sempre dispostos a compartilhar a verdadeira mina de informações que têm nas mãos. Com o seu charme jovial e espirituosidade natural, ninguém se surpreende ao saber que eles são os mais encantadores amigos e companheiros. Divertidos e cheios de idéias, os nativos de gêmeos são altamente expressivos quando liberam o seu espírito mercurial.

♋ Câncer

Os emotivos e sensíveis cancerianos são regidos pelos sentimentos. Como seu planeta regente, a Lua, eles passam por todo o espectro de emoções ligadas às mudanças da maré. Os nativos de Câncer têm o poder do mais profundo oceano e a vulnerabilidade de um caranguejo solitário em uma praia deserta. Como o caranguejo, eles têm uma concha protetora de timidez ou reserva para ocultar sua grande sensibilidade e cautela. Quando se retiram para recuperar as forças, não se deve jamais interpretar isso como fraqueza.

Solidários e gentis, os cancerianos têm uma grande necessidade de acalentar. Por isso, muitas vezes, assumem o papel de pai ou terapeuta. Podem ter uma inclinação extremamente protetora e defendem os que amam. De tudo! Não é de surpreender que a casa e a família tenham um papel importante na sua necessidade de segurança. Em geral caseiros, os nativos de Câncer são muitas vezes *gourmets* e podem até ficar inseguros se não tiverem a geladeira cheia.

♋

QUARTO SIGNO
CARDEAL ÁGUA
PLANETA REGENTE: LUA
PARTES DO CORPO: SEIOS E ESTÔMAGO
PALAVRAS-CHAVE: SENSIBILIDADE, SOLIDARIEDADE, AFEIÇÃO

♋

Apesar da constante variação de humor, essas personalidades são naturalmente afáveis e podem até precisar evitar sufocar os outros com o seu amor e devoção protetores. Câncer é um signo da água, e os cancerianos são muitas vezes tímidos e sentimentais, com tendência a se prender ao passado e a se tornarem ávidos colecionadores. Os objetos da sua coleção podem incluir desde móveis de família até antigüidades e memórias contidas em fotografias e cartas. Os cancerianos podem também ter tendência a se prender ao dinheiro, que costumam guardar em cadernetas de poupança para períodos difíceis.

Os nativos de câncer muitas vezes possuem uma personalidade complexa. Por um lado, parecem ser uma fortaleza, mas por outro parecem ter a vulnerabilidade de uma criança. Eles são mestres na arte da resistência passiva.

Com a Lua colorindo as suas respostas, os cancerianos são naturalmente intuitivos ou mediúnicos e podem ser facilmente feridos. A sua poderosa imaginação e compreensão sensível podem encontrar uma via de expressão por meio do mundo da criação e da arte. E, acima de tudo, quando confiam suficientemente em alguém para mostrar seus sentimentos, podem ser fortes, leais e protetores.

♌ Leão

Calorosos, amorosos e generosos, os leoninos possuem um grande coração. Seus gestos amáveis e magnânimos vêm do amor que têm ao senso dramático, pois gostam de se exibir e se sentem as pessoas mais felizes do mundo quando conseguem uma platéia que os aprecie. Felizmente, para compensar sua tendência a ser o centro das atenções, os leoninos também são atenciosos com os outros. Eles podem aprovar generosamente os projetos alheios e cumulá-los de elogios.

♌

QUINTO SIGNO
FIXO FOGO
PLANETA REGENTE: SOL
PARTE DO CORPO: CORAÇÃO
PALAVRAS-CHAVE: VITALIDADE, CONFIANÇA, AUTO-EXPRESSÃO

♌

Regidos pelo Sol, os leoninos possuem uma jovialidade divertida e uma grande necessidade de se expressar. Como vêem a si próprios nos papéis principais, e não em papéis coadjuvantes, os nativos de Leão muitas vezes têm problemas com a vaidade e o orgulho. Para eles, é difícil admitir que estão errados e a bajulação os deixa vulneráveis à manipulação. Contudo, os leoninos compensam facilmente as próprias falhas com sua personalidade ensolarada, senso de divertimento e generosidade. Essas pessoas amigáveis e gregárias são as parceiras ideais para eventos sociais, festas, idas ao teatro e longos feriados.

O desejo de brilhar, combinado com o seu ar régio e imponente, leva-o a posições de autoridade, nas quais podem exibir suas formidáveis habilidades de liderança. Os leoninos assumem naturalmente o comando. Como às vezes fazem isso sem que lhes seja pedido, podem ser acusados de muito mandões. Contudo, geralmente trabalham duro para cumprir as responsabilidades e são excelentes gerentes e líderes. Os leoninos que não preencherem seu potencial natural podem ficar preguiçosos e desanimados.

Os nativos deste signo são conhecidos pela coragem e preferem desempenhar um papel forte e protetor em relação aos outros, em vez de se comportarem como fracos e indefesos. Mesmo quando os leoninos mais calmos ocultam o orgulho e a grandeza atrás de uma fachada modesta, deixam entrever a sua dignidade régia. Os leoninos pressupõem que as outras pessoas possuem um senso de integridade similar ao seu e por isso tomam cuidado, no caso de uma desavença, em respeitá-las. Eles gostam de causar uma boa impressão nas pessoas e têm consciência do impacto que causam sobre os outros.

Como são de um signo fixo de fogo, os leoninos podem ser animados e entusiásticos, embora um tanto teimosos. Sua criatividade e teatralidade combinadas os tornam grandes românticos. Os leoninos amam o amor, amam ser amados. Independentemente de onde alguém os conheça, sua personalidade ensolarada causa uma impressão duradoura.

♍ Virgem

Analíticos e eficientes, os virginianos têm um forte senso de ética. Eles precisam de ordem em suas vidas e desejam que as coisas sejam feitas de forma metódica. Os virginianos estão sempre examinando e aperfeiçoando os sistemas existentes, para melhorá-los. Infelizmente, esse perfeccionismo pode se estender às críticas às pessoas ao redor, fazendo com que elas resistam às suas mensagens. Por outro lado, os nativos deste signo não gostam quando você aponta os seus defeitos, pois já têm bastante consciência deles e são os mais ferrenhos críticos de si mesmos. Essa habilidade para avaliar as próprias falhas pode fazer com que os virginianos sejam modestos e moderados. Muitas vezes, eles sempre medem o próprio valor pelo metro da ajuda aos outros.

♍

SEXTO SIGNO
MUTÁVEL TERRA
PLANETA REGENTE: MERCÚRIO
PARTE DO CORPO: INTESTINO
PALAVRAS-CHAVE: DISCERNIMENTO, EFICIÊNCIA, SERVIÇO

♍

Regidos por Mercúrio, os virginianos são inteligentes, articulados e com capacidade de discernimento, e, devido ao elemento Terra, podem ser pessoas práticas, organizadoras capazes, que trabalham duro e prestam atenção aos detalhes. Econômicos e prudentes com o dinheiro, os virginianos às vezes são pães-duros, mas podem ser mais do que generosos com o tempo e o dinheiro quando alguém precisa de ajuda. Contudo, eles esperam que as pessoas a quem ajudam se esforcem para ajudar a si mesmas. Os virginianos, de maneira geral, não gostam de estupidez ou vulgaridade e têm mentes lógicas que instintivamente buscam a ordem no meio da confusão. Eles usualmente analisam os mínimos detalhes, mas devem evitar a tendência a avaliar repetidas vezes as mesmas questões, sob risco de deixar de ver a situação como um todo.

Com padrões extremamente altos, os nativos de Virgem podem ser altamente discriminadores e cansativos em certas áreas. Eles muitas vezes se interessam por limpeza e alimentação, acreditam na importância dos exercícios e de um estilo de vida saudável. Apesar disso, podem, às vezes, sofrer de tensão mental, com risco de se tornarem superansiosos e neuróticos. Isso freqüentemente é decorrência da pressão do trabalho: devido ao forte senso de obrigação e dever, os virginianos muitas vezes assumem mais do que podem fazer. Geralmente funcionários maravilhosos, os virginianos não gostam de desordem e são defensores da meticulosidade e da eficiência.

Confiáveis e sinceros, com uma maneira metódica de encarar a vida, os virginianos serão sempre os pilares do apoio prático e sensato. Na verdade, eles sempre oferecem ajuda antes de serem requisitados.

♎ Libra

Os nativos de Libra são os diplomatas do zodíaco. Para evitar a desarmonia, usam o charme, dão o sorriso mais encantador do mundo e fazem o possível para manter a paz. Afetuosos, graciosos e refinados, os librianos têm necessidade de ser populares. Como pertencem a um signo de ar, eles possuem leveza, são amigáveis, inteligentes e sociáveis.

Regidos por Vênus e com uma consciência aguçada dos relacionamentos, os librianos são sempre capazes de ver as coisas do ponto de vista do outro. Esse princípio de equilíbrio muitas vezes faz com que precisem de um parceiro que aja como espelho para que possam se entender melhor. Especialistas quando se trata de justiça e de imparcialidade, os librianos pesam tudo cuidadosamente antes de tomar uma decisão. Discutem os prós e os contras de qualquer situação ou problema com uma lógica e discernimento impressionantes. Essa habilidade garante a sua excelência na arte de ceder e negociar. Infelizmente, isso pode causar indecisão e uma falta de habilidade para chegar a uma conclusão final.

SÉTIMO SIGNO
CARDEAL AR
PLANETA REGENTE: VÊNUS
PARTE DO CORPO: RINS
PALAVRAS-CHAVE: EQUILÍBRIO, DIPLOMACIA, RELACIONAMENTO

Equilíbrio é uma palavra-chave poderosa para os librianos. Embora desejem genuinamente a harmonia, eles estão sujeitos a períodos difíceis quando um dos pratos de suas balanças pesa muito para um dos lados. Contudo, à medida que desenvolvem a própria autoconsciência e ajustamento interno, eles se tornam mais confiáveis. Isso diminui a sua tendência a se tornar dependentes de outras pessoas. Os librianos precisam aprender a defender as suas crenças, mesmo que elas provoquem desavenças.

Regidos por Vênus, os nativos deste signo são sociáveis, elegantes e grandes amantes da beleza e do luxo. Em geral, têm uma casa atraente e têm alguma forma de expressão artística. Com um dom natural para apreciar as cores, precisam estar rodeados por ambientes de bom gosto e harmoniosos, senão podem se sentir infelizes. Esse amor pela beleza pode também ser percebido em sua aparência, pois inevitavelmente se esforçam para ficar atraentes.

Excelentes anfitriões, os librianos gostam de atividades amorosas que combinem sociabilidade e amor, como casamentos ou pequenas festas de amigos e familiares. Na verdade, eles são grandes românticos que gostam de ser presenteados com chocolates ou flores, pois isso preenche a sua necessidade de beleza e a sua fraqueza por qualquer coisa doce. Com um pouco de amor e afeição, você sempre pode conquistar o coração de um libriano.

♏ Escorpião

Os magnéticos escorpianos pertencem ao mais apaixonado signo do zodíaco. Qualquer coisa que façam, fazem-na poderosa e intensamente. Com os escorpianos, nada é pela metade: eles são criaturas de poder, vontade e de extremos.

♏

OITAVO SIGNO
FIXO ÁGUA
PLANETA REGENTE: PLUTÃO
PARTE DO CORPO:
ÓRGÃOS SEXUAIS
PALAVRAS-CHAVE: REGENERAÇÃO, MISTÉRIO, PODER

♏

Como pertencem a um signo de água, os escorpianos preferem investigar a vida em um nível emocional mais profundo. A linguagem frívola de um diletante não é para eles; os escorpianos querem a história verdadeira e investigam a verdade. Eles são especialistas em receber sinais subliminares, como o seu planeta regente, Plutão, o senhor do submundo. Assim, os escorpianos percebem psiquicamente o que as outras pessoas inconscientemente sentem e o que dizem. Como um detetive ou psicólogo, eles perguntam tudo a seu respeito, mas raramente dizem coisas acerca de si mesmos. Esse sigilo é, usualmente, um manto de poder. Como têm sentimentos profundos, os nativos de Escorpião podem ser dolorosamente feridos e por isso preferem manter o controle.

Uma grande lição de vida para os escorpianos envolve a superação do desejo mediante o uso criativo da vontade. Como o seu signo está conectado às raízes do impulso sexual, os seus sentimentos são fortes e intensos, levando-os, algumas vezes, ao ciúme e à possessividade.

A morte simbólica ou a transformação é uma experiência poderosa pela qual os escorpianos não têm medo de passar. Há momentos em que eles desejam se afastar de tudo para avaliar os seus sentimentos intensos. Não conseguem ser falsos, mesmo que isso signifique uma perda total. Esse traço, naturalmente, dá-lhes uma enorme força, pois não têm medo de se desfazer e de renunciar. Depois que se decidem a fazer algo, sua força de vontade é enorme. Como são de um signo fixo, têm uma resistência extraordinária e mantêm a perseverança até o final.

Os escorpianos são em geral competitivos e não gostam de perder. Quando são derrotados, muitas vezes querem provar que estão certos ou se vingar, não importa quanto tempo tenham de esperar. Por outro lado, quando estão do lado de alguém, são apaixonadamente leais e amorosos, entregando-se totalmente, independentemente de esforço ou sacrifício.

Escorpião é um signo de regeneração. Os nativos deste signo têm potencial para uma tremenda força que emana da sua conexão com as forças criativas fundamentais da natureza. O símbolo mágico da fênix renascendo das cinzas representa a sua habilidade de renascer, para subir novamente das profundezas às alturas com uma nova compreensão e poder. Para os escorpianos é tudo ou nada; eles não querem viver em um nível superficial e precisam de desafios para trazer à tona o poder e sentirem-se vivos.

♐ Sagitário

Os sagitarianos são espíritos livres, com um estilo amigável e independente. Não gostam de ser amarrados e são idealistas incuráveis, sempre procurando expandir horizontes e melhorar a própria situação. Otimistas e despreocupados, eles têm amor à verdade, à honestidade e à justiça, o que faz com que tenham uma maneira muito filosófica de abordar a vida.

Indivíduos animados, os nativos deste signo pensam em larga escala e têm grande visão. Sua habilidade para perceber o "grande plano" significa que estão sempre trabalhando em algum projeto para o futuro. Adoram explorar e são viajantes inveterados, da mente e do mundo. Como dão muito valor ao conhecimento e à sabedoria, eles procuram inspiração para si mesmos e para os outros, desejando, genuinamente, animar as pessoas com suas palavras divertidas e inteligentes ou com um sorriso. Infelizmente, muitas vezes alcançam o efeito oposto, pois se esquecem de pensar antes de falar. Diretos e francos, os sagitarianos dizem qualquer coisa que vem à mente com uma honestidade e uma franqueza que espantam. Contudo, depois de dar um fora, os sagitarianos se desculpam animadamente, o que faz parte do seu charme, pois assim eles podem, genuinamente, garantir que não tinham intenção de ofender e acabam sempre sendo perdoados.

♐

NONO SIGNO
MUTÁVEL FOGO
PARTE DO CORPO: QUADRIS E COXAS
PALAVRAS-CHAVE: HONESTIDADE, EXPLORAÇÃO, IDEALISMO

♐

Por meio de sua constante necessidade de expansão, os sagitarianos freqüentemente se dedicam ao aprendizado mais elevado e gostam de explorar assuntos como filosofia, religião, viagens e direito. Alguns sagitarianos são mais esportivos do que intelectuais e se divertem com jogos. Geralmente afortunados, eles adoram correr riscos de uma forma ou de outra, e podem ser levados ao jogo ou à especulação.

O que quer que os sagitarianos façam, fazem-no com estilo. Diante de sua necessidade de desfrutar as coisas boas da vida, eles muitas vezes querem o melhor. Mas é importante que tomem cuidado para não levar o gosto por extravagâncias longe demais e se tornar ávidos ou auto-indulgentes. Para compensar, os sagitarianos são bem-humorados e sinceros. Adoram a liberdade de se movimentar e por isso preferem deixar todas as opções abertas.

Entusiásticos, calorosos e generosos, os nativos de Sagitário são como os arqueiros, que miram com suas flechas à distância. Eles sabem como se divertir e são ávidos por aventuras.

♑ Capricórnio

Por serem os mais realistas, os capricornianos sabem muito bem que nada se ganha sem trabalho árduo. Eles têm um forte senso de dever e esperam com paciência a realização das próprias ambições. Como a cabra, eles no final subirão ao topo da montanha, mesmo que isso demore a vida inteira.

Trabalhadores árduos, diligentes e determinados, os capricornianos precisam ter um propósito, pois sem objetivo preciso sentem-se perdidos. Eles desejam ordem e estrutura para se sentir completos e geralmente fazem listas de tarefas diárias. A segurança é importante para eles e, influenciados por seu planeta regente, Saturno, encaram a vida de forma cautelosa e conservadora. Nutrem um grande respeito pela autoridade e admiram a sabedoria da idade e a experiência. Isso se estende ao trabalho que fazem, pois os nativos de Capricórnio são muito conscienciosos. Contudo, podem também ser teimosos, frios e calculistas, usando sua dureza saturnina para alcançar metas egoístas, em vez de usá-la para se autodisciplinar, normalmente uma das suas maiores qualidades.

♑

DÉCIMO SIGNO
CARDINAL TERRA
PARTE DO CORPO: OSSOS
PALAVRAS-CHAVE: AMBIÇÃO, CONSCIÊNCIA, DILIGÊNCIA

♑

As características de economia, praticidade e parcimônia do elemento terra do capricorniano se misturam bem com o seu desejo de *status* e prestígio, permitindo que eles conquistem posições de poder sem desperdiçar esforços. Não são frívolos nem volúveis — assumem as responsabilidades seriamente e colocam a casa e a família no topo de suas prioridades. Infelizmente, os capricornianos podem também ser pessimistas, sentindo que nunca são bons o suficiente, e devem se proteger da depressão. Quando têm dúvidas quanto a si próprios e quanto às suas habilidades, eles podem desistir antes mesmo de tentar, mas quando têm a segurança proporcionada por uma sólida base, podem ser incansáveis no impulso para o sucesso. Mais do que qualquer outra coisa, os nativos deste signo precisam desenvolver uma perspectiva otimista e positiva.

Lembre-se de que sob o exterior ligeiramente tímido e reservado dos capricornianos, há um maravilhoso senso de humor e uma tenacidade que deriva da disciplina interior. Quando as pessoas precisam de ajuda, sabem que sempre podem contar com um capricorniano confiável e sólido.

♒ Aquário

Originais e anticonvencionais, os aquarianos são progressistas e independentes. O interesse dos aquarianos pela raça humana é como um exercício intelectual. Sempre agindo como observadores imparciais, eles são capazes de um ponto de vista impessoal e não emocional. Essa tendência significa que eles podem pensar em termos de consciência de grupo, percebendo que as pessoas são indivíduos separados que operam dentro de um todo maior. Essa consciência humanitária é uma forte característica dos aquarianos, que sempre trabalham por objetivos universais e filantrópicos e fazem campanhas por causas justas. A falta de separatismo faz dos aquarianos pessoas amigáveis e úteis, permitindo que falem a estranhos como se os conhecessem.

DÉCIMO-PRIMEIRO SIGNO
FIXO AR
PARTE DO CORPO: TORNOZELOS E PANTURRILHAS
PALAVRAS-CHAVE: DESAPEGO, HUMANITARISMO, INDEPENDÊNCIA

A inclinação à rebeldia dos nativos de Aquário se origina do seu planeta regente, Urano, que é conhecido pela habilidade de perceber tendências futuras, como também pela grande necessidade de liberdade. Aquarianos não gostam de receber ordens e gostam de pensar independentemente e de fazer as coisas do seu jeito único. A insistência em seguir um determinado caminho certamente faz com que eles muitas vezes sigam exatamente o caminho oposto. A combinação da grande necessidade de ser do contra com o seu signo fixo pode torná-los pessoas teimosas. Felizmente, eles sempre estão abertos a ouvir pontos de vista diferentes, contanto que sejam apresentados com objetividade. A perspectiva futurista dos aquarianos permite-lhes abraçar os avanços tecnológicos sem se sentir intimidados. Como Urano, os aquarianos têm uma qualidade excêntrica, que pode se manifestar na forma de uma intuição mental. Isso pode sempre produzir o "efeito eureca", quando subitamente descobrem que alguma coisa é verdadeira. Essa genialidade burlesca pode torná-los voláteis e imprevisíveis, mas também altamente inventivos.

Embora cada aquariano tenha uma aparência individual, todos sabem que são parte de um grupo unido que defendem os direitos humanos e as causas sociais. Mesmo que o resto do mundo não possa compreendê-los atualmente, os aquarianos serão compreendidos no futuro.

♓ Peixes

Os piscianos possuem uma natureza sentimental altamente desenvolvida. Os sensíveis piscianos constantemente recebem impressões do ambiente exterior, embora estejam sempre aguçadamente conscientes das próprias motivações interiores. Eles sempre se retiram para o mundo privado dos sonhos para desfrutar os devaneios da sua poderosa e extraordinária imaginação e, às vezes, para escapar da realidade mais dura da vida. O símbolo de Peixes é representado por dois peixes nadando em direções opostas, indicando uma personalidade dual de extremos. Às vezes, os nativos de Peixes podem se sentir cansados e letárgicos, ou apenas erráticos, e, em outros momentos, podem ser eficientes, precisos e extremamente trabalhadores.

DÉCIMO-SEGUNDO SIGNO
MUTÁVEL ÁGUA
PARTE DO CORPO: PÉS
PALAVRAS-CHAVE: COMPAIXÃO, RECEPTIVIDADE, IMAGINAÇÃO

Espiritualmente abertos a todas as emoções mais sutis, piscianos podem demonstrar generosidade e compaixão. Como nem sempre possuem fronteiras bem demarcadas, podem muitas vezes se dissolver nas necessidades de outras pessoas. Por isso, os piscianos precisam ser cuidadosos para não perder o próprio senso de autovalorização ou até mesmo para não se martirizar. Em geral, precisam ser sempre animados como forma de estimular sua confiança e, às vezes, podem ser bastante obstinados, não permitindo que ninguém os influencie. O signo menos egoísta do zodíaco, Peixes pode ser extremamente paciente, mas se for provocado pode se tornar surpreendentemente agressivo.

Sentimentais, amáveis e emotivos, os piscianos são muito receptivos ao meio ambiente ou aos sentimentos dos outros. Combinada com a sua impressionante imaginação, essa qualidade faz com que os piscianos sejam excelentes em qualquer tipo de cura, música, arte, teatro ou fotografia, e, em particular, em assuntos de natureza espiritual. Assim como os peixes que nadam em direções opostas, os piscianos também podem sofrer oscilações de humor. Às vezes, são extremamente otimistas e em outras ocasiões podem se tornar vagos ou sofrer de falta de impulso e desistir facilmente. Nesses momentos, eles devem se resguardar do escapismo ou do desânimo. É especialmente fácil para os piscianos idealistas projetarem as próprias expectativas elevadas e seus sonhos em outras pessoas e acabarem desiludidos.

Felizmente, eles podem usar essa habilidade psíquica natural para se conectar diretamente com a consciência de toda a humanidade. São os visionários que podem levantar os ânimos dos que estão à sua volta com humor, charme e simpatia.

Os dez planetas

Cada um dos planetas representa uma função psicológica e corresponde aos diversos aspectos da nossa personalidade. Os traços de caráter são sugeridos pelas posições dos planetas e pela relação que eles mantêm entre si. Na Astrologia, o Sol e a Lua, tecnicamente chamados de *luminares*, estão incluídos nos dez planetas que compõem o nosso sistema solar. Os assuntos-chave associados a cada planeta estão listados a seguir.

☉ O sol

Como centro de energia do nosso sistema solar, o Sol irradia o poder da luz e da vitalidade e está relacionado à força doadora da vida. Na Astrologia, ele representa a fonte de energia de cada criatura viva e fornece uma afirmação vigorosa de individualidade. O Sol significa o centro do nosso ser, nosso senso de identidade e ego. O glifo do Sol é um círculo com um ponto no centro, indicando o coração do nosso universo físico. No simbolismo esotérico, esse círculo representa a totalidade do infinito ou da eternidade; o ponto no meio significa um ponto particular no tempo e no espaço dentro dessa totalidade. Força de vontade, energia, força e auto-expressão são apenas alguns dos atributos do Sol. Ele também representa a ambição e o orgulho, a consciência e a autoconfiança e é uma metáfora do pai e do arquétipo masculino. Na mitologia, os reis e os heróis são freqüentemente associados a Hélio ou ao Sol, que é o planeta que rege Leão.

🡅 **Positivo**: vitalidade, individualidade, criatividade, vigor, força de vontade, inspiração, autoconsciência, o ego, identidade

🡇 **Negativo**: egoísmo, autocentramento, orgulho, arrogância, dominação

☾ A lua

A Lua recebe a luz refletida do Sol e é o único satélite que orbita em torno da Terra. A influência da Lua é essencialmente receptiva e não-racional. A Lua simboliza as nossas necessidades emocionais e instintos e governa o elemento água, incluindo os oceanos e as marés, além da vida noturna. Na Mitologia, Ísis, Ártemis e Diana representam as diversas faces da deusa Lua. Tradicionalmente, a Lua está associada ao feminino e à antiga concepção grega de Gaia. Geralmente associada às intuições e à habilidade psíquica, a Lua é também muito retratada no folclore, na poesia e na mitologia. Sua divindade é particularmente expressa por meio da feminilidade e do ciclo de fertilidade, concepção, nascimento, maternidade e abundância da natureza.

Na Astrologia Psicológica, a Lua representa as nossas reações inconscientes e experiências subjetivas. Ela também corresponde ao ímpeto inconsciente de satisfazer as nossas necessidades básicas. A Lua reflete as nossas diferentes tensões e nos força a expressar esses sentimentos. A Lua também influencia as flutuações desses sentimentos ou humores e governa o signo de Câncer.

🡅 **Positivo**: sensibilidade, nutrição, receptividade, intuição, habilidade psíquica

🡇 **Negativo**: humor instável, supersensibilidade, excesso de emotividade

☿ Mercúrio

Na Mitologia, Mercúrio é o mensageiro dos deuses, que deu ao homem a linguagem e a capacidade de se comunicar e de aprender. Entre os gregos, Mercúrio era conhecido como Hermes, que deu de presente à humanidade a escrita e a linguagem.

Mercúrio tem um talento para a retórica e para a impostura mental, um reflexo da habilidade de desenvolver a mente consciente até que nos tornemos bastante inteligentes para o nosso próprio bem. Embora seja muitas vezes retratado como uma figura masculina jovem, Mercúrio não é feminino nem masculino. Isso simboliza o seu papel como um meio neutro de troca de informações. Mercúrio reflete o pensamento intelectual e racional e os poderes de discriminação e está associado ao comércio.

Psicologicamente, Mercúrio representa a habilidade mental e a necessidade de compreender e se comunicar, seja por meio do discurso, da escrita, do ensino, ou de qualquer outra forma de expressão mental.

Mercúrio rege os signos de Gêmeos e Virgem.

Positivo: inteligência, agilidade mental, capacidade de comunicação, intelectualidade

Negativo: impostura, intelecto fraco ou desenvolvimento excessivo do intelecto, falta de lógica

♀ Vênus

Na Mitologia, Vênus é a deusa do amor e da beleza, a mãe de Eros. Para os gregos, ela era conhecida como Afrodite. Simbolizando o princípio feminino, Vênus harmoniza e cria a unidade, além de também conferir o apreço pela natureza e pela arte.

Na área da Psicologia, Vênus representa o impulso para se relacionar com os outros, a expressão das necessidades amorosas e aquilo que traz prazer. Vênus é popular, charmosa e sedutora, embora possa ser um tanto indulgente e despreocupada.

Por tentar evitar confrontos a todo custo, Vênus procura neutralizar as ameaças, cativando ou seduzindo os seus opositores. Como a função de Vênus é promover a união, a atração exerce um papel importante. Vênus confere ênfase à aparência externa, à sociabilidade, ao amor romântico e ao sexo oposto. O planeta Vênus confere ainda um caráter doce, apreço pela natureza e desejos fortes. Vênus também 'suaviza' tudo o que toca e dota de senso estético e bom gosto, refinamento natural e talento para a arte e a música. Vênus governa tudo o que você valoriza e revela as suas atitudes em relação ao dinheiro e posses, além da autovalorização.

Vênus rege os signos de Touro e Libra.

Positivo: amor à beleza e à arte, calor humano, sociabilidade, senso de valor, cooperação

Negativo: busca do prazer, indulgência excessiva, preguiça, luxúria

♂ Marte

Na Mitologia, Marte é o deus da guerra.

Marte governa o nosso instinto de sobrevivência, seja nas ocasiões em que lutamos, seja nas ocasiões em que fugimos. Por ser a antítese de Vênus, Marte representa o princípio masculino e é competitivo, assertivo e pronto para a ação. Marte é cheio de energia e impulso e dá prova de coragem e vigor dinâmico quando enfrenta os adversários.

Marte também é associado ao arquétipo do herói. As qualidades marcianas são freqüentemente associadas a atos de bravura e indicam uma mentalidade destemida. Na vida moderna, podemos usar a energia de Marte para impulsionar a nossa carreira, realizar os nossos objetivos ou defender as nossas convicções.

Como a função de Marte diz respeito à nossa vontade de sobrevivência, ela é relacionada à liberação de adrenalina nos nossos corpos e à habilidade de reagir rapidamente. Em excesso, essas mesmas energias que geram assertividade e nos ajudam a lutar também podem se manifestar em um temperamento difícil, na raiva, na agressão e na impaciência. No entanto, sem Marte nós não teríamos dinamismo, vigor, iniciativa ou impulso para alcançar as nossas ambições pelo esforço.

Marte governa o signo de Áries.

⬆ **Positivo**: assertividade, coragem, dinamismo, ação, vigor

⬇ **Negativo**: agressividade, violência, comportamento grosseiro, raiva, inquietude

♃ Júpiter

Júpiter é o maior planeta do nosso sistema solar. Com o mesmo nome do deus do panteão romano (conhecido como Zeus entre os gregos), na Mitologia, Júpiter era associado à sabedoria, à vitória e à justiça. Em consonância com o seu grande tamanho, Júpiter expande ou exagera. Ele representa a nossa habilidade de ir além dos nossos horizontes atuais e buscar um plano ou visão maior, com otimismo e confiança.

O desejo de descobrir o sentido e a verdade maiores significa que Júpiter aborda a vida de forma filosófica. O desejo por um conhecimento mais amplo inspira um maior aprendizado e está ligado às universidades ou professores espirituais.

Além disso, como Senhor da Verdade, Júpiter é, com freqüência, associado ao sistema judicial, aos tribunais, à lei e à ordem.

Juntamente com o impulso de expansão mental, a sorte e abundância estão muitas vezes ligadas a Júpiter. Júpiter estimula o anseio por experiências e viagens a lugares distantes e exóticos. A expansão excessiva, contudo, pode levar à avidez, ao falso otimismo, à insinceridade e ao ego inflado. No melhor dos casos, Júpiter simboliza o idealista generoso e bem-humorado, que tem fé e sabedoria para tornar os próprios planos realidade.

Júpiter rege Sagitário.

⬆ **Positivo**: desejo de verdade, generosidade, idealismo, otimismo, viagens longas, aprendizado elevado

⬇ **Negativo**: exagero, excesso de expansão, falso otimismo, avidez

♄ Saturno

Na Mitologia, Saturno é o Velho Senhor, o Tempo, o Ceifador. Nos períodos grego e romano, Saturno era o deus da ordem social e era reproduzido como o colhedor, com uma foice simbolizando o princípio de que colhemos o que plantamos. Saturno representa a justiça perfeita ou a lei da causa e do efeito.

Psicologicamente, Saturno é o arquétipo do velho homem sábio, do professor. Aceitando a responsabilidade e a disciplina para atingirmos a auto-realização, nós nos tornamos mais velhos e mais sábios. O trabalho e o treinamento árduos sugeridos pela influência restritiva de Saturno, em última análise, valem a pena, porque são a única maneira de aprendizado. Para equilibrar a expansividade de Júpiter, temos a influência restritiva de Saturno, que pode conter o excesso de presunção e manter a ordem. A influência restritiva de Saturno, no entanto, pode gerar pessimismo, medo e seriedade excessiva.

Saturno quer definição, forma e estrutura. Ele cria fronteiras para manter controle, regulação e segurança. Saturno representa qualquer coisa dura, desde os nossos ossos e dentes até as situações em que precisamos ser duros com nós mesmos.

Como este planeta requer que enfrentemos as nossas responsabilidades e deveres, as suas lições são às vezes pouco confortáveis. Saturno é totalmente justo e imparcial: o trabalho dedicado é recompensado. Com Saturno, você não pode esperar algo do nada. Ele fornece determinação e perseverança para sermos bem-sucedidos.

Saturno governa o signo de Capricórnio.

Positivo: disciplina, ordem, autoridade, sabedoria, realismo, paciência, perseverança
Negativo: pessimismo, medo, excesso de severidade

♅ Urano

O antigo nome de Urano era Céu Noturno e, na Mitologia, Urano era o pai de Saturno.

A vastidão dos céus simboliza a nossa habilidade de abrir as mentes para o universal. Urano traz iluminação e liberdade de espírito, rompendo com a restrição e a segurança de Saturno. Esse tipo de liberdade requer que deixemos espaço em nossa vida para o inesperado, ou que ousemos expressar a nossa individualidade, apesar das pressões do conformismo. Mas se forçarmos muito, corremos o risco de nos tornar rebeldes sem causa.

Por uma análise psicológica, por intermédio de Urano nós podemos ampliar o nosso ponto de vista para ter uma visão universal e compreender a humanidade como uma família de irmãos e de irmãs. Urano nos leva a lutar pelos direitos humanos e pela liberdade de expressar o nosso eu. Urano governa a energia elétrica de todos os tipos: ondas de televisão e de rádio, campos magnéticos, *lasers*, computadores e a nova tecnologia eletrônica.

Sempre olhando para o futuro e com capacidade de pensar de forma simbólica e abstrata, Urano representa a intuição e a inventividade. Isso de uma forma geral significa estar à frente da sociedade como um todo e se expressar de maneira individualista e não-convencional.

Urano rege o signo zodiacal Aquário.

Positivo: liberdade, humanitarismo, desapego, objetividade
Negativo: rebelião, excentricidade, tendências revolucionárias, teimosia

♆ Netuno

Na Mitologia, Netuno é o rei do mar, profundo, insondável e misterioso. Assim como o oceano pode dissolver as rochas em areia, Netuno pode, lenta e sutilmente, dissolver as barreiras criadas pelo ego, levando-nos à experiência mística. A névoa que paira sobre o mar é análoga à névoa que circunda este planeta, onde nada é sólido e tudo é ilusório e enigmático.

Psicologicamente, a função de Netuno é nos ajudar a transcender as nossas limitações, por meio do refinamento e da purificação de nossa natureza emocional. Diferentemente de Saturno, ele não tem fronteiras, mas sim um senso de unidade com todas as coisas. Contudo, essa habilidade para se misturar com tudo pode gerar uma sensação de incerteza. A extrema sensibilidade a tudo, indicada pela influência de Netuno, pode conferir uma grande compaixão pelo sofrimento da humanidade.

Ele ainda oferece a habilidade de se perder na inspiração criativa da arte, da música ou do teatro. Netuno pode dar ao artista a inspiração e a imaginação para tudo o que é possível. Com uma percepção e imaginação elevadas, pode ser fácil escapar para um mundo de fantasia, para o excesso de drogas ou de álcool, ou enganar a si mesmo e entrar em confusão. O trabalho positivo com Netuno envolve uma visão do nosso ideal que nos leva a alcançar os nossos sonhos.

Netuno rege o signo zodiacal de Peixes.

🡅 **Positivo**: sensibilidade, visão, compaixão, inspiração, transcendência

🡇 **Negativo**: ilusão, engano, escapismo, confusão, incerteza

♇ Plutão

Mitologicamente, Plutão, o rei do submundo, representa transformação, morte e renascimento. Plutão significa mudança profunda, e sua energia é intensa e poderosa. Sob a influência de Plutão, podemos ter a habilidade de penetrar ou ler o subconsciente a partir de sinais subliminares que ele gera, especialmente por meio da linguagem corporal. Isso pode ser usado positivamente em áreas como a Psicologia Profunda, mas também pode ser usado para controlar os outros.

A descoberta do planeta Plutão aconteceu na mesma época da descoberta das partículas subatômicas e da publicação da teoria do inconsciente de Jung. Seja governando personagens sombrias do submundo, fanáticos ou terroristas, ou grandes transformadores que trabalham para o bem da sociedade, a energia de Plutão pode ser extrema. Ele também pode provocar esse mesmo nível de reação intensa dentro de nós. Plutão freqüentemente simboliza a reação do tudo ou nada. Como parte de nossos esforços em direção ao auto-aperfeiçoamento, há sempre momentos em que devemos deixar para trás o velho sem garantias para o futuro. A energia da morte e do renascimento é poderosamente simbolizada por Plutão. Com a ajuda de Plutão, aceitamos as mudanças da nossa vida e aprendemos a deixar para trás, na hora certa, o passado ou qualquer coisa que tenhamos de superar. Plutão nos ensina que todo fim é um novo começo e que a vida continua. Esse conhecimento nos ajuda em todo o processo de reconstrução.

Plutão governa o signo de Escorpião.

🡅 **Positivo**: poder, transformação, regeneração, revelação do oculto

🡇 **Negativo**: abuso do poder, obsessão, compulsão

Decanatos

Um decanato consiste em 10 dos 360 graus do círculo zodiacal. Cada signo tem 30 graus daquele círculo, e assim cada signo contém três decanatos espacialmente equivalentes, embora simbolicamente diferentes. Lembre-se de que 30 graus do zodíaco equivalem a uma porção de 30 graus do caminho da Terra em volta do céu. À medida que o Sol passa pelo signo zodiacal (a constelação zodiacal no céu celestial oposta à posição da Terra em relação ao Sol) no curso de um mês astrológico, o Sol passa por três decanatos, um após o outro. O Sol se move para um novo decanato a cada dez dias, aproximadamente. Cada um dos três decanatos adiciona as influências do próprio planeta e signo às influências básicas gerais do signo do Sol.

Considerando o decanato, além do signo do Sol, podemos apurar a leitura da data de nascimento individual. Por exemplo, um capricorniano nascido no segundo decanato estará sob a influência do signo de Touro. Os egípcios antigos consideravam os significados dos decanatos tão importantes quanto os do signo do Sol.

As influências dos decanatos são determinadas pelo elemento associado ao signo que os contém. Cada signo se associa simbolicamente a um dos quatro elementos fundamentais:

- O elemento **fogo** rege: Áries, Leão, Sagitário
  Regentes planetários: Marte, Sol, Júpiter
- O elemento **terra** rege: Touro,Virgem, Capricórnio
  Regentes planetários: Vênus, Mercúrio, Saturno
- O elemento **ar** rege: Gêmeos, Libra, Aquário
  Regentes planetários: Mercúrio, Vênus, Urano
- O elemento **água** rege: Câncer, Escorpião, Peixes
  Regentes planetários: Lua, Plutão, Netuno

A seqüência dos três decanatos obedece ao mesmo padrão de cada um dos doze signos solares. Os decanatos de cada signo do Sol estão associados aos três signos associados ao elemento ligado ao do signo do Sol. Por exemplo, como você pôde ver anteriormente, Áries está ligado ao elemento fogo. Todas as pessoas nascidas sob o signo de Áries pertencem ao elemento fogo. Todos os três decanatos de Áries estão associados a signos correspondentes ao fogo. O primeiro decanato de Áries está associado ao signo do Sol mais próximo de Áries e ligado ao fogo, nomeadamente, o próprio signo de Áries. Em seguida, viajando em direção oposta ao do relógio ao longo do círculo do zodíaco, o próximo elemento fogo será Leão. Leão está, por isso, associado ao segundo decanato. Continuando o percurso pelo círculo, alcançamos o terceiro signo relacionado ao elemento fogo: Sagitário. O terceiro decanato de Áries está associado a Sagitário. Acontece o mesmo para todos os decanatos de todos os signos do Sol.

Cada signo, indo além, está associado a um planeta. Assim como o signo do Sol tem um regente planetário, o mesmo acontece para cada signo do decanato. O decanato de Áries é regido pelo planeta Marte e o decanato de Sagitário é regido pelo planeta Júpiter.

No diagrama a seguir, você poderá ver claramente como os decanatos operam dentro dos diferentes signos. Apresentamos uma lista dos signos do Sol e as influências dos decanatos localizados dentro de cada um deles, juntamente com os dias associados a cada decanato.

ÁRIES, 21 DE MARÇO A 20 DE ABRIL

Áries-Áries	Decanato de Marte: 20-21 de março a 30 de março
Áries-Leão	Decanato do Sol: 31 de março a 9 de abril
Áries-Sagitário	Decanato de Júpiter: 10 de abril a 20-21 de abril

TOURO, 21 DE ABRIL A 21 DE MAIO

Touro-Touro	Decanato de Vênus: 20-21 de abril a 30 de abril
Touro-Virgem	Decanato de Mercúrio: 1 de maio a 10 de maio
Touro-Capricórnio	Decanato de Saturno: 11 de maio a 21-22 de maio

GÊMEOS, 22 de MAIO A 21 DE JUNHO

Gêmeos-Gêmeos	Decanato de Mercúrio: 21-22 de maio a 31 de maio
Gêmeos-Libra	Decanato de Vênus: 1 de junho a 10 de junho
Gêmeos-Aquário	Decanato de Urano: 11 de junho a 21-22 de junho

CÂNCER, 22 DE JUNHO A 22 DE JULHO

Câncer-Câncer	Decanato da Lua: 21-22 de junho a 1 de julho
Câncer-Escorpião	Decanato de Plutão: 2 de julho a 11 de julho
Câncer-Peixes	Decanato de Netuno: 12 de julho a 22-23 de julho

LEÃO, 23 DE JULHO A 22 DE AGOSTO

Leão-Leão	Decanato do Sol: 23-24 de julho a 2 de agosto
Leão-Sagitário	Decanato de Júpiter: 3 de agosto a 12 de agosto
Leão-Áries	Decanato de Marte: 13 de agosto a 22-23 de agosto

VIRGEM, 23 DE AGOSTO A 22 DE SETEMBRO

Virgem-Virgem	Decanato de Mercúrio: 22-23 de agosto a 2 de setembro
Virgem-Capricórnio	Decanato de Saturno: 3 de setembro a 12 de setembro
Virgem-Touro	Decanato de Vênus: 13 de setembro a 22-23 de setembro

LIBRA, 23 DE SETEMBRO A 21 DE OUTUBRO

Libra-Libra	Decanato de Vênus: 22-23 de setembro a 3 de outubro
Libra-Aquário	Decanato de Urano: 4 de outubro a 13 de outubro
Libra-Gêmeos	Decanato de Mercúrio: 14 de outubro a 22-23 de outubro

ESCORPIÃO, 23 DE OUTUBRO A 21 DE NOVEMBRO

Escorpião-Escorpião	Decanato de Plutão: 22-23 de outubro a 2 de novembro
Escorpião-Peixes	Decanato de Netuno: 3 de novembro a 12 de novembro
Escorpião-Câncer	Decanato da Lua: 13 de novembro a 21-22 de novembro

SAGITÁRIO, 22 DE NOVEMBRO A 21 DE DEZEMBRO

Sagitário-Sagitário	Decanato de Júpiter: 21-22 de novembro a 2 de dezembro
Sagitário-Áries	Decanato de Marte: 3 de dezembro a 12 de dezembro
Sagitário-Leão	Decanato do Sol: 13 de dezembro a 21-22 de dezembro

CAPRICÓRNIO, 22 DE DEZEMBRO A 20 DE JANEIRO

Capricor.-Capricor.	Decanato de Saturno: 21-22 de dezembro a 31 de dezembro
Capricórnio-Touro	Decanato de Vênus: 1 de janeiro a 10 de janeiro
Capricórnio-Virgem	Decanato de Mercúrio: 11 de janeiro a 20-21 de janeiro

AQUÁRIO, 21 DE JANEIRO A 19 DE FEVEREIRO

Aquário-Aquário	Decanato de Urano: 20-21 de janeiro a 30 de janeiro
Aquário-Gêmeos	Decanato de Mercúrio: 31 de janeiro a 9 de fevereiro
Aquário-Libra	Decanato de Vênus: 10 de fevereiro a 19-20 de fevereiro

PEIXES, 20 DE FEVEREIRO A 20 DE MARÇO

Peixes-Peixes	Decanato de Netuno: 19-20 de fevereiro a 1 de março
Peixes-Câncer	Decanato da Lua: 2 de março a 11 de março
Peixes-Escorpião	Decanato de Plutão: 12 de março a 20-21 de março

Progressões

As progressões astrológicas são muito usadas como uma técnica do sistema de predições. O mais conhecido método de progressão se faz pela substituição de "um dia por um ano" como modo de mostrar simbolicamente as nossas vidas em câmera lenta. Nesse sistema simbólico de interpretação, os movimentos planetários ao longo de um dia são traduzidos como o movimento de planetas ao longo de um ano. Por exemplo, as posições dos corpos celestiais nos 24 dias depois do nascimento correspondem ao 24º ano da vida da pessoa.

O Sol é o signo do grande círculo estelar do zodíaco oposto à posição da Terra em relação ao Sol. Como a Terra orbita em torno do Sol, este se move através dos diversos signos localizados nos intervalos de 30 graus deste grande círculo estelar.

Neste livro, seguimos essa jornada do Sol através dos vários signos e interpretamos como isto afeta cada indivíduo. Com o sistema de progressão de "um dia por um ano", o Sol demora aproximadamente trinta anos, e não trinta dias, para viajar por cada signo zodiacal. Por exemplo, se você nasceu na cúspide entre dois signos, no sistema "um dia por um ano" o seu Sol progredido chega à próxima cúspide depois de trinta anos, no seu 30º aniversário. Se você nasceu no décimo quinto dia de um determinado signo do Sol, o seu Sol progredido se move até o próximo signo do Sol depois de quinze anos; no seu 30º aniversário, você terá alcançado a metade deste signo.

Se você nasceu perto do final do signo zodiacal ou em uma cúspide, o seu Sol progride até o próximo signo zodiacal em poucos anos. Nessas ocasiões, você pode sentir uma afinidade maior com o signo seguinte do que com o seu signo solar. Colocamos abaixo três exemplos e um mapa correspondente das progressões do Sol; os períodos de mudança estão assinalados com um X.

EXEMPLO 1: Se você nasceu no início do signo de Gêmeos, isto é, no dia 23 de maio, o seu Sol progride através de Gêmeos durante vinte e oito anos. Ele se move para o signo de Câncer quando você tem cerca de 29 anos. Em seguida, o Sol demora mais trinta anos para completar a jornada através do signo de Câncer e se mover para Leão, quando você completa 59 anos.

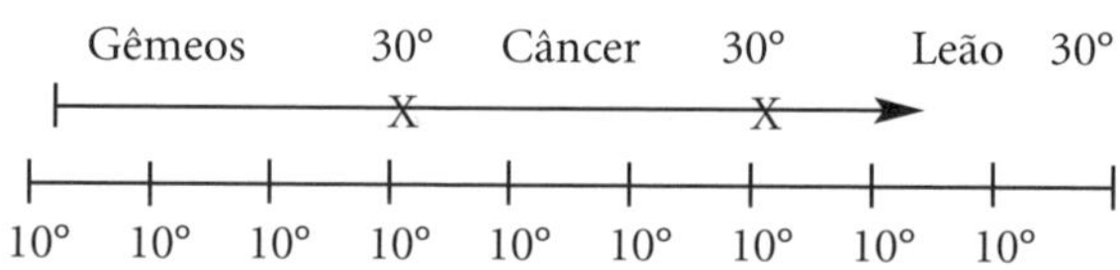

EXEMPLO 2: Se você nasceu no meio do signo de Virgem, isto é, no dia 7 de setembro, o seu Sol progredido irá mudar de signo zodiacal e entrar em Libra quando você tiver 15 anos. O Sol precisará então de mais trinta anos para atravessar o signo de Libra, antes de entrar no signo de Escorpião, quando você tiver aproximadamente 45 anos. Outra mudança ocorrerá aos 75 anos, quando o seu Sol progredido entrar no signo de Sagitário.

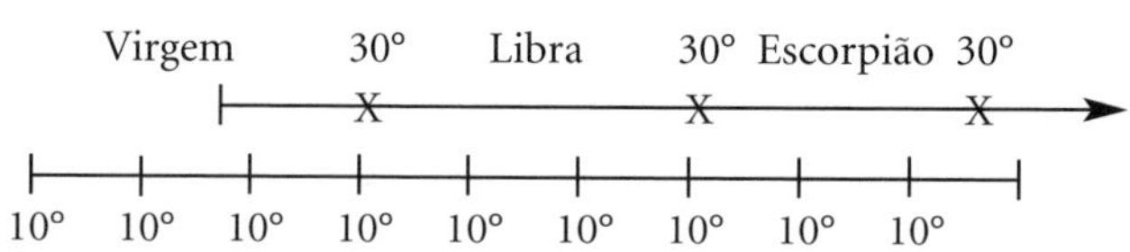

EXEMPLO 3: Se você nasceu nos últimos dias de Sagitário, o seu Sol progride até Capricórnio quando você ainda é bebê. O Sol precisa então de trinta anos para atravessar Capricórnio. Outra mudança ocorrerá aos 31 anos, quando o seu Sol progredido entrar no signo de Aquário. Quando você completar 61 anos, o seu Sol progredido mudará novamente de signo e entrará em Peixes.

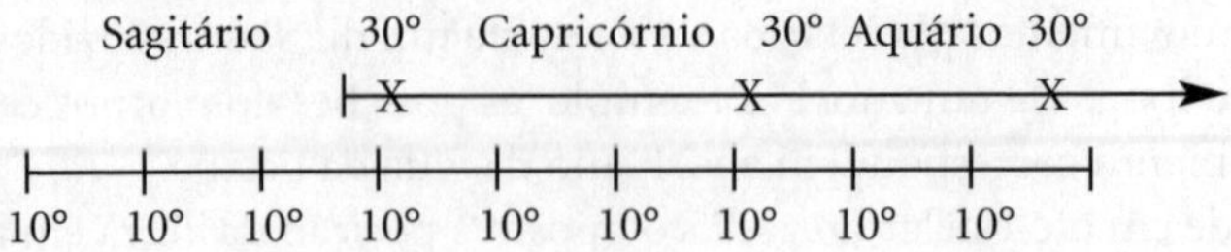

Introdução às Estrelas Fixas

As Estrelas Fixas pertencem ao grande Cosmos e não ao nosso sistema solar. Diferentemente dos planetas que orbitam o nosso Sol, as estrelas fixas também são sóis; de fato, dependendo da sua magnitude, algumas estrelas fixas são muito maiores e mais brilhantes do que o nosso Sol. Quando falamos a respeito de estrelas fixas, usamos o termo "anos-luz" para descrever as vastas distâncias que são difíceis de calcular ou entender. Devido à distância que essas estrelas estão da Terra, para nós elas parecem estacionárias e são, por isso, chamadas de estrelas "fixas". A influência das Estrelas Fixas é referente à sua força, que é calculada pelo seu brilho.

Embora haja milhões de Estrelas Fixas no Universo, na prática astrológica, relativamente poucas delas são consideradas — propriamente, as que estão localizadas perto do anel zodiacal. A observação e a relação das Estrelas Fixas com os eventos do mundo tiveram início milhares de anos atrás. Os nomes delas foram dados nas eras mesopotâmica e babilônica. As Estrelas Fixas foram mencionadas na Epopéia de Gilgamesh e, juntamente com os cometas, eclipses e planetas, desempenhavam um importante papel na interpretação dos fenômenos do tempo. Além dos babilônicos, os egípcios acreditavam na poderosa influência das Estrelas Fixas. Como conheciam o poder da natureza e eram dependentes do rio Nilo para a sobrevivência, os egípcios celebravam o solstício de verão do calendário agrícola com ritos de fertilidade e associavam o nascer da estrela Sirius à inundação do rio Nilo. Recentemente, surgiram muitos indícios de que os egípcios alinharam as majestosas pirâmides de Giza ao Cinturão Oriental. Embora muitos historiadores ainda achem que as grandes pirâmides são uma testemunha dos grandes reis do Egito, diversas novas descobertas arqueológicas revelam uma nítida conexão entre o projeto da Pirâmide de Queóps e as estrelas circumpolares.

Na história do nascimento de Jesus, uma estrela guiou os três homens sábios ao estábulo de Belém. Na Grécia, em torno do ano 250 a.C., foram registrados catálogos de Estrelas Fixas. A observação das Estrelas Fixas continuou por toda a História e foi incorporada à compreensão celestial dos antigos. As Estrelas Fixas eram associadas a diferentes aspectos da vida; a origem da sua interpretação deriva dos símbolos com os quais as constelações eram associadas. Por exemplo, na constelação de *Alpha Leonis*, ou Leão, a estrela fixa mais brilhante é *Regulus* (também chamada de Coração do Leão), que simboliza força, poder e autoridade. Ela é uma das Estrelas Fixas mais importantes do céu e está associada à realeza e às honrarias. Usualmente, ela aparece nos mapas de reis, rainhas, regentes e altos funcionários de governo. Essa estrela está também associada às pessoas que são favorecidas pelo público e confere autoridade.

A importância das estrelas fixas deriva do fato de que os corpos materiais do Cosmos estão em estado de corrente elétrica e são circundados por um campo magnético. Mesmo a emissão mais fraca pode influenciar a Terra. Isso é incrivelmente semelhante ao termo "efeito borboleta", usado pela moderna teoria do caos, que acredita que até mesmo uma asa de borboleta batendo no ar pode criar um efeito ondular que leva a uma transformação do sistema meteorológico em outra parte do mundo.

Como as Estrelas Fixas são essencialmente as mesmas que o nosso próprio Sol, elas têm campos de força similares. O efeito das estrelas é medido por sua magnitude e brilho.

As Estrelas Fixas proporcionam uma compreensão fascinante do subconsciente e do potencial ou problemas que um indivíduo pode ter. Essa interpretação, contudo, deve ser analisada cuidadosamente em relação ao horóscopo natal completo; as Estrelas Fixas não são interpretadas separadamente, mas sempre tomadas como uma subinfluência nas qualidades celestiais dos planetas. As Estrelas Fixas devem ser entendidas como uma força que amplia ou diminui as forças dos planetas com os quais mantêm contato.

Listamos nas páginas dos dias de aniversário as Estrelas Fixas mais influentes para cada dia. Freqüentemente, outras Estrelas Fixas exercem influências adicionais, e nós incluímos as suas interpretações no apêndice acerca de Estrelas Fixas no final deste livro.

Observe que nem todos os dias deste livro estão associados a uma estrela fixa. Discutimos apenas as estrelas associadas ao Sol, e quando não há estrelas de grande influência próxima ao Sol em um determinado dia, esse dia de aniversário não tem estrelas fixas. É provável, no entanto, que haja outras estrelas fixas associadas às posições dos planetas naquele dia. Com um mapa natal, você poderá usar o apêndice deste livro para entender as influências que as Estrelas Fixas associadas ao seu planeta exercem sobre você. Nossa discussão a respeito das Estrelas Fixas neste livro pretende ser somente uma introdução ao seu intrincado e fascinante reino.

Estrelas Fixas: regras básicas de interpretação

Em um ano, o Sol viaja através dos 360 graus do círculo zodiacal. Os doze signos astrológicos ocupam, cada um, 30 graus deste círculo. As estrelas fixas ocupam pontos de graus únicos, mas as suas órbitas, ou espectro de influência, podem ter muitos graus. A magnitude da estrela afeta a potência da sua influência. Tanto o espectro quanto a potência devem ser calculados para a determinação do potencial de duração e força da influência exercidos pela Estrela Fixa. Quando o Sol ou um planeta estão dentro da órbita de uma estrela fixa, a influência da estrela é nitidamente sentida, mais poderosamente no momento da conjunção e com uma intensidade menor à medida que o Sol ou o planeta se movem para fora da órbita.

Magnitude da Estrela Fixa

O poder de uma estrela é julgado por sua magnitude.

A maior magnitude: entre 0 e -1.

Magnitude 1: orb de 2° 30'
Magnitude 2: orb de 2° 10'
Magnitude 3: orb de 1° 40'
Magnitude 4: orb de 1° 30'
Magnitude 5: estrelas, agrupamentos e nebulosa: orb menor que 1°

Neste livro, ilustramos as influências positivas e negativas dessas estrelas sobre o dia de aniversário individual. Tentamos não apenas fornecer as interpretações clássicas, mas também sugerir os seus efeitos vistos à luz das interpretações da Psicologia Moderna.

Demos uma classificação de força para cada estrela, que corresponde a sua magnitude. Uma magnitude de -1, a maior, recebe uma classificação de força correspondente a dez estrelas. Uma magnitude de 5, a mais fraca, recebe uma classificação de duas estrelas.

Lista das estrelas fixas de Áries

Deneb Kaitos	★★★★★★★★
Algenib	★★★★★★
Sirrah	★★★★★★★★
Baten Kaitos	★★★★★
Al Perg	★★★★★
Vertez	★★★★★

Introdução à Numerologia

A crença de que os números possuem poderes sagrados é compartilhada não apenas pelas culturas arcaicas e pelos filósofos gregos, mas também pelos estudiosos renascentistas e muitos matemáticos contemporâneos.

Os entalhes gravados em ossos encontrados no Zaire, que datam entre 9000 e 750 a.C., correspondem às marcas das fases lunares e são um dos primeiros sinais da adiantada atividade matemática.

A Numerologia é tão Antiga quanto a Astrologia e tem a sua origem nas culturas mesopotâmica, judaica e grega antigas. Por exemplo, acreditava-se que os números e cartas do Antigo Testamento estavam relacionados a significados ocultos relativos a mensagens, sonhos e nomes de pessoas. Cada cultura desenvolveu o seu próprio sistema de interpretação de números para dar sentido ao Universo e à natureza humana. Os mais respeitados sistemas que contêm a Numerologia são as teorias de Pitágoras, da cabalística, do I Ching e dos maias.

Muitos filósofos gregos ficavam intrigados com o mistério dos números. Um dos mais extraordinários pensadores da antiga época grega foi Pitágoras, que dizia que os números eram sagrados e que "todas as coisas são números". Ele era um líder religioso, místico e estudioso de matemática pura. Diferentemente de muitos matemáticos modernos, ele unia a teologia ao pensamento racional. Pitágoras deixou um legado único à cultura ocidental e um início para a identificação dos números. Ao descobrir a importância da ligação entre a música e os números, ele estabeleceu uma conexão harmônica entre as notas musicais e a Matemática. Ao perceber que os números correspondiam às formas, ele foi o primeiro a descrever as figuras oblongas, o quadrado e o triângulo como um conjunto de pontos ou números. Seus seguidores, os pitagóricos, foram também os primeiros a acreditar que os princípios da Matemática eram a base de todas as coisas existentes e, desde então, entre esses princípios, os números são por natureza arquétipos primários, pois eles, acima de qualquer outra coisa, estabelecem a ordem na natureza e no Universo.

Alguns matemáticos contemporâneos dão eco a essas crenças e argumentam que quanto mais profundamente se percebe a maneira como o Universo funciona, mais se percebe que o Cosmos tem uma essência matemática. Os números e a Matemática salientam o modo mais preciso pelo qual o Universo se comporta.

Há três padrões básicos de números. Podemos ver os números por meio de teorias matemáticas, de definições filosóficas e de simbolismo numérico. No início do século XX, Jung interpretou o número como um arquétipo de ordem que se tornou consciente e afirmou que os números são instrumentos para a criação da ordem. Ele acreditava que um número tem uma natureza qualitativa e quantitativa. De fato, mesmo as investigações da física das partículas sugerem que as mudanças na quantidade atômica resultam em diferenças qualitativas perceptíveis no mundo macroscópico.

A Numerologia, da mesma maneira que a Astrologia, é um sistema simbólico, uma das diversas ferramentas que podemos usar para entender a nós mesmos e a nossa vida. Os números possuem uma natureza dual e podem representar tanto uma força negativa quanto uma força positiva. A exploração do seu significado pode nos ajudar a descobrir e desenvolver o nosso potencial pessoal e nos guiar na nossa vida.

Neste livro, nós nos concentramos particularmente nas interpretações qualitativas dos números em relação ao dia e mês de nascimento de uma pessoa e mostramos nas páginas a seguir como é simples descobrir o seu número holístico.

Como calcular o seu número holístico

O seu número holístico é simbolizado pela soma total dos números do dia, ano e mês do seu aniversário. Esse número revela o propósito da sua vida ou desafio, com os atributos positivos e negativos. Entendendo o seu número holístico, você pode atingir um nível mais alto de autoconsciência. Tudo o que você precisa é somar todos os dígitos, um por um. Por exemplo:

28 de junho de 1956 (28/6/1956) = 2 + 8 + 6 + 1 + 9 + 5 + 6 = 37 = 3 + 7 = 10 = 1 + 0 = 1.
O seu número holístico é 1, que também pode ser lido como 37/1
20 de outubro de 1961 (20/10/1961) = 2 + 0 + 1 + 0 + 1 + 9 + 6 + 1 + 20 = 2 + 0 = 2.
O seu número holístico é 2, que também pode ser lido como 20/2.

Os nove números básicos

A qualidade de cada um dos nove números básicos pode ter uma expressão positiva ou negativa na personalidade da pessoa, dependendo de como ela aborda os desafios da vida.

Número 1

A dinâmica do número 1 é consciente. Os atributos positivos do número 1 são assertividade, criatividade, singularidade e independência. Se o seu número holístico é 1, isso sugere que você é uma pessoa inventiva e cheia de vitalidade, ambição e impulso. Pioneiro e com um espírito ousado, você gosta de assumir um papel de liderança e de expressar a própria originalidade. À medida que conhece a própria força criativa e individualidade, você passa a ter mais necessidade de se expressar e de estar preparado para enfrentar a vida. Freqüentemente, isso pode significar pensar de forma diferente ou agir por conta própria. Às vezes, você pode se sentir isolado do seu ambiente imediato, principalmente se está dando início a novas idéias. A inspiração é a chave para a sua motivação, e o desenvolvimento da sua intuição irá ajudá-lo a decidir o que fazer quando confrontado com diversas escolhas. A sua grande força de vontade e determinação levam-no a liderar e não a ser liderado. Por toda a sua vida, você está propenso a ter experiências que irão ensiná-lo a superar as suas inseguranças, sejam elas de ordem emocional, física ou mental. Assumir a responsabilidade sobre as suas ações também faz parte da sua lição de vida. No melhor dos casos, você é uma pessoa confiante e confiável, que inspira os outros de uma forma positiva. O desenvolvimento da tolerância, da compaixão e da paciência irá ajudá-lo a alcançar os seus objetivos. Quando pode aperfeiçoar as suas habilidades, sente-se encorajado para exibir um pouco da sua originalidade. Os desafios que se colocam para as pessoas de número 1 incluem oscilações entre a falta de confiança e o excesso de confiança, ser uma pessoa exigente, arrogante, egoísta e um tanto ditatorial.

Número 2

A dinâmica do número 2 é sensorial. Os atributos positivos são sociabilidade, receptividade e habilidade para equilibrar as suas necessidades com as necessidades dos outros. Os indivíduos de número 2 têm jeito para lidar com as pessoas e muitas vezes aprendem por meio do trabalho cooperativo. Se o seu número holístico é 2, você é uma pessoa atenciosa e sensível aos sentimentos dos outros e tem uma natureza cortês e romântica.Você é também diplomático, amigável e sociável, com interesse por relações públicas. Intuitivo e adaptável, prospera quando é encorajado, mas pode ser suscetível à bajulação. Você precisa aprender a distinguir entre ser cooperativo e ajudar os outros e ser subserviente e se martirizar devido a inseguranças emocionais. A sua confiança pode ser abalada caso se torne excessivamente dependente; por isso, você precisa dar e receber em medidas iguais. Se você for uma pessoa carente ou vulnerável, outras pessoas podem facilmente se aproveitar da sua natureza gentil. O indivíduo número 2 precisa aprender a lidar com confrontos sem agressividade e aprender a dizer não sem se sentir culpado.Você também se beneficia ao receber ajuda alheia sem parecer fraco. A auto-aceitação é o caminho certo para as pessoas número 2. As suas realizações positivas são alcançar harmonia interior, desenvolver objetivos com propósito e estabelecer limites.

Os desafios para as pessoas número 2 são dependência, inquietude, insegurança, sensibilidade excessiva, ser facilmente desencorajado, desconfiança habitual das pessoas e baixa auto-estima.

Número 3

A dinâmica do número 3 é expressiva ou emocional. Os atributos positivos são a auto-expressão criativa, à sensibilidade, à imaginação e à versatilidade. Se o seu número holístico é 3, isso sugere que você é uma pessoa entusiástica, que gosta de se divertir, é sociável e amigável. Você pode exibir a sua natureza multitalentosa por meio de diversas atividades artísticas. Contudo, fazer escolhas pode ser um de seus desafios. Como uma pessoa número 3, você gosta de interagir com os outros, por intermédio de diversões, de reuniões sociais e de conversas íntimas. Amante da liberdade e emotivo, você precisa expressar a alegria de viver. Você também sabe sintetizar bem o seu conhecimento e transmitir as suas idéias. As pessoas número 3 costumam evitar conflitos, mantendo-se animadas e otimistas. Como o seu aprendizado se relaciona ao crescimento emocional e à auto-expressão, talvez você precise desenvolver uma compreensão mais profunda dos seus sentimentos, e, em vez de manipular as situações, deve expressar aberta e diretamente os seus sentimentos.

Os indivíduos número 3 podem também ter instabilidade emocional ou sentimentos negativos, como inveja e ódio. Embora sejam espirituosos e saibam lidar com as palavras, se se sentirem tímidos e inseguros podem se isolar ou ficar inibidos, achando difícil expressar os sentimentos. A realização e a satisfação emocional normalmente derivam da alegria de compartilhar e aprender a respeito do amor e da compaixão.

Os desafios para o número 3 são a preocupação e a dúvida quanto a si mesmos, a tendência para desperdiçar energia, exagero, intolerância, sentir-se despreparado, indecisão e irresponsabilidade.

Número 4

A dinâmica do número 4 é física. Os atributos positivos do número 4 são praticidade, capacidade de organização e autodisciplina. Se o seu número holístico é 4, você é uma pessoa honesta, direta e trabalhadora, que deseja ter estabilidade. Os indivíduos número 4 são pacientes, meticulosos e sabem que a metodologia e a preparação são essenciais. Qualquer coisa que fizerem na vida precisa ter um propósito e uma aplicação prática. Embora sejam indivíduos severos e que não demonstram as emoções, são leais e confiáveis.

Como número 4, você tem habilidades ligadas à forma, técnica e mecânica. Astutas e preocupadas com a própria segurança, as pessoas de número 4 são atraídas pelo mundo financeiro ou de negócios em geral. Você tende à teimosia e à rigidez e seria bom aprender a ser mais flexível e adaptável. A sua ambição e vitalidade geralmente o ajudam a resistir, enquanto outros desistem por falta de energia. No entanto, talvez seja necessário aprender a não assumir mais do que pode. Embora proteja as pessoas de quem cuida, você precisa superar a tendência a controlar as situações e a ser dominador.

Os indivíduos número 4 são, em geral, conhecidos como construtores e, de fato, podem muitas vezes ser os fundadores de projetos e empreendimentos.

Os desafios para o número 4 são dogmatismo, obstinação, falta de confiabilidade, oscilações entre ser muito preguiçoso ou trabalhar em excesso, dificuldade para deixar o passado para trás e dar em excesso.

Número 5

A dinâmica do número 5 é instintiva. Os atributos positivos do número 5 são engenhosidade, reações rápidas e ação decisiva. Os indivíduos número 5 são entusiásticos e amantes da liberdade. Se tiver uma disposição positiva, você é uma pessoa autodisciplinada e concentrada, com uma mente alerta e astuta. Embora possa ser uma pessoa responsável, você precisa de autonomia para se movimentar livremente.

Geralmente versátil e empreendedor, você gosta de conhecer novas pessoas e de ter experiências diferentes. Liberal e mentalmente aberto, você pode facilmente se adaptar a novas situações ou ter uma atitude progressista. Muitas vezes habilidoso e eficiente, você pode aprender rapidamente e captar as situações com a sua abordagem realista. As viagens e mudanças são parte do estilo de vida do número 5.

Como é provável que seja uma pessoa que segue o fluxo da vida, você aceita bem as mudanças e se adapta a novos ambientes com pouca resistência. Os traços negativos do número 5 são muitas vezes a inquietude, a impaciência e a falta de consistência. Sem propósito e sem perseverança, o número 5 pode vagar pela vida sem objetivos, procurando uma vocação verdadeira; assim, o melhor é não deixar as coisas ao acaso.

Profundidade de entendimento e maior conhecimento podem ajudá-lo a utilizar o seu grande potencial. Se aprender a combinar o seu pensamento rápido com os seus fortes instintos, você pode facilmente se destacar com as suas reações rápidas. Espirituoso e audacioso, você tem uma personalidade cortês e ousada.

Os desafios para o número 5 são comportamento impetuoso e errático, conduta irresponsável, impaciência, falta de consideração, rudeza e tendência a desperdiçar a própria energia.

Número 6

A dinâmica do número 6 é emocional e universal. Os atributos positivos do número 6 são idealismo, criatividade, humanitarismo, compaixão e visão. Os indivíduos número 6 são sensíveis e responsáveis, e muitas vezes julgam a vida de acordo com os próprios sentimentos.

Direto em suas reações, você espelha o seu ambiente imediato e o comportamento das pessoas. Você tanto pode ter amor à casa como ser mundano e pode se envolver com a sua comunidade. Com fortes laços familiares, você pode ser um bom pai, apoiando e animando os seus filhos. Como um indivíduo que age como conselheiro confiável e prático, você tem amigos que sempre o procuram em épocas difíceis. Muitas vezes perfeccionista, você gosta de atividades criativas ou artísticas. Com bom gosto e estilo, senso de beleza e forma, você gosta de decorar a sua casa. Se tem ideais elevados, sabe separar a realidade mundana da vida comum. No entanto, para tornar o mundo um lugar melhor, você deveria se ater aos seus ideais utópicos e tentar viver de acordo com o seu elevado padrão moral. Seria bom, todavia, aprender a superar a tendência a ser crítico e a julgar. Aprendendo a equilibrar os seus sentimentos e pensamentos, você pode criar com as suas limitações. Como uma pessoa número 6, você precisa superar a tendência a se preocupar ou a ficar frustrado. Quanto mais dá, mais recebe.

Os desafios do número 6 são insatisfação, esnobismo, falta de compaixão, criticismo excessivo, dominação e interferência na vida alheia.

Número 7

A dinâmica do número 7 é a intuição e a capacidade mental e racional. Alguns dos atributos positivos do número 7 são honestidade e confiabilidade, capacidade de discernimento, atenção aos detalhes, metodologia e engenhosidade. Analíticos e ponderados, os indivíduos de número 7 são autocentrados e reflexivos e têm habilidade para a perfeição e a precisão. A sua perspectiva autônoma indica que você também é autoconfiante e assertivo. Como prefere tomar as próprias decisões, muitas vezes aprende melhor por meio da experiência pessoal. Se tem tendência a ser excessivamente sensível e inseguro, pode se tornar distante e reservado. Quando não consegue expressar os seus sentimentos, você pode se sentir mal-interpretado.

A habilidade para diferenciar e refinar sugere que, embora possa se tornar uma pessoa que vive procurando defeitos, você pode ser excelente no aperfeiçoamento dos sistemas existentes. Você é bem-informado e meticuloso, o que significa que gosta de reunir informações e tem uma memória excelente. Você sabe analisar a si mesmo e busca uma maior autoconsciência, porque ficar sozinho é muitas vezes importante para a sua introspecção; contudo, tome o cuidado de evitar o isolamento.

O seu interesse em ler, em escrever ou em assuntos espirituais é, muitas vezes, uma fonte de inspiração e de ampliação dos seus horizontes. O desejo de obter uma maior compreensão pode incluir a educação e o mundo acadêmico ou da pesquisa em um campo especializado. Embora intuitivos, os indivíduos número 7 podem se deixar levar pelo excesso de racionalização, o que pode levá-los a se perder em detalhes. Isso, contudo, muitas vezes traz uma falta de fé ou cria uma sensação de dúvida quanto a si próprio e de insegurança. Embora tenha a tendência a ser reservado, enigmático ou retraído, você é curioso e muitas vezes faz perguntas sutis, sem deixar que ninguém saiba o que realmente pensa.

Os desafios a serem superados pelo número 7 são desconfiança, insinceridade, retraimento, ceticismo, confusão, criticismo exagerado, desapego e insensibilidade.

Número 8

A dinâmica do número 8 é emocional e de poder material. Os atributos positivos do número 8 são a força e as convicções fortes. Motivados e determinados, são trabalhadores e autoritários. A força ou o poder sugeridos pelo número 8 mostram um caráter com valores fortes, habilidade de execução e capacidade de julgamento.

Como número 8, você procura a segurança e a consistência em situações permanentes. Autoritário e desejoso de dominação e de sucesso material, o número 8 muitas vezes aspira a grandes realizações e possui uma natureza ambiciosa. Muitas vezes, assume posições de responsabilidade e liderança devido à sua dedicação e perseverança. Como uma pessoa número 8, você tem um senso natural para os negócios e irá se beneficiar muito desenvolvendo as suas habilidades organizacionais e executivas inatas. Talvez você precise aprender a delegar a sua autoridade ou a administrar de forma justa. Se estiver em posição de influência, você pode fornecer aos outros conselhos práticos e proteção. Como um indivíduo número 8, você precisa lidar com poder, paciência e tolerância, aprender a perdoar, a compreender e a considerar as fraquezas das pessoas quando fizer um julgamento. A pessoa de número 8 procura segurança por meio de planos em longo prazo e investimentos para o futuro. Em geral, você tem poder de curar a si e aos outros e se beneficia mais quando aprende a canalizar essas forças em prol das pessoas que estão à sua volta.

Os desafios colocados para o número 8 são impaciência, intolerância, excesso de trabalho, sede de poder, dominação e falta de planejamento.

Número 9

A dinâmica do número 9 é o coletivo ou o universal. Os atributos positivos do número 9 são a compaixão, a tolerância, a paciência, a integridade, a sensibilidade e o humanitarismo. Os indivíduos de número 9 são usualmente magnéticos e carismáticos, com mentes preceptivas e habilidade psíquica que apontam para uma receptividade universal.

Se o seu número holístico é 9, você é, muitas vezes, generoso e intuitivo e tem fortes premonições. Idealista e impressionável, como número 9 você muitas vezes tem visão e julga a vida de acordo com os seus sentimentos e sua receptividade. Esse senso de sabedoria profética implica que, como número 9, você possui sabedoria interior e uma elevada conscientização. Embora possa ser uma pessoa generosa e compassiva, com uma grande imaginação, você pode se iludir ou ficar emocionalmente frustrado quando percebe que as outras pessoas não correspondem às suas expectativas elevadas. Isso pode resultar em oscilações de humor ou em uma tendência para se deixar levar pelo escapismo.

Como número 9, você precisa encontrar a satisfação interior e evitar o desânimo ou a melancolia. Você também deve desenvolver a compreensão, a tolerância e a paciência, bem como aprender a exercer a impessoalidade. Além disso pode ser destinado a servir aos outros ou a contribuir para o bem-estar da humanidade. Sendo universal, você provavelmente irá se beneficiar muito de viagens pelo mundo e com a interação com outras pessoas de outros círculos sociais. A necessidade de superar os desafios e a tendência a ser excessivamente sensível indicam que você se beneficia quando mantém o equilíbrio e evita ter sonhos irreais. A combinação de inspiração e idealismo com uma vida interior intensa e sonhos vívidos sugere que você pode ser a pessoa mais feliz do mundo se procurar um caminho espiritual.

Os desafios que se colocam para o número 9 são nervosismo, egoísmo, teimosia, falta de senso prático, deixar-se levar facilmente, complexo de inferioridade e preocupação.

Como calcular o seu número pessoal anual

Para calcular o seu número pessoal para um determinado ano, simplesmente some o seu mês pessoal com o dia do seu aniversário e o ano em questão. Por exemplo, se você nasceu no dia 28 de junho de 1956 e quer saber como será o ano de 2001, simplesmente substitua o ano do seu nascimento por 2001. Por exemplo:

Substitua o ano do seu nascimento (1956) por 2001.
28 de junho de 2001 = 2 + 8 + 6 + 2 + 0 + 0 + 1 = 19
A vibração será sentida por apenas um ano, de 1° de janeiro de 2001 a 31 de dezembro de 2001.

Interpretações dos nove anos pessoais

Os números pessoais anuais têm ciclos de nove anos.As palavras-chave a seguir descrevem a qualidade da vibração de cada ano pessoal.

Ano 1

É tempo de novos começos.Você terá numerosas oportunidades para a expansão de projetos que já foram estabelecidos ou para o início de programas que têm a marca da sua própria individualidade. Embora haja a possibilidade de você vir a tomar uma nova direção, fazer as escolhas certas exige coragem e confiança. Por isso, ouça a sua voz interior e evite ser desencorajado pelos outros. Se as mudanças estão no ar, esta é a hora de agir. O auto-aperfeiçoamento é verdadeiramente importante para você e é importante que neste ano você seja independente, positivo e ambicioso; se não o for, poderá perder oportunidades que o ano número 1 tem a oferecer. Qualquer tentativa de retrocesso será negada ou é desaconselhável. Na busca para realizar os seus sonhos, evite a preguiça ou a insegurança. A experiência mais gratificante para as pessoas número 1 é criar uma nova idéia ou invenção que beneficie os outros.

Ano 2

Este é um ano de relacionamentos, cooperação e paciência. Você provavelmente irá expandir o seu círculo social e conhecerá pessoas novas. Ao desenvolver a sua capacidade de agir como um apaziguador, você aumenta as suas chances de estabelecer relacionamentos ou parcerias duradouras. Pode ser que você se depare com alguém que represente um verdadeiro desafio e o melhor é enfrentar a situação, pois, se mantiver a mente aberta e positiva, terá muito a aprender com essa pessoa.

Aprender a fazer acordos, manter o equilíbrio, ser diplomático e desenvolver a sua habilidade de comunicação são possibilidades oferecidas a você este ano.

Este é, de forma geral, um ano para o aperfeiçoamento por meio da autoconscientização. Lembre-se de que a maneira pela qual você se relaciona com as pessoas pode ensinar-lhe muitas coisas acerca de si mesmo. O ano número 2 lhe oferece a experiência de estar em boa companhia e de formar novas parcerias baseadas em sinceridade, que lhe permitirão manter a liberdade e a independência.

Ajude os outros enquanto ajuda a si mesmo.

Ano 3

Este é um ano de auto-expressão emocional mediante atividades criativas, diversão e amor. É também uma época para comemorações, e é provável que você sinta necessidade de se divertir mais. As suas energias criativas irão fluir, permitindo que se expresse mais completa e livremente. É um período em que você pode se apaixonar e o seu otimismo jovial irá ajudá-lo a satisfazer a sua necessidade de amor e alegria. Você pode também expandir o seu círculo social, mas evite a tendência ao ciúme, à preocupação, à indecisão e ao desperdício de energia. O número 3 indica também um ano de criatividade e de expansão: ter um filho, viajar por prazer, levar a arte, a música e a cultura para a sua casa, tornando-a mais agradável. Programas sociais, cinema, exibições artísticas e reuniões com os amigos na sua casa são coisas que você quer ou precisa fazer este ano.

Se quiser se expressar artisticamente, esta é uma época excelente para adotar um *hobby* ou uma atividade criativa que sempre tenha sonhado iniciar, como atuar em teatro amador, pintar, dançar, cantar ou escrever.

Tenha confiança em si mesmo, experimente novos projetos e lembre-se de se divertir. As experiências mais gratificantes que o ano número 3 tem a oferecer são o aprendizado das coisas boas da vida e a experiência do crescimento emocional.

Ano 4

Em um ano número 4, a chave é ter uma boa estrutura. Neste ano, a organização, a ordem, a paciência e a aplicação prática irão ajudá-lo a estabelecer uma base mais firme. Neste ano, você pode realizar muitas coisas e terá oportunidades para isso. A necessidade de ter uma perspectiva pragmática sugere que desafios financeiros ou materiais também podem ocorrer, especialmente se os seus recursos forem mal-administrados. Contudo, qualquer que seja a sua situação, esta é a época para fazer uma revisão nas suas finanças e nas questões legais ou ligadas a seguros, bem como fazer os arranjos necessários para que tudo fique mais simples ou eficiente.

Os anos número 4 são bons para os negócios, construção e reformas em propriedades, ou simplesmente para se mudar para um local melhor. No entanto, tome cuidado para não tomar decisões pouco práticas em relação ao seu patrimônio ou apólice de seguro, pois mais tarde você pode se arrepender. O desafio mais importante para este ano é construir uma base sólida e não se deixar levar pela rebeldia ou pela preguiça. A experiência mais gratificante pode ser a conquista de algo de que você venha a se orgulhar.

Ano 5

Este é um ano de mudanças, o que muitas vezes indica que a sua situação, profissional ou pessoal, está em processo de transformação. Oportunidades de viagem (pequenas viagens ou longas jornadas) ou de mudança de emprego podem dar vez a muita atividade. Os seus instintos são poderosos e a necessidade de mudança pode tornar-se crucial. Você pode procurar novas pessoas e novas experiências.

Espere o inesperado e surpresas agradáveis.

Em um ano número 5, é vital fazer ajustes para as mudanças. Tente manter a perspectiva e evite a impaciência, a agitação e o tédio; seja também cuidadoso para não agir no calor do momento e depois se arrepender. Esta é uma época para agir com propósito e determinação, por isso renove a sua aparência ou faça alterações na sua rotina regular para evitar a mesmice. Os elementos mais gratificantes de um ano de número 5 são as experiências de novos aprendizados, novos rostos e novos lugares, bem como saber que você pode conquistar muito em um curto período de tempo.

Ano 6

Este é um ano para assumir responsabilidades, em casa ou no mundo. Como o número 6 é universal, você precisa se interessar mais pelo mundo de modo geral, sem se restringir ao próprio meio. Esta é a época para você se estabelecer em um novo ambiente. As novas responsabilidades muitas vezes dizem respeito aos seus familiares ou à vontade de tornar a sua casa confortável e bonita. Servir aos outros, como por exemplo participar de um trabalho comunitário, faz deste ano uma época de dedicação. Contudo, se trabalhar arduamente durante este ano, você irá colher recompensas positivas posteriormente, pois as oportunidades e os ganhos inesperados vêm da ajuda que dá aos outros. Procure dispor de tempo para estar com seus amigos e entes queridos, pois, neste ano, eles podem precisar de seu apoio. Por ser uma época de incorporação da harmonia e da beleza em sua vida, o ano número 6 oferece uma boa oportunidade para fazer melhorias na sua casa e torná-la mais confortável e luxuosa.

Ano 7

Este é um ano para o auto-aperfeiçoamento, a obtenção de novos conhecimentos e o desenvolvimento mental. O desejo de ter uma nova compreensão ou aprendizado pode encabeçar a sua lista de prioridades, sugerindo que vale a pena fazer uma avaliação de sua vida, refletir acerca dos seus esforços e realizações passados e planejar o futuro. É também um bom ano para aprimorar as suas habilidades ou para dedicar-se ao estudo de um novo assunto. Novas oportunidades podem vir por meio de seu trabalho, como, por exemplo, um aprendizado que pode melhorar a sua posição profissional ou o seu desempenho. Você terá necessidade de passar mais tempo sozinho ou, se estiver sozinho, desejará conhecer novas pessoas com as quais possa compartilhar seus interesses e se comunicar com facilidade. Um livro ou artigo poderão influenciá-lo de maneira profunda ou levá-lo a compreender as coisas sob novos aspectos. Escrever, ler ou se juntar a um grupo intelectualmente estimulante podem ser experiências interessantes. Evite isolar-se do mundo ou criticar excessivamente os que estão à sua volta, pois, em um ano número 7, mal-entendidos têm mais probabilidade de ocorrer. O mais gratificante este ano será procurar alcançar uma compreensão mais profunda da vida e expressar as suas idéias de uma nova maneira.

Ano 8

Este é um ano para agir com decisão, estabelecer e atualizar todos os esforços feitos nos últimos sete anos. Se quiser ser bem-sucedido, este não é o ano para sonhar acordado — você precisará se esforçar e seguir adiante. É provável que surjam oportunidades por intermédio de promoções ou de ganhos financeiros. Planos ou investimentos feitos no passado darão frutos. Este é também um ano de trabalho árduo e de responsabilidades adicionais. Por isso, evite o excesso de trabalho.

Pode ser que você se interesse em fazer investimentos em longo prazo, como, por exemplo, comprar uma propriedade, pois sentirá a necessidade de criar raízes e controlar a sua vida ou ter segurança duradoura. Boas oportunidades de negócios poderão surgir este ano e você terá sorte. Entretanto, é essencial que saiba gerenciar as suas finanças para garantir um bom retorno. Neste ano, procure ter consideração pelos outros e desfrutar o que a vida tem a oferecer, sem querer dominar os outros ou se concentrar somente nos seus ganhos pessoais.

Ano 9

Este é o ano mais importante e espiritual do ciclo numerológico. É um ano de completude, de buscar amarrar o que está solto. Um novo ciclo ainda não nasceu, mas o anterior está se acabando. O fundamental é que no ano número 9 você colhe o que planta. Esta é também uma época para avaliar a sua posição e descartar tudo o que não é essencial. Evite agarrar-se ao passado; se você tiver superado certas situações ou mesmo pessoas, esta é a época de dizer adeus e de planejar o futuro, especialmente no final do ano.

O simbolismo universal do número 9 também indica a conquista da maturidade e a compreensão dos princípios fundamentais da vida — do ciclo de morte e renascimento, do término e do recomeço. O número 9 representa a base do movimento eterno da vida, de mudança e de continuidade. As experiências mais gratificantes para o ano de número 9 são compaixão e perdão. Os seus bons atos não serão vãos: sua caridade para com os outros irá torná-lo uma pessoa melhor e lhe dará coragem para seguir adiante.

Interpretação dos 31 dias pessoais

O número do dia pessoal corresponde ao dia do mês que você nasceu. Ele nunca muda.

Dia 1

O grande desejo de ser o primeiro e independente é sugerido pelo dia do seu aniversário. Como número 1, você tem inclinação para ser original, inovador e corajoso, além de dispor de muita energia. Muitas vezes, há a necessidade de estabelecer uma identidade marcante e de desenvolver a autoconfiança e a assertividade. O espírito pioneiro aqui indicado o encoraja a tomar as suas decisões ou a agir por conta própria, o que o estimula a desenvolver habilidades executivas ou de liderança.

Cheio de entusiasmo e de idéias originais, você freqüentemente mostra aos outros o caminho a seguir. Contudo, a necessidade de ser admirado e popular pode minar a sua confiança, e a tendência a depender dos outros pode surgir da falta de confiança. Com o dia de aniversário número 1, pode ser que você precise aprender que o mundo não gira ao seu redor e tenha de evitar o autocentramento e o autoritarismo.

A vitória e o sucesso são possíveis por meio de novas idéias ou empreendimentos.

⬆ **Positivo**: liderança, criatividade, progressão, vigor, otimismo, forte convicção, competitividade, independência, espírito gregário

⬇ **Negativo**: arrogância, ciúme, egocentrismo, orgulho, antagonismo, falta de controle, egoísmo, fraqueza, instabilidade, impaciência

Dia 2

Sensibilidade e uma grande necessidade de pertencer a um grupo são sugeridos pelo dia de aniversário número 2. Você é, na maioria das vezes, uma pessoa adaptável e compreensiva, que tem prazer em participar de atividades cooperativas, nas quais possa interagir com os outros. Receptivo e influenciado pelo seu ambiente, você possui uma personalidade amigável e calorosa, tem boas habilidades sociais e uma abordagem diplomática. O amor pela harmonia e a inclinação para trabalhar melhor com os outros podem inspirá-lo a agir como mediador em assuntos familiares ou a atuar como apaziguador. Na sua tentativa de agradar os outros, você corre o risco de se tornar excessivamente dependente. Quando desenvolve a autoconfiança, você pode superar a tendência a se magoar com facilidade com as ações e críticas alheias. Nas suas relações amorosas e sociedades, aprenda a confiar na sua intuição. Evite a inclinação à manipulação.

Positivo: boas parcerias, gentileza, tato, receptividade, intuição, consideração, harmonia, boa vontade extrema, agradável

Negativo: desconfiança, subserviência, timidez, hipersensibilidade, egoísmo, facilmente magoável, ardiloso, mentiroso

Dia 3

Necessidade de amor, criatividade e expressão emocional são indicados pelo dia de nascimento número 3. Uma pessoa que gosta de se divertir, de fácil trato e boa companhia, você gosta de atividades sociais amigáveis e tem muitos interesses. A sua versatilidade e necessidade de auto-expressão podem levá-lo a ter numerosas experiências. A sua inclinação para se entediar facilmente pode levá-lo a se tornar indeciso ou a querer abraçar o mundo com as pernas. Mas como uma pessoa com o dia de aniversário número 3, você é em geral artístico e charmoso e tem senso de humor.

Talvez seja preciso desenvolver a auto-estima e evitar a tendência a se preocupar, a sentir ciúmes e outras manifestações de insegurança emocional. As relações pessoais e uma atmosfera amorosa são de importância vital para você, pois lhe dão entusiasmo e inspiração.

Positivo: humor, felicidade, amizade, produtividade, criatividade, habilidade artística, poder de desejar, amor à liberdade, talento com as palavras

Negativo: tédio, vaidade, exagero, extravagância, auto-indulgência, preguiça, hipocrisia, preocupação, indecisão, insegurança

Dia 4

A sólida estrutura e o poder de organização sugeridos pelo dia de aniversário número 4 indicam que você, muitas vezes, precisa de estabilidade e de ordem. Dotado de energia, habilidades práticas e muita determinação, você pode ser bem-sucedido se trabalhar firmemente. Com dia de nascimento número 4, você é uma pessoa sensível à forma e à composição e é capaz de criar sistemas práticos. Preocupado com a própria segurança, você quer construir uma base sólida para si e para sua família. Confiável mas retraído, você acredita que as ações falam mais alto do que as palavras. A maneira pragmática com que encara a vida lhe confere senso para negócios e habilidade para alcançar o sucesso material na vida. Como uma pessoa número 4, você, em geral, é honesto, franco e justo. No entanto, talvez precise aprender a expressar os seus sentimentos e evitar a teimosia e a falta de tato.

Os desafios postos ao indivíduo de número 4 podem incluir a superação de períodos de instabilidade, preocupação financeira ou de crueldade.

Positivo: organização, autodisciplina, firmeza, trabalho árduo, engenhosidade, habilidade manual, pragmatismo, confiabilidade, precisão

Negativo: comportamento destrutivo, falta de comunicação, repressão, rigidez, preguiça, pão-durismo, autoritarismo, severidade

Dia 5

Fortes instintos, natureza aventureira e desejo de liberdade são indicados pelo dia de aniversário número 5. Sua disposição para explorar ou experimentar qualquer novidade e a sua abordagem animada sugerem que a vida tem muito a lhe oferecer. Viagens e muitas oportunidades de mudança, algumas inesperadas, podem levá-lo a passar por uma verdadeira transformação de pontos de vista e crenças. Com o dia de aniversário número 5, você precisa sentir que a vida é empolgante; no entanto, talvez precise desenvolver uma atitude responsável e evitar a tendência à imprevisibilidade, a excessos e à agitação.

Muitas vezes, o dia de aniversário número 5 significa que você precisa aprender a ser paciente e a prestar atenção aos pormenores. Você pode alcançar o sucesso se evitar ações precipitadas ou especulativas. O talento natural do indivíduo número 5 é saber como seguir o fluxo da vida e ser desapegado.

Positivo: versatilidade, capacidade de adaptação, progressão, instinto forte, magnetismo, sorte, ousadia, amor à liberdade, rapidez, inteligência, curiosidade, misticismo, sociabilidade

Negativo: falta de confiabilidade, instabilidade, procrastinação, inconsistência, excesso de confiança, obstinação

Dia 6

Compaixão, idealismo e natureza atenciosa são alguns dos atributos sugeridos pelo dia de aniversário número 6. Este é o número da amizade universal e indica que você, muitas vezes, é um visionário ou humanitário, que pode ser responsável, amoroso e prestativo.

Embora possa ser, em muitas ocasiões, uma pessoa mundana e voltada para a sua vida profissional, com o dia de aniversário número 6, você é uma pessoa caseira e um pai de família dedicado. As suas intensas emoções e o desejo de promover a harmonia universal muitas vezes o encorajam a trabalhar arduamente pelo que acredita, seja mediante atividades na sua comunidade ou outro tipo de trabalho voluntário.

Os tipos mais sensíveis precisam encontrar uma forma de expressão criativa e são, muitas vezes, atraídos pelo mundo das diversões, da arte ou do *design*. Entre os desafios a ser enfrentados por algumas pessoas com o dia de aniversário número 6, estão o desenvolvimento da autoconfiança e da compaixão pelos amigos e vizinhos, bem como o aprendizado da responsabilidade. Pode ser que você precise superar a tendência a interferir na vida alheia, a preocupação, a insatisfação e a solidariedade com as pessoas erradas.

Positivo: fraternidade universal, compaixão, confiabilidade, compreensão, solidariedade, idealismo, vida doméstica, ideais humanitários, estabilidade, talento artístico, equilíbrio

Negativo: ansiedade, timidez, irracionalidade, teimosia, franqueza, desarmonia, perfeccionismo, comportamento dominador, irresponsabilidade, egoísmo, desconfiança, autocentramento

Dia 7

Analíticos e ponderados, os indivíduos de número 7 são, em geral, perfeccionistas, críticos e egocêntricos. Você, na maioria das vezes, prefere tomar as próprias decisões e sempre aprende melhor com a experiência pessoal. Por sua necessidade de elevar a autoconsciência, você gosta de reunir informações e tem interesse em ler, em escrever ou em assuntos ligados à espiritualidade. O desejo de aprender pode também levá-lo ao mundo acadêmico ou ao aperfeiçoamento constante das próprias habilidades. Como um indivíduo número 7, você muitas vezes pode se deixar levar pelo excesso de racionalização ou se perder em detalhes. Em outros momentos, pode se tornar uma pessoa extremamente sensível à crítica ou se sentir incompreendido. A tendência a ser enigmático ou dissimulado muitas vezes o leva a desenvolver a arte de fazer perguntas sutis sem deixar que ninguém saiba o que você realmente está pensando. Pode ser que o indivíduo número 7 também precise evitar ser excessivamente crítico, dogmático, pouco comunicativo e arrogante.

Positivo: educação, confiabilidade, meticulosidade, idealismo, honestidade, habilidade física, orientação científica e racional, reflexão

Negativo: ilusão, tendência à solidão, dissimulação, ceticismo, confusão, distanciamento, frieza

Dia 8

A força e o poder sugeridos pelo dia de aniversário número 8 mostram uma personalidade com princípios fortes e julgamento sólido. O número 8 muitas vezes indica que você aspira a grandes realizações e possui uma natureza ambiciosa. O desejo de dominação, segurança e sucesso material também é indicado por este dia de aniversário. Como uma pessoa número 8, você tem um senso natural para negócios e irá se beneficiar muito se desenvolver as suas habilidades organizacionais e executivas. Se tiver disposição para trabalhar duro, você sempre poderá arcar com grandes responsabilidades, mas talvez precise aprender a administrar a própria autoridade ou a delegar tarefas de forma justa e imparcial. Muitas pessoas com dia de aniversário número 8 costumam se sentir atraídas por atividades ligadas à justiça, lei e ordem, ou por posições de liderança em gerenciamento administrativo, bancário e financeiro. A forte necessidade de se sentir seguro ou estabelecido pode levá-lo a fazer planos ou investimentos em longo prazo. Muitos indivíduos com o dia de aniversário número 8 também possuem um grande poder de curar a si mesmos e aos outros e podem se beneficiar se aprenderem a canalizar essas forças para o aperfeiçoamento da humanidade.

Positivo: liderança, meticulosidade, capacidade de trabalho, tradição, autoridade, proteção, poder de cura, capacidade de julgamento

Negativo: impaciência, intolerância, avareza, agitação, excesso de trabalho, sede de poder, comportamento dominador, facilidade de ser desencorajado, falta de planejamento, comportamento controlador

Dia 9

Benevolência, compaixão e sensibilidade emocional estão associadas ao dia de aniversário número 9. Criativo e gentil, você é muitas vezes considerado inteligente e generoso. Você tem intuição, habilidades psíquicas e receptividade universal que, se forem positivamente canalizadas, podem inspirá-lo a seguir o caminho espiritual. Com o dia de aniversário número 9, você usualmente sente que a sua vida já está traçada e que não há muito espaço para manobrá-la. Você talvez precise desenvolver a compreensão, a tolerância e a paciência, bem como aprender a se tornar impessoal.

Este dia de aniversário sugere uma necessidade de superar desafios e uma tendência a ser excessivamente sensível e a sofrer de instabilidade emocional. Mesmo assim, as pessoas com o dia de aniversário número 9 estão destinadas a conquistar na vida e a servir à humanidade.

É provável que você se beneficie muito de viagens pelo mundo e da interação com pessoas dos mais diversos círculos sociais. Talvez precise evitar a tendência a ter sonhos irrealistas ou a inclinação ao escapismo.

Positivo: idealismo, humanitarismo, criatividade, sensibilidade, generosidade, magnetismo, natureza poética, caridade, distanciamento, sorte, popularidade

Negativo: frustração, nervosismo, incerteza, egoísmo, falta de senso prático, amargura, falta de personalidade, complexo de inferioridade, medo, preocupação, isolamento

Dia 10

Como as pessoas de dia de aniversário número 1, você provavelmente se esforça para alcançar as suas realizações e conquistas. Não obstante, talvez precise superar diversos obstáculos antes de conquistar as suas metas. Em geral, há uma forte necessidade de estabelecer uma identidade única, e o dia de aniversário número 10 indica que você pode ser inovador, autoconfiante e ambicioso. Você pensa grande e é em geral mundano. Muitas vezes vigoroso e original, você defende as próprias crenças, mesmo quando elas são diferentes das dos outros. Às vezes, pode se sentir sozinho ou pouco popular. A sua habilidade para iniciar as coisas sozinho e o seu espírito pioneiro freqüentemente o encorajam a viajar para locais distantes ou a se aventurar por conta própria. A sua tendência a depender dos outros muitas vezes deriva da falta de confiança, do medo, ou da necessidade de ser admirado e reconhecido. Com o dia de aniversário número 10, você talvez precise aprender que o mundo não gira ao seu redor e deve evitar o egoísmo e o autoritarismo. O sucesso e a realização são importantes para todas as pessoas que têm o dia de aniversário número 10, e muitas vezes você chegará ao topo da sua profissão. Como isso muitas vezes implica o envolvimento com questões mais amplas, pode ser que você não tenha inclinação para a vida doméstica.

Positivo: liderança, criatividade, progressão, vigor, otimismo, fortes convicções, competitividade, independência, senso gregário

Negativo: arrogância, ciúme, orgulho, antagonismo, falta de controle, egoísmo, fraqueza, instabilidade, impaciência

Dia 11

A vibração especial do dia de aniversário número 11 sugere que o idealismo, a inspiração e a inovação são altamente importantes para você. Um misto de humildade e de confiança geralmente o desafia a trabalhar o próprio autocontrole, tanto material quanto espiritual. Mediante a experiência, você pode aprender a lidar com os dois lados da sua natureza e a desenvolver uma atitude menos radical, quando acredita nos próprios sentimentos. Embora tenha intuição, você pode desperdiçar as suas energias e muitas vezes precisa encontrar um objetivo sobre o qual possa concentrar a sua atenção. Usualmente, você é altamente enérgico e vigoroso, mas deve evitar se tornar excessivamente ansioso ou perder o senso prático.

Com o dia de aniversário número 11, você, na pior das hipóteses, pode ter dificuldade em separar os seus sentimentos do que deseja realizar. Na melhor, pode ter características geniais que podem gerar benefícios para as outras pessoas.

🅟 **Positivo**: equilíbrio, foco, objetividade, entusiasmo, inspiração, espiritualidade, idealismo, intuição, inteligência, natureza expansiva, inventividade, natureza artística, disposição para servir, habilidade de cura, humanitarismo, fé, habilidade psíquica

🅝 **Negativo**: complexo de superioridade, emotividade excessiva, desonestidade, falta de objetivos, facilidade para ser magoado, tensão, egoísmo, falta de clareza, dominação, mesquinhez

Dia 12

O desejo de estabelecer uma verdadeira individualidade é muitas vezes sugerido pelo dia de aniversário número 12. Em geral intuitivo, prestativo e amigável, você tem boa capacidade de raciocínio. Inovador, compreensivo e sensível, você também sabe usar o tato e métodos cooperativos para alcançar os seus objetivos e metas. Para os outros, você muitas vezes parece ser confiante, embora a dúvida quanto a si mesmo e a desconfiança possam minar a sua personalidade naturalmente expansiva e sua perspectiva positiva. Quando alcança o equilíbrio entre a necessidade de auto-expressão e a inclinação natural para apoiar as outras pessoas, você pode encontrar a satisfação emocional e a realização pessoal. No entanto, talvez precise desenvolver a autoconfiança ou aprender a não ser facilmente desencorajado pelas outras pessoas.

🅟 **Positivo**: criatividade, atração, iniciativa, disciplina, promoção dos outros

🅝 **Negativo**: reclusão, excentricidade, falta de cooperação, excesso de sensibilidade, falta de auto-estima

Dia 13

Sensibilidade, entusiasmo e inspiração são muitas vezes identificados com o dia de aniversário número 13. Numericamente, você está associado à ambição e ao trabalho árduo e pode conquistar muito por meio da auto-expressão criativa. Pode ser, contudo, que você precise desenvolver uma perspectiva pragmática, se quiser transformar os seus talentos criativos em resultado concreto. A sua abordagem original e inovadora inspira novas e excitantes idéias que, freqüentemente, resultam em trabalhos que impressionam as pessoas.

Com o dia de aniversário número 13, você é sério, romântico, charmoso e amante das diversões, e com dedicação pode prosperar na vida. As suas poderosas emoções e desejo de liberdade e de auto-expressão emocional podem ser os seus grandes trunfos. Porém, quando aprende a importância das parcerias e da cooperação, você tem mais oportunidades de compartilhar o seu grande talento com as outras pessoas. Como muitos outros que fazem aniversário no dia 13, você talvez queira viajar ou se estabelecer em um novo ambiente, em busca de uma vida melhor. Os idealistas podem escolher uma carreira no mundo do entretenimento e procurar caminhos para expressar seu talento criativo.

Positivo: ambição, criatividade, amor à liberdade, auto-expressão, iniciativa

Negativo: impulsividade, indecisão, autoritarismo, natureza pouco emotiva, rebeldia

Dia 14

Potencial intelectual, perspectiva pragmática e forte determinação são algumas das qualidades das pessoas nascidas no dia 14. Muitas vezes, você possui um forte desejo de estabelecer uma sólida base e de alcançar o sucesso por meio do trabalho árduo. De fato, com o dia de aniversário número 14, você normalmente prioriza o trabalho e julga a si próprio e aos outros tomando como base a realização profissional.

Embora você precise de estabilidade, a agitação indicada pelo número 14 impele-o a seguir adiante e a assumir novos desafios, em uma constante tentativa de aperfeiçoamento. Essa insatisfação inata também pode inspirá-lo a passar por grandes mudanças na vida, especialmente se não estiver satisfeito com sua situação profissional e com sua condição financeira. Como muitas pessoas associadas a este dia de aniversário, você pode muitas vezes chegar ao topo da sua profissão.

As características ocultas indicadas pelo dia de aniversário número 14 sugerem que você sempre será beneficiado se explorar os seus talentos criativos e se aprender a expressar os seus sentimentos mais abertamente. O amor pode, em algumas ocasiões, apresentar-se como um verdadeiro desafio, embora a sua versatilidade, senso prático e grande intuição possam atropelar a sua tendência à teimosia. Com a sua mente perceptiva, você reage rapidamente aos problemas e gosta de resolvê-los. Tendo o dia de aniversário 14, você gosta de jogos e de correr riscos, e pode ter bastante sorte.

Positivo: ações decisivas, trabalho árduo, sorte, criatividade, pragmatismo, imaginação, diligência

Negativo: cautela excessiva ou impulsividade excessiva, instabilidade, imprevidência, teimosia

Dia 15

Versatilidade, generosidade e inquietude são qualidades sugeridas pelo dia de aniversário número 15. Geralmente, você é uma pessoa rápida e animada e tem uma personalidade carismática. Os seus grandes trunfos são a sua grande intuição e a habilidade para aprender rapidamente mediante a combinação entre prática e teoria. Em muitas ocasiões, você consegue conciliar o ganho financeiro com o aprendizado de novas habilidades. Muitas vezes, você pode utilizar a sua intuição e perceber rapidamente as oportunidades que surgem. Com o aniversário número 15, você possui talento para atrair dinheiro e receber ajuda de outros. Habitualmente despreocupado e animado, você saúda o inesperado. Embora seja naturalmente aventureiro, você precisa ter uma base verdadeira, ou algum local que considere a sua verdadeira casa. Embora tenha muito vigor e ambição, às vezes você pode se tornar teimoso ou obstinado. Evite a mesmice. Se combinar as suas habilidades práticas com suas idéias originais e superar a tendência a ser agitado e a se sentir insatisfeito, você pode ser mais bem-sucedido nos seus empreendimentos.

Positivo: disposição, generosidade, responsabilidade, amabilidade, cooperação, apreço, idéias criativas

Negativo: destrutividade, agitação, irresponsabilidade, egocentrismo, medo de mudanças, perda da fé, preocupação, indecisão, materialismo, mau uso do poder

Dia 16

O dia de aniversário número 16 sugere que você é uma pessoa ambiciosa, mas emotiva, cuidadosa e amigável. O seu grande desejo de se realizar e a necessidade de conhecer o mundo podem encorajá-lo a se afastar da sua família. Muitas vezes, você julga a vida de acordo com os seus sentimentos e tem a capacidade de compreender profundamente as pessoas e as situações. Como uma personalidade de número 16, no entanto, você pode sofrer tensões interiores quando se defronta com a necessidade de conciliar a sua auto-expressão com a responsabilidade para com os outros.

Com o dia de aniversário número 16, você pode se interessar por assuntos mundanos e trabalhar em corporações internacionais ou ligadas a meios de comunicação internacionais. Mas você pode também se envolver com organizações de caridade e trabalhar em prol de causas justas. Os que são criativos podem ter talento para escrever e receber súbitos rasgos de inspiração. A inquietude interior indicada pelo dia de aniversário 16 freqüentemente indica um despertar espiritual do "eu", especialmente nos períodos de instabilidade ou de mudança. Se você fizer aniversário no dia 16, precisa aprender a equilibrar o excesso de confiança com a insegurança. Embora muitos de vocês venham de famílias unidas, sempre preferem viver sozinhos ou viajar muito.

Positivo: educação elevada, responsabilidade para com a casa e a família, intuição, sociabilidade, cooperação, discernimento

Negativo: preocupação, inabilidade para se sentir satisfeito, irresponsabilidade, autopromoção, dogmatismo, ceticismo, alvoroço, irritabilidade, egoísmo, falta de solidariedade

Dia 17

Com o dia de aniversário número 17, você é muitas vezes uma pessoa arguta, de natureza reservada e dotada de habilidade analítica. Com capacidade para pensar de forma independente, você é uma pessoa culta ou cheia de habilidades e confia em sua experiência pessoal. Usualmente, você se vale de seu conhecimento de forma específica para se desenvolver na sua especialização e tem capacidade para o sucesso material ou para ocupar uma posição proeminente, como especialista ou pesquisador. Reservado, retrospectivo e distante, com um grande interesse por fatos e números, você, em geral, tem um comportamento sério e ponderado e gosta de fazer as coisas em um ritmo próprio. Mas se desenvolver a sua capacidade de comunicação, você pode descobrir muito mais acerca de si mesmo com o auxílio das outras pessoas. Contudo, depois de optar por um curso de ação, pode ser bastante determinado e não dar ouvidos ao conselho dos outros. Freqüentemente capaz de longos períodos de concentração e de resistência, você pode aprender muito mais com a experiência. Não obstante, você pode aprender mais rapidamente se deixar o ceticismo de lado.

Positivo: ponderação, capacidade para se tornar um especialista, planejamento, aptidão para os negócios, habilidade para atrair dinheiro, pensamento independente, natureza trabalhadora, precisão, habilidade para o trabalho de pesquisa, habilidade científica

Negativo: distanciamento, solidão, teimosia, falta de cuidado, mudanças de humor, excesso de sensibilidade, estreiteza mental, criticismo, tendência à solidão, preocupação, desconfiança

Dia 18

Determinação, assertividade e ambição são alguns dos atributos associados ao dia de aniversário número 18. Dinâmico e ativo, você muitas vezes deseja o poder e precisa de desafios constantes. Muitas vezes uma pessoa capaz, trabalhadora e responsável, você alcança posições de autoridade e tem inclinação para carreiras ligadas à justiça, à organização social e ao governo. Mas o seu grande senso para os negócios e sua capacidade de organização podem levá-lo ao mundo do comércio. Com o aniversário no dia 18, você pode ser uma pessoa com tendência a discussões, uma pessoa crítica ou difícil de contentar. Há também uma inclinação ao excesso de trabalho. Por isso talvez você precise aprender a relaxar ou a diminuir o ritmo de vez em quando.

Como uma personalidade número 18, você tem poder de curar, aconselhar ou resolver problemas dos outros. Contudo, talvez precise aprender a distinguir entre o bom e mau uso do poder, aprendendo a viver com os outros.

Positivo: evolução, assertividade, intuição, coragem, resolução, capacidade de cura, eficiência, habilidade para aconselhar

Negativo: descontrole das emoções, preguiça, falta de ordem, egoísmo, insensibilidade, incapacidade de concluir trabalhos ou projetos, engano

Dia 19

Criativo, radiante, ambicioso e dinâmico, embora humanitário e sensível, com o dia de aniversário número 19, você é uma pessoa decidida e cheia de recursos. Você tem profundidade de visão, mas o lado sonhador da sua natureza é compassivo, idealista e sensível. A necessidade de se tornar alguém pode ser a força que o leva a ser uma pessoa dramática e a querer ocupar o centro das atenções. Muitas vezes, há um grande desejo de criar uma identidade individual. Contudo, para tanto, você precisa primeiro superar a influência exercida pela pressão dos outros.

Somente por meio de diversas experiências, você poderá desenvolver a sua autoconfiança e capacidade de liderança. Para os outros, você pode aparentar ser uma pessoa confiante, resistente e cheia de recursos, mas as suas tensões internas podem causar instabilidade emocional. Embora seja orgulhoso e sinta necessidade de achar que as outras pessoas apreciam os seus esforços, você precisa também aprender que o mundo não gira ao seu redor. Isso muitas vezes indica que a sua tendência a ser egoísta e arrogante deve ser superada. É provável que você precise aprender algo acerca de coragem, planejamento e estrutura, bem como a superar o medo de ficar sozinho. Criativo e carismático, você sente que o mundo está aí para ser explorado e terá mais possibilidade de ser bem-sucedido se trabalhar sozinho ou em grandes corporações.

- **Positivo**: dinamismo, centramento, criatividade, liderança, sorte, progressão, otimismo, fortes convicções, competitividade, independência, espírito gregário
- **Negativo**: autocentramento, depressão, preocupação, medo de rejeição, instabilidade, materialismo, egoísmo, impaciência

Dia 20

Com o dia de aniversário número 20, você é uma pessoa intuitiva, sensível, adaptável e compreensiva, e muitas vezes se vê fazendo parte de um grupo maior. Em geral, você gosta de atividades cooperativas nas quais possa interagir, compartilhar experiências ou aprender com os outros. Influenciado pelo seu ambiente, você pode ser artístico ou musical. Normalmente charmoso e gracioso, você tem habilidades diplomáticas e sociais e pode freqüentar com facilidade diversos círculos sociais. Todavia, talvez precise desenvolver a autoconfiança ou superar a tendência a ser facilmente magoado pelas atitudes e críticas alheias. Em relacionamentos e sociedades em geral, você deve evitar a inclinação a se martirizar, a ser desconfiado ou a ser excessivamente dependente dos outros. Você é um mestre quando se trata de criar uma atmosfera agradável e harmônica e pode ser chamado a atuar como mediador em assuntos familiares ou apaziguador no trabalho, onde freqüentemente assiste aos outros.

- **Positivo**: boas parcerias, gentileza, tato, receptividade, intuição, consideração, harmonia, agradável, amigável, boa vontade extrema
- **Negativo**: desconfiança, subserviência, timidez, excesso de sensibilidade, egoísmo, tendência a ser facilmente magoado, ilusão

Dia 21

Vigor dinâmico e personalidade expansiva estão sempre presentes nas pessoas nascidas no dia 21. Com inclinação social, você tem muitos interesses e contatos e costuma ter sorte. Geralmente, você mostra aos outros a sua personalidade gregária e amigável. Altamente original e intuitivo, você possui um espírito independente.

Se você nasceu no dia 21, pode ser amante das diversões, magnético, criativo e dotado de charme social. Mas pode ser que você seja tímido e reservado, com necessidade de desenvolver a assertividade, especialmente nas relações mais próximas. Você tem muitas oportunidades e alcança o sucesso com as outras pessoas. Embora possa ter inclinação para relacionamentos cooperativos ou para o casamento, sempre quer ser reconhecido pelos próprios talentos e habilidades. As personalidades de número 21, contudo, devem evitar ser muito egoístas ou procurar a própria identidade nos sonhos de outras pessoas.Você pode também despender muito tempo com os seus relacionamentos e, assim, acabar se tornando uma pessoa dependente.

Positivo: inspiração, criatividade, amor a uniões, relacionamentos duradouros

Negativo: dependência, nervosismo, emotivo ao extremo, falta de visão, desapontamento, medo de mudança

Dia 22

Com o dia de aniversário 22, você é uma pessoa orgulhosa, prática, disciplinada e altamente intuitiva. Este é um número mestre, que pode vibrar tanto como número 22 quanto como número 4. Muitas vezes honesto, trabalhador, com capacidade natural de liderança, você tem uma personalidade carismática e uma capacidade de compreender profundamente as pessoas e suas motivações. Embora seja reservado, você sempre mostra uma preocupação cuidadosa e protetora com o bem-estar das pessoas. No entanto, você nunca perde de vista a sua posição pragmática ou realista. Freqüentemente culto e mundano, você tem muitos amigos e admiradores. Seus atributos mais evidentes são as suas habilidades práticas e executivas. A sua personalidade direta, mas tranqüila, ajuda-o a conquistar cargos gerenciais. Os que são mais competitivos alcançam o sucesso e prosperidade com a ajuda e o encorajamento de outros. Muitas pessoas nascidas neste dia têm fortes vínculos com irmãos e irmãs e muitas vezes os apóiam e protegem.

Positivo: universalidade, intuição, pragmatismo, habilidade manual e construtora, organização, realismo, resolução de problemas, realização

Negativo: vontade de enriquecimento rápido, nervosismo, complexo de inferioridade, autoritarismo, materialismo, falta de visão, preguiça, egoísmo, autopromoção

Dia 23

Intuição, sensibilidade emocional e criatividade são alguns dos atributos do dia de aniversário 23. Você é versátil, apaixonado, tem rapidez de raciocínio, atitude profissional e mente cheia de idéias criativas. Com a influência do número 23, você pode aprender novos assuntos facilmente, mas prefere a prática à teoria.Você precisa, contudo, superar a tendência a criticar os outros e desenvolver uma atitude menos egoísta. Amante das viagens, aventuras e desejoso de conhecer novas pessoas, sua inquietude leva-o a ter diversas experiências, às quais você se adapta para tirar o melhor proveito da situação. Em geral amigável e amante das diversões, dotado de coragem e vigor, você precisa levar uma vida ativa para realizar o seu verdadeiro potencial. Embora goste de ajudar os outros, se tiver propensão à indecisão e a mudar de idéia, pode aparentar ser uma pessoa irresponsável. Algumas pessoas de número 23 podem ter diversos relacionamentos curtos antes de encontrar a felicidade e o parceiro ideal.

Positivo: lealdade, responsabilidade, viagens, comunicação, intuição, criatividade, versatilidade, confiabilidade, fama

Negativo: egoísmo, insegurança, teimosia, natureza inflexível, criticismo, ciúme, retraimento, agitação

Dia 24

Percepção, responsabilidade e empreendimento são algumas das qualidades encontradas nas pessoas nascidas no dia 24. Embora você possa não gostar da rotina, é, na maioria das vezes, uma pessoa trabalhadora, dotada de senso prático e de boa capacidade de julgamento. A sensibilidade emocional do número 24 indica que você precisa de estabilidade, lei e ordem.Você também é sensível à forma e à estrutura e pode facilmente criar um sistema complexo, mas eficiente. Muitas vezes honesto, confiável e preocupado com a própria segurança, você precisa do amor e do apoio de um parceiro e deseja construir uma sólida base para si e para sua família. Confiável e justo, mas reservado, você se inclina a acreditar que as ações falam mais alto do que as palavras. A sua maneira pragmática de encarar a vida também lhe confere aptidão para os negócios e habilidade para ser materialmente bem-sucedido na vida. Com o dia de aniversário 24, você talvez precise superar períodos de instabilidade e a tendência a ser teimoso ou a ter idéias fixas. Aprendendo a confiar na sua intuição e a desenvolver habilidades sociais, você pode adquirir autodisciplina. Você deve, no entanto, evitar se comportar de forma destrutiva, pois isso pode ser interpretado pelos outros como rudeza e materialismo. O maior desafio para o dia de aniversário número 24 é aprender a conviver com as pessoas e superar a tendência à desconfiança, bem como construir uma base segura.

Positivo: energia, idealismo, habilidades práticas, determinação, honestidade, franqueza, imparcialidade, generosidade, amor à casa, atividade

Negativo: rudeza, materialismo, avareza, aversão à rotina, preguiça, infidelidade, dominação, teimosia, vingança

Dia 25

Intuitivo e ponderado, embora rápido e vigoroso, você precisa se expressar mediante experiências diferentes, como, por exemplo, idéias, pessoas ou lugares novos e empolgantes. O desejo de perfeição associado ao dia de aniversário 25 muitas vezes leva ao trabalho árduo e à produtividade. Porém, quando as coisas não acontecem conforme o planejado, você precisa ser menos impaciente ou crítico.

A sensibilidade emocional e o talento artístico e criativo são apenas alguns dos seus atributos ocultos. Talvez você precise evitar se subestimar, pois isso pode levar à frustração ou a um comportamento destrutivo. A sua grande necessidade de ter relacionamentos pessoais próximos duradouros, amor e afeição pode ser minada pela vibração agitada do número 25. Você, em geral, é uma pessoa instintiva e alerta, que pode ampliar o seu conhecimento por meio da aplicação prática, mais do que pela teoria. Sua capacidade de julgamento e a atenção que dispensa aos detalhes garantem o seu sucesso. Talvez seja importante desenvolver uma atitude menos cética e superar a tendência a tomar decisões impulsivas. Você pode sentir-se emocionalmente tenso ou mal-humorado devido ao medo que tem de mudanças. Como número 25, você possui uma grande energia mental; quando se concentra, ela o ajuda a considerar todos os fatos e a chegar a uma conclusão mais rapidamente do que qualquer outra pessoa. O sucesso e a felicidade serão seus quando aprender a confiar na própria intuição e quando desenvolver a perseverança e a paciência.

Positivo: intuição, busca da perfeição, percepção, criatividade, habilidade em lidar com as pessoas

Negativo: impulsividade, impaciência, irresponsabilidade, emotividade excessiva, ciúme, hermetismo, criticismo, mau humor, nervosismo

Dia 26

O dia de aniversário 26, freqüentemente, sugere que você aspira a grandes realizações e possui uma natureza ambiciosa. Muitas vezes, você tem uma maneira pragmática de encarar a vida, habilidade executiva e aptidão para os negócios. A força e o poder sugeridos pelo número 26 mostram que você tem uma personalidade cautelosa, princípios e boa capacidade de julgamento. Se você nasceu no dia 26 é, normalmente, uma pessoa responsável, com senso estético inato. O amor à vida doméstica e o forte instinto paternal podem também sugerir que você tem uma grande necessidade de construir uma sólida base ou uma estabilidade genuína. Mas, devido à teimosia ou à falta de autoconfiança, você pode, às vezes, desistir muito facilmente. Não obstante, com autocontrole e planejamento cuidadoso, você pode alcançar o sucesso.

A sua inclinação para causas idealistas e humanitárias pode levá-lo a se envolver em atividades educacionais ou comunitárias. Muitas vezes, você é um manancial de força para outras pessoas, apóia os amigos e familiares que o procuram em momentos de dificuldade. Você deve, no entanto, evitar as tendências materialistas e o desejo de controlar as situações e as pessoas.

Positivo: criatividade, praticidade, cuidado, responsabilidade, orgulho da família, entusiasmo, coragem

Negativo: teimosia, rebeldia, falta de entusiasmo, falta de persistência, instabilidade, dominação

Dia 27

O dia de aniversário 27 indica que você pode ter uma maior profundidade de pensamento se desenvolver a paciência e o autocontrole. Intuitivo, mas analítico, você é muitas vezes vigoroso, determinado e observador e presta muitas atenção aos detalhes. Muitas vezes idealista e sensível, dotado de uma mente fértil e criativa, você pode impressionar os outros com os seus pensamentos e idéias originais. Embora às vezes possa aparentar ser uma pessoa reservada, racional ou distante, na verdade, você pode estar escondendo uma tensão interna, que pode se manifestar como uma tendência à impulsividade, à indecisão, à confusão ou à desconfiança em face de mudanças iminentes. Se desenvolver a sua capacidade de se comunicar, você pode superar a relutância em expressar seus sentimentos mais profundos. Muitas vezes, a inspiração é a chave para o sucesso. Quando desenvolve uma perspectiva mais universal, você consegue controlar rompantes ou evitar se preocupar com o que os outros possam pensar ou dizer. A educação e a cultura são essenciais para as pessoas nascidas no dia 27 e, com as devidas qualificações, você pode ser bem-sucedido se escrever, pesquisar ou trabalhar em grandes organizações. Naturalmente versátil e imaginativo, dotado de grande intuição ou habilidade psíquica, você pode ser uma pessoa ambiciosa e cheia de idéias. No entanto, a inquietação pode levá-lo a se comportar de forma instável e impulsiva. Talvez você precise aprender a converter as suas idéias em resultados concretos. Embora seja muitas vezes afetivo e tenha consideração pelos outros, você pode, ocasionalmente, dar a impressão de ser uma pessoa excessivamente sensível e distante. Se desenvolver uma perspectiva mais neutra, você será capaz de ouvir e de aceitar as críticas ou idéias alheias.

Positivo: versatilidade, imaginação, criatividade, decisão, coragem, boa compreensão, capacidade mental, espiritualidade, inventividade, força mental

Negativo: mau humor, facilidade de se ofender, tendência a discutir com os outros, inquietação, nervosismo, desconfiança, sentimentalismo excessivo, tensão

Dia 28

Independente, idealista e anticonvencional, embora pragmático e determinado, você é, muitas vezes, a sua própria lei. O conflito interno entre o desejo de ser independente e o de querer pertencer a um grupo também é patente. Como o indivíduo número 1, você é ambicioso, direto e empreendedor. Sempre pronto para a ação e para se lançar em novos empreendimentos, você assume corajosamente os desafios da vida e, com o seu entusiasmo, pode facilmente inspirar os outros — se não a juntar-se a você, pelo menos a apoiá-lo no seu empreendimento mais recente. Entre as suas diversas qualidades incluem-se fortes convicções, abundância de recursos, bom juízo e habilidade para acumular conhecimento e usá-lo na solução dos problemas. Com o dia de aniversário 28, você normalmente tem capacidade de liderança e confia no seu senso comum, lógica e clareza de pensamento. Embora se preocupe com o sucesso e seja ambicioso, a sua família e a vida doméstica são muito importantes para você. Encontrar a estabilidade e cuidar dos entes queridos pode às vezes ser um desafio para você. Muitas vezes, você assume responsabilidades, mas pode também se tornar uma pessoa excessivamente entusiasmada, impaciente ou intolerante. Você deve também evitar o autoritarismo, o dogmatismo ou a rebeldia.

Positivo: compaixão, progressão, audácia, habilidade artística, criatividade, idealismo, ambição, capacidade para o trabalho árduo, vida familiar estável, força de vontade

Negativo: sonhador, sem compaixão, pouco sensato, autoritarismo, mau juízo, agressividade, falta de cooperativismo, falta de confiança, dependência de outras pessoas, orgulho

Dia 29

Visionários idealistas, dotados de uma natureza vigorosa, os indivíduos número 29 possuem uma personalidade poderosa e um extraordinário potencial. Você é muitas vezes altamente intuitivo, sensível e emotivo. Sua natureza compassiva e compreensiva inspira um sentimento humanitário e pode encorajar os outros a realizar as suas esperanças e sonhos. De fato, a inspiração é a chave para o seu sucesso... sem ela você pode experimentar uma falta de sentido na vida. Embora seja um verdadeiro sonhador, com freqüência, os aspectos extremos da sua natureza indicam que você tem de se resguardar contra a instabilidade emocional. Você pode oscilar entre ser muito amigável e caloroso e ser frio e indiferente com os outros; ou pode oscilar entre o otimismo e o pessimismo. Embora quem nasce no dia 29 seja uma pessoa competitiva e ambiciosa, você tem necessidade de ser popular e se interessa pelo que os outros pensam a seu respeito. No entanto, você precisa aprender a ser menos crítico, desconfiado, tímido ou distante e a ter mais consideração com os que estão ao seu redor. Se confiar nos seus sentimentos mais íntimos e se abrir o seu coração para os outros, você pode superar a tendência a se preocupar ou a usar a sua mente como escudo protetor. Use os seus pensamentos criativos para realizar alguma coisa de especial e única, que possa inspirar ou servir aos outros.

Positivo: inspiração, equilíbrio, paz interior, generosidade, sucesso, criatividade, intuição, misticismo, sonhos poderosos, interesse pelo mundo, fé

Negativo: falta de concentração, insegurança, nervosismo, temperamental, pessoa difícil, extremismo, isolamento, sensibilidade excessiva

Dia 30

Artístico e criativo, amigável e sociável são apenas alguns dos adjetivos usados para caracterizar as pessoas que fazem aniversário no dia 30. Você gosta de levar uma vida confortável e de se socializar e pode ser excepcionalmente carismático, leal e amigável. Emotivo e ambicioso, dotado de potencial criativo, você apreende as idéias e as expande no seu próprio estilo dramático. Com temperamento estável e espírito gregário, dotado de bom gosto e talento estético, você pode ser bem-sucedido em todos os tipos de trabalho relativos à arte, ao *design* e à música. O orgulho e a ambição, combinados com boas oportunidades, muitas vezes permitem que você chegue ao topo da sua profissão. Se você nasceu no dia 30, possui sentimentos fortes: estar apaixonado ou sentir-se contente é um requisito vital. Na sua busca de felicidade, evite ser preguiçoso, excessivamente indulgente, impaciente ou invejoso, pois isso pode provocar uma instabilidade emocional. Entre as pessoas que nasceram no dia 30, muitas têm reconhecimento ou fama, especialmente os músicos, atores e comediantes, mas talvez precisem fazer ainda alguns sacrifícios pelas pessoas que amam.

Positivo: amor à diversão, lealdade, amizade, capacidade de síntese, talento com as palavras, criatividade, sorte

Negativo: preguiça, obstinação, comportamento errático, impaciência, indulgência excessiva, indiferença, indecisão, inveja

Dia 31

Forte força de vontade, determinação e ênfase na auto-expressão são indicados pelo dia de aniversário 31. Você, muitas vezes, combina a sua intuição com a capacidade prática de tomar as decisões certas. Geralmente, você é incansável e determinado e tem necessidade de progredir materialmente; contudo, talvez você precise aprender a aceitar as limitações da vida e, por isso, precise construir uma sólida base. Se você nasceu no dia 31, é uma pessoa com idéias originais, dotada de senso estético e habilidade para ser bem-sucedida nos negócios, se não se precipitar e se seguir um plano de ação prático. Boa sorte e oportunidades também são sugeridas pelo número 31, além da capacidade de transformar passatempos em empreendimentos lucrativos. Contudo, talvez você precise aprender a não se desencorajar facilmente e a ter mais consideração pelos outros. Para você, é crucial ter tempo para o amor e para as diversões, dado que tende a ser uma pessoa muito trabalhadora. No entanto, precisa evitar a tendência a ser excessivamente indulgente ou egoísta, ou ser excessivamente otimista. Os indivíduos mais fracos associados ao dia de aniversário 31 são inseguros e desistem muito facilmente dos seus sonhos ou se deixam levar pelo mundo da fantasia.

Positivo: sorte, criatividade, originalidade, capacidade para construir e ser construtivo, persistência, praticidade, capacidade de comunicação, responsabilidade

Negativo: insegurança, impaciência, desconfiança, tendência a se desencorajar facilmente, falta de ambição, egoísmo, teimosia, materialismo

Os 31 dias de ÁRIES

21 de março a 20 de abril

21 de Março

Determinado e assertivo, embora amigável e cooperativo, você tem talento natural para atividades sociais, o que revela a sua necessidade de pertencer a um grupo. Nascido na cúspide, você tem uma personalidade vigorosa e dinâmica, com muita energia e ambição. Às vezes, você pode aparentar ser uma pessoa precipitada e impaciente, orientada pela necessidade de realmente progredir na vida. O lado idealista da sua natureza, no entanto, precisa compartilhar e se comunicar com os outros, e as suas extraordinárias idéias muitas vezes o envolvem com pessoas dos mais variados círculos sociais.

A influência dupla do seu planeta regente, Marte, dá-lhe coragem e capacidade de superar obstáculos, e a sua intuição e senso comum aguçado reconhecem prontamente as boas oportunidades de negócios. Inspirado e imaginativo, você muitas vezes tem uma boa capacidade de julgamento e sabe como impressionar as pessoas com o seu entusiasmo. A sua inclinação para a teimosia, contudo, sugere que talvez você precise superar a tendência a criar caso se as coisas não acontecerem do seu jeito. Embora tenha um talento natural para fazer dinheiro, talvez seja importante aprender a ceder. Se tiver uma forte veia materialista, você terá de superar o medo de ficar sem dinheiro, mesmo em períodos de prosperidade e sucesso.

SOL: ÁRIES
DECANATO: SAGITÁRIO/JÚPITER
GRAU: 24°30'-25°30' ÁRIES
MODO: CARDEAL
ELEMENTO: FOGO

Depois dos 30 anos, quando o seu Sol progredido entra no signo de Touro, você passa a ter uma necessidade maior de estabilidade e segurança financeira. É provável que neste período você se concentre na construção de uma base sólida para si e para os que ama. Essa influência prossegue até o início dos 60 anos, quando o seu Sol progredido entra em Gêmeos, dando início a uma nova maneira de pensar, voltada para novos interesses, aprendizado e comunicação.

O Seu Eu Secreto

A sua necessidade de reconhecimento muitas vezes o leva à realização e ao sucesso. O seu potencial para realização material, quando combinado com a sua visão e intuição, é imenso. Como você não é do tipo que espera as coisas virem do nada, dedica-se ao trabalho árduo para obter os resultados desejados. Muitas vezes, os seus ideais elevados são adequados para um tipo de trabalho que traga uma excelente recompensa financeira, trazendo ao mesmo tempo benefícios aos outros.

A sua personalidade combina opostos, o que pode, muitas vezes, indicar que você deseja dinheiro, poder e *status*, bem como paz e tranquilidade. Para ter a harmonia que deseja, você pode ter uma casa que seja como um paraíso, ou canalizar o seu desejo de poder para a cura, a arte, a música ou outras formas criativas. Porém, talvez você precise tomar cuidado para não ficar muito relaxado e cair na inércia ou ansiedade quanto à falta de realização.

Trabalho & Vocação

Com a sua incrível capacidade de fazer contatos e lidar individualmente com as pessoas, você é perfeitamente adequado para as carreiras de negociador, conselheiro, relações-públicas, mediador, advogado ou agente. Você possui também uma aptidão excepcional para todas as formas de atividades ligadas a vendas, contanto que acredite no que está vendendo. O ideal é que você use todo o seu entusiasmo e capacidade de liderança para iniciar projetos e, em seguida, deixar que os outros façam o trabalho mundano e rotineiro. Todavia, a sua perspectiva singular pode encontrar uma via de expressão no mundo criativo. Qualquer que seja a carreira que você escolha, é mais provável que use o seu talento para lidar com as pessoas. A sua capacidade natural de gerenciamento e execução muitas vezes o coloca em posição de chefia e você pode se sair bem em negócios ligados a vendas imobiliárias. Pode ser que prefira ser autônomo, mas irá se beneficiar mais em situações que requeiram esforços cooperativos.

ESTRELA FIXA

Nome da estrela:
Deneb Kaitos, também chamada de Dipda

Posição:
1°32'-2°27' Áries, entre os anos de 1930 e 2000

Magnitude:
2

Força:
★★★★★★★★

Órb:
2°10'

Constelação:
Beta Ceti

Dias:
21, 22, 23, 24, 25 e 26 de março

Qualidades da estrela:
Saturno

Descrição:
estrela amarelo-laranja, localizada na cauda da Baleia

Numerologia

Com o dia de aniversário 21, você gosta de se divertir, é magnético e criativo, e tem charme social. Você costuma mostrar aos outros a sua personalidade amigável e agradável. Gregário e amigável, você tem muitos interesses e contatos e é, em geral, uma pessoa de sorte; contudo, é altamente original, intuitivo e dotado de um espírito independente. Mas pode ser que você seja uma pessoa tímida e reservada, com a necessidade de desenvolver a assertividade, especialmente em relacionamentos próximos. Embora tenha uma inclinação para relações cooperativas ou casamento, você sempre quer ser reconhecido pelos seus talentos e habilidades. A subinfluência do mês número 3 indica que você precisa expressar as suas emoções e mostrar o que realmente está sentindo. Quando recebe as pessoas, pode ser um anfitrião charmoso, e a sua gentileza e compreensão ajudam a contornar as situações difíceis. Pode prestar atenção aos detalhes, mas evite ser crítico.

⬆ **Positivo**: inspiração, charme, criatividade, uniões amorosas, relacionamentos duradouros

⬇ **Negativo**: dependência, nervosismo, falta de controle emocional, falta de visão, desapontamento, medo de mudança, inveja

Amor & Relacionamentos

A sua necessidade de estímulo mental muitas vezes indica uma vida social ativa e muitos relacionamentos ou associações. Atraído por pessoas inteligentes e poderosas, você deve evitar entrar em jogos mentais de poder com os seus parceiros. Quando está apaixonado, pode ser muito generoso e expansivo, mas deve aprender a equilibrar as suas necessidades pessoais com as necessidades de seus parceiros.

INFLUÊNCIA DA ESTRELA PRIMÁRIA

Deneb Kaitos confere uma natureza contida e habilidade para seguir adiante com determinação. Ela confere também uma inquietação inerente, que pode levar a ímpetos de atividade seguidos por períodos de descanso. Essa estrela adverte contra o mau uso da força e sugere que a pessoa deve aprender a relaxar a mente por meio do pensamento positivo; talvez também sejam necessários períodos de solidão. Ligada ao grau do seu Sol, essa estrela concede capacidade de organização e enfatiza os deveres e responsabilidades. Com disciplina e controle, é possível conquistar muito. Ela também adverte contra a tendência à frustração.

- **Positivo**: perseverança, determinação
- **Negativo**: repressão ou frustração, atitudes impulsivas, mudança impensada de rumo

ALGUÉM ESPECIAL

Se estiver procurando por alguém especial, pode encontrar uma companhia estimulante e um parceiro perfeito entre as pessoas nascidas nas seguintes datas:

Amor & amizade: jan: 3, 23, 31; fev: 11, 21, 22; mar: 9, 19, 28, 31; abr: 7, 17, 26, 29; mai: 5, 15, 24, 27, 29, 31; jun: 3, 13, 22, 25, 27, 29; jul: 1, 11, 20, 23, 25, 27, 29; ago: 9, 18, 21, 23, 25, 27; set: 7, 16, 19, 21, 23, 25; out: 5, 14, 17, 19, 21, 23; nov: 3, 12, 15, 17, 19, 21; dez: 1, 10, 13, 14, 15, 17, 19

Relacionamentos benéficos: jan: 4, 10, 21; fev: 1, 2, 6, 19; mar: 6, 17, 30; abr: 4, 15, 28; mai: 2, 13, 26; jun: 11, 24; jul: 9, 22; ago: 7, 20; set: 5, 18; out: 3, 16, 31; nov: 1, 14, 29; dez: 12, 27

Atrações fatais: jan: 22, 28; fev: 20, 26.; mar: 18, 24; abr: 16, 22; mai:14, 20; jun: 12, 18; jul: 10, 16; ago: 8, 14; set: 6, 12, 23, 24, 25; out: 4, 10; nov: 2, 8; dez: 6

Relacionamentos desafiantes: jan: 11, 20; fev: 9, 18; mar: 7, 16; abr: 5, 14; mai: 3, 12, 30; jun: 1, 10, 28; jul: 8, 26, 31; ago: 6, 24, 29; set: 4, 22, 27; out: 2, 20, 25; nov: 18, 23; dez: 16, 21

Alma gêmea: jan: 26; fev: 24; mar: 22, 30; abr: 20, 28; mai: 18, 26; jun: 16, 24; jul: 14, 22; ago: 11, 12, 20; set: 10, 18; out: 8, 16; nov: 6, 14; dez: 4, 12

22 de Março

Desejos fortes e uma personalidade dinâmica estão em geral presentes nas pessoas nascidas neste dia. Como nativo de Áries, você é uma pessoa independente, destemida e ousada, dotada de fortes instintos e uma natureza aventureira. Quando toma a iniciativa, muitas vezes é levado a explorar novas idéias ou a seguir em uma nova direção. A motivação é a chave do seu sucesso e em geral você está à altura dos desafios com os quais se depara. A dupla influência do seu planeta regente, Marte, dá-lhe vitalidade extra, que sempre o ajuda a se alçar acima da realidade comum.

Liberal, ainda que agressivo, você tem capacidade de liderança, idealismo e autoconfiança quando se trata de buscar o seu sucesso. Não obstante, talvez precise superar a tendência a ser muito áspero ou a criticar excessivamente as pessoas que não estão à altura das suas expectativas. Visionário e independente, você gosta de pensar grande e se sente melhor dando início a novos empreendimentos ou quando está à frente de novos projetos e idéias.

SOL: ÁRIES
DECANATO: ÁRIES/MARTE
GRAU: 0°30'- 1°30' ÁRIES
MODO: CARDEAL
ELEMENTO: FOGO

Embora tenha um poderoso desejo de realização, você talvez precise superar a tendência a ser excessivamente entusiástico ou autoritário. A sua inquietude pode, às vezes, levá-lo a mudar de idéia com freqüência ou a se frustrar com a falta de atividade ou procrastinação. Evitando a tendência a exagerar pequenas coisas, você pode aprender a lidar calmamente com a instabilidade emocional e o mau-humor.

O lado mais idealista da sua natureza irá inspirá-lo a trabalhar para o bem dos outros; graças às suas habilidades práticas, você pode rapidamente apreender as situações, e a sua habilidade estratégica pode inspirar os outros com idéias criativas e imaginativas. Humanista natural, o seu interesse naquilo que motiva as pessoas muitas vezes o encoraja a desenvolver um sexto sentido em relação às pessoas.

Aos 29 anos, quando o Sol progredido entra no signo de Touro, você passa a ter uma maior determinação para conquistar a riqueza e o sucesso material. Você pode desejar ter uma estabilidade financeira ou ficar mais próximo da natureza a partir dessa data. Isso prossegue até cerca dos 59 anos, quando o Sol progredido entra em Gêmeos, indicando uma transformação que acentua a crescente importância de diversificar os seus interesses e estimula o seu desejo de aprendizado.

O Seu Eu Secreto

Em um nível profundo, você possui um forte desejo de amor e afeição, o que, se as circunstâncias permitirem, você devolverá de boa vontade. Quando está com uma disposição positiva, essa energia apenas flui de você como um recurso inesgotável, aumentando a sua liderança natural com o poder do amor. Quando está bloqueado, voltado somente para os próprios interesses, você pode ser vítima de uma emotividade excessiva ou querer impor a sua vontade sobre os outros. Essa mesma energia pode ser altamente original quando é criativamente canalizada, seja por meio de atividades artísticas, diversão ou negócios. Os relacionamentos pessoais são extremamente importantes para você como uma forma de comunicação e podem ampliar as suas oportunidades de ser bem-sucedido. Como trabalha melhor quando se atém aos seus princípios e não duvida de si mesmo, é melhor confiar nos seus instintos e senso de estratégia. Normalmente, você é ativo e trabalhador e pode vencer quando vai direto ao assunto, sem comprometer a sua habilidade diplomática e cooperativa.

ESTRELA FIXA

Nome da estrela:
Deneb Kaitos, também chamada de Dipda

Posição:
1°32'-2°27' Áries, entre os anos de 1930 e 2000

Magnitude:
2

Força:
★★★★★★★★

Órb:
2°10'

Constelação:
Beta Ceti

Dias :
21, 22, 23, 24, 25 e 26 de março

Qualidades da estrela:
Saturno

Descrição:
estrela amarelo-laranja, localizada na cauda da Baleia

Trabalho & Vocação

Com a sua coragem, responsabilidade e habilidade executiva, você pode seguir uma carreira nas áreas do comércio, ou como negociador, agente ou conselheiro financeiro. Mas a sua individualidade pode encontrar expressão no mundo criativo. Motivado por uma forte combinação de idealismo e praticidade, você possui uma capacidade natural para a liderança. Você tem chances de prosperar em novos inícios ou desafios, e, no que diz respeito aos negócios, tem talento para perceber novas oportunidades. Muitas vezes, você promove as outras pessoas melhor do que a si próprio; contudo, qualquer que seja a carreira escolhida, você se beneficiará usando a sua excelente capacidade de lidar com as pessoas.

Numerologia

O dia de aniversário 22 é um número-mestre e pode vibrar como número 22 e como número 4. Na maioria das vezes honesto e trabalhador, dotado de capacidade natural de liderança, você tem uma personalidade carismática e uma profunda compreensão das pessoas e de suas motivações. Apesar de reservado, você muitas vezes exibe uma preocupação cuidadosa e protetora pelo bem-estar das pessoas. As suas qualidades mais evidentes são as suas habilidades práticas e executivas. A sua personalidade direta mas tranqüila o ajuda a alcançar cargos gerenciais. Os mais competitivos são bem-sucedidos e afortunados quando recebem ajuda e encorajamento dos outros. A subinfluência do número do mês 3 indica que se torna mais sábio e compreensivo por intermédio da adversidade pessoal. Introspectivo e ponderado, você precisa aprender a confiar na sua intuição. Evite o pessimismo, por meio de um comportamento realista e equilibrado. Embora precise analisar todas as situações detalhadamente, supere a tendência a ser desconfiado ou crítico.

Positivo: universalidade, habilidade para dirigir, intuição, pragmatismo, praticidade, habilidade manual, habilidade de construção, organização, habilidade para resolver os problemas, realização, realismo

Negativo: vulnerabilidade a esquemas de enriquecimento rápido, nervosismo, complexo de inferioridade, autoritarismo, materialismo, falta de visão, preguiça, egotismo, autopromoção, avidez

Amor & Relacionamentos

O seu desejo de mudanças constantes e insatisfação com a sua condição sugerem que você tem tendência a ser emocionalmente inseguro. Isso pode, muitas vezes, deixá-lo confuso quanto ao que realmente deseja. Talvez precise de alguém que o mantenha interessado em todos os momentos e ofereça-lhe diversidade e idéias estimulantes. Pode ser que a idéia de se sentir restrito o desagrade, o que o faz ter dificuldade em se comprometer e se estabilizar. Não obstante, você é animado, charmoso e amigável, tem muitos conhecidos e não tem problemas em atrair as pessoas. Se escolher com calma os amigos ou parceiros certos, é provável que vá ser menos impetuoso no amor e nos relacionamentos.

INFLUÊNCIA DA ESTRELA PRIMÁRIA

Deneb Kaitos confere uma natureza contida e habilidade para seguir adiante com determinação. Ela confere também uma inquietação inerente, que pode levar a ímpetos de atividade seguidos por períodos de descanso. Essa estrela adverte contra o mau uso da força e sugere que a pessoa deve aprender a relaxar a mente por meio do pensamento positivo; talvez também sejam necessários períodos de solidão. Ligada ao grau do seu Sol, essa estrela concede capacidade de organização e enfatiza os deveres e responsabilidades. Com disciplina e controle, é possível conquistar muito. Ela também adverte contra a tendência à frustração.

- **Positivo**: perseverança, determinação
- **Negativo**: repressão ou frustração, atitudes impulsivas, mudança impensada de rumo

ALGUÉM ESPECIAL

Você pode encontrar a realização emocional e aquele alguém especial entre as pessoas nascidas nas seguintes datas:

Amor & amizade: jan: 14, 15, 24, 31; fev: 12, 22, 29; mar: 10, 20, 27; abr: 8, 9, 18, 25; mai: 6, 16, 23, 30; jun: 4, 14, 21, 28, 30; jul: 2, 12, 19, 26, 28, 30; ago: 10, 17, 24, 26, 28; set: 8, 15, 22, 24, 26; out: 6, 13, 20, 22, 24, 30; nov: 4, 11, 18, 20, 22, 28; dez: 2, 9, 16, 18, 20, 26, 29, 30

Relacionamentos benéficos: jan: 5, 22, 30; fev: 3, 20, 28; mar: 1, 18, 26; abr: 16, 24; mai: 14, 22; jun: 12, 20; jul: 10, 18, 29; ago: 8, 16, 27, 31; set: 6, 14, 25, 29; out: 4, 12, 23, 27; nov: 2, 10, 21, 25; dez: 9, 19, 23

Atrações fatais: jan: 12; fev: 10; mar: 8; abr: 6; mai: 4; jun: 2; set: 24, 25, 26, 27

Relacionamentos desafiantes: jan: 16, 21; fev: 14, 19; mar: 12, 17, 30; abr: 10, 15, 28; mai: 8, 13, 26; jun: 6, 11, 24; jul: 4, 9, 22; ago: 2, 7, 20; set: 5, 18; out: 3, 16; nov: 1, 14; dez: 12

Alma gêmea: jan: 25; fev: 23; mar: 21; abr: 19; mai: 17; jun: 15; jul: 13; ago: 11; set: 9; out: 7; nov: 5; dez: 3, 4, 10

23 de Março

Poder mental, inteligência, bom juízo e profundidade de pensamento são alguns dos seus atributos naturais. Como nativo de Áries, você é vigoroso e tem autoridade para comandar. A sua mente é o seu grande trunfo, e, quando reconhece o poder do conhecimento e da boa educação, pode ser muito bem-sucedido. As mulheres nascidas neste dia muitas vezes tomam o comando das situações. Como líder natural, você é independente e gosta de ter o controle ou iniciar novas idéias. Em geral, é capaz de apresentar uma abordagem singular para um problema ou dá aos outros conselhos e soluções práticas.

As pessoas que o conhecem bem o vêem como uma estranha combinação de conservadorismo e idéias radicais, mas nunca o consideram maçante ou sem graça. Embora goste e se saia bem em debates e discussões, você talvez precise aprender que ser mentalmente agressivo ou inflexível não lhe confere os resultados desejados.

SOL: ÁRIES
DECANATO: ÁRIES/MARTE
GRAU: 1°30'- 2°30' ÁRIES
MODO: CARDEAL
ELEMENTO: FOGO

Muitas vezes você tem *insights* acerca do raciocínio das outras pessoas e essa compreensão das necessidades delas lhe dá a habilidade de delegar tarefas ou de ser um bom empregado. Entretanto, você não tem paciência com pessoas enfadonhas e pode às vezes ser intolerante com as falhas alheias. Ironicamente, um dos seus grandes defeitos é pensar que sabe tudo e, assim, ser muito dominador. Aprendendo a ter mais compaixão e tolerância, você aumenta as chances de ser bem-sucedido nas suas relações com as outras pessoas. Se desconsiderar a grande necessidade que tem de se expressar, pode se tornar susceptível a ataques de mau-humor, oscilar entre o otimismo e o pessimismo e sentir-se desvalorizado. Quando aprende a confiar na sua intuição, você enfrenta os desafios como, por exemplo, desenvolver um talento artístico original ou o seu talento para os negócios.

Até os 27 anos você provavelmente é uma pessoa ativa e aventureira. Depois dos 28 anos, quando o Sol progredido entra no signo de Touro, você passa a ter um maior interesse em assuntos financeiros e na necessidade de segurança material. Essa fase vai até os 58 anos, quando o seu Sol progredido entra em Gêmeos, o que realça a importância de diversos interesses novos e um maior desejo de comunicação em diversos níveis.

O Seu Eu Secreto

Poder é algo que você deseja e gosta, especialmente quando envolve uma troca de idéias amigável, mas competitiva. Você é uma pessoa trabalhadora, o que às vezes envolve uma determinação incansável. Como pode também bancar o diplomata em algumas circunstâncias, pode ser que você precise desenvolver a sua sabedoria natural para decidir qual das duas abordagens é a melhor em cada situação.

Embora goste de discutir idéias e compartilhar as suas opiniões com as outras pessoas, talvez seja preciso aprender a arte de ceder. Isso sugere que, no seu anseio em manter o controle, você não deve recorrer à manipulação. Exteriormente, você pode, em algumas ocasiões, aparentar ser cínico ou autocrático, mas no íntimo você é um missionário que luta contra a injustiça, ansioso para ajudar os seus companheiros. Como é, em geral, uma pessoa conscienciosa e responsável, deve se certificar de que não está se sobrecarregando.

Trabalho & Vocação

A sua capacidade de liderança e de assumir responsabilidades e trabalhar arduamente o faz prosperar, seja no mundo dos negócios ou em qualquer outra área. O seu intelecto aguçado e boa imaginação lhe dão uma necessidade de se expressar por meio de palavras, sejam escritas ou faladas. Por isso, você pode ser atraído para carreiras ligadas ao magistério ou a atividades sociais. Mas o seu senso teatral natural pode atraí-lo para áreas artísticas ou ligadas à diversão. Qualquer que seja a carreira escolhida, o seu intelecto brilhante faz com que a educação de algum tipo seja uma condição essencial para que você realize o seu potencial excepcional.

ESTRELA FIXA

Nome da estrela:
Deneb Kaitos, também chamada de Dipda

Posição:
1°32'-2°27' Áries, entre os anos de 1930 e 2000

Magnitude:
2

Força:
★★★★★★★★

Órb:
2°10'

Constelação:
Beta Ceti

Dias:
21, 22, 23, 24, 25 e 26 de março

Qualidades da estrela:
Saturno

Descrição:
estrela amarelo-laranja, localizada na cauda da Baleia

Numerologia

Você é uma pessoa versátil, apaixonada e que pensa com rapidez, dotada de uma atitude profissional e de uma mente cheia de idéias criativas. Você gosta de viagens, aventuras e de conhecer novas pessoas, e a inquietude implicada pelo dia de aniversário 23 o impele a ter muitas experiências diferentes. Você se adapta para tirar o melhor proveito de qualquer situação. Com a influência do número 23, você pode aprender novos assuntos facilmente, mas prefere a prática à teoria. No entanto, talvez precise superar a tendência a criticar os outros e desenvolver uma atitude menos egoísta. A subinfluência do mês número 3 indica que você tem boa memória e uma imaginação viva e que precisa de muita atenção e amor. Se aprender a expressar os seus sentimentos por meio de uma energia dinâmica e criativa, você pode superar a sua insegurança emocional. Geralmente, é amigável e gosta de se divertir. Corajoso e vigoroso, você precisa de uma vida ativa para realizar o seu verdadeiro potencial. É importante conquistar e assumir muitas responsabilidades.

Positivo: lealdade, responsabilidade, viagens, comunicação, intuição, criatividade, versatilidade, confiabilidade, fama

Negativo: egoísmo, insegurança, natureza inflexível, criticismo, apatia, reserva, preconceito

Amor & Relacionamentos

A sua necessidade de viver em um ambiente emocional seguro sugere que você deseja ter os seus amigos e pessoas queridas à sua volta. Emocionalmente direto e honesto, você protege as pessoas que estão sob o seu cuidado e faz qualquer coisa pelos que ama. Embora as pessoas reconheçam o seu poder de raciocínio, evite ser muito arrogante. A família e a vida doméstica são importantes e é provável que você forme relacionamentos estáveis e duradouros, nos quais possa ter segurança emocional. O pronunciado lado prático da sua natureza também o ajuda a poder desfrutar alguns confortos da vida, mas você é uma pessoa apaixonada e carismática; portanto, tome cuidado para não se deixar levar pelas paixões.

INFLUÊNCIA DA ESTRELA PRIMÁRIA

Deneb Kaitos confere uma natureza contida e habilidade para seguir adiante com determinação. Ela confere também uma inquietação inerente, que pode levar a ímpetos de atividade seguidos por períodos de descanso. Essa estrela adverte contra o mau uso da força e sugere que a pessoa deve aprender a relaxar a mente por meio do pensamento positivo; talvez também sejam necessários períodos de solidão. Ligada ao grau do seu Sol, essa estrela concede capacidade de organização e enfatiza os deveres e responsabilidades. Com disciplina e controle, é possível conquistar muito. Ela também adverte contra a tendência à frustração.

- **Positivo**: perseverança, determinação
- **Negativo**: repressão ou frustração, atitudes impulsivas, mudança impensada de rumo

ALGUÉM ESPECIAL

Você pode ter um relacionamento duradouro com alguém nascido em uma das seguintes datas:

Amor & amizade: jan: 11, 13, 15, 17, 25, 27, 28; fev: 9, 11, 13, 15, 23; mar: 7, 9, 11, 13, 21; abr: 5, 7, 9, 11, 19; mai: 3, 5, 7, 9, 17, 31; jun: 1, 3, 5, 7, 15, 29; jul: 1, 3, 5, 27, 29, 31; ago: 1, 2, 3, 11, 25, 27, 29; set: 1, 9, 23, 25, 27; out: 7, 21, 23, 25; nov: 5, 19, 21, 23; dez: 3, 16, 17, 19, 21, 30

Relacionamentos benéficos: jan: 1, 5, 20; fev: 3, 18; mar: 1, 16; abr: 14; mai: 12; jun: 10; jul: 8; ago: 6; set: 4; out: 2

Atrações fatais: set: 24, 25, 26, 27

Relacionamentos desafiantes: jan: 6, 22, 24; fev: 4, 20, 22; mar: 2, 18, 20; abr: 16, 18; mai: 14, 16; jun: 12, 14; jul: 10, 12; ago: 8, 10, 31; set: 6, 8, 29; out: 4, 6, 27; nov: 2, 4, 25; dez: 2, 23, 28

Alma gêmea: jan: 6, 12; fev: 4, 10; mar: 2, 8; abr: 6; mai: 4; jun: 2

24 de Março

Forte intuição, bom juízo e talento mental elevado são muitas vezes qualidades atribuídas aos nascidos neste dia. Essa combinação de sabedoria e lógica poderá levá-lo a posições de comando. Como nativo de Áries, você é prático e decisivo, dotado de uma personalidade charmosa e atraente. A influência dupla do seu planeta regente, Marte, impele-o a ser mentalmente competitivo e ambicioso. Não obstante, é muitas vezes o desenvolvimento da sua intuição natural e da confiança na sua voz interior que lhe dá a vantagem em relação aos outros.

Autoconfiante, naturalmente talentoso, honesto e direto são adjetivos usados pelas pessoas que o descrevem. Contudo, quando não tem uma disposição generosa ou solidária, pode facilmente se tornar uma pessoa teimosa, que não aceita a interferência alheia. Intolerante com a ignorância, você pode também ficar impaciente e mentalmente inquieto. Mas com a vontade que tem de ajudar e ser gentil, tome cuidado para não bancar o mártir e reagir de maneira muito dramática.

SOL: ÁRIES
DECANATO: ÁRIES/MARTE
GRAU: 2°30'- 3°30' ÁRIES
MODO: CARDEAL
ELEMENTO: FOGO

Com o seu poder de determinação, você gosta de colocar os pensamentos em ação, e a sua natureza curiosa o inspira a explorar novos territórios. Quando o assunto é comunicação, você é abençoado com uma espirituosidade e uma eloqüência que impressionam as pessoas. Socialmente inclinado e altamente criativo, você pode encontrar expressão para os seus talentos na área artística, no teatro e escrevendo textos humorísticos.

Até os 26 anos você provavelmente é uma pessoa independente e ousada. Depois dos 27 anos, quando o seu Sol progredido entra no signo de Touro, você passa a dar mais importância ao seu sucesso material, estabilidade e segurança. Esse interesse pelos negócios prossegue até cerca dos 57 anos, quando o seu Sol progredido entra em Gêmeos. Como isso sugere uma transformação, você passa a explorar novas idéias ou a aprender novas habilidades, como também a enfatizar importância das atividades ligadas à escrita, ao discurso e à comunicação.

O Seu Eu Secreto

Embora os outros o vejam como uma pessoa altamente inteligente, o seu aniversário sugere que uma sensibilidade interior subjaz à sua fachada assertiva. Isso indica também que você talvez precise encontrar alguma forma criativa de auto-expressão para dar voz aos seus sentimentos mais profundos. Já que você também busca preencher uma necessidade forte de reconhecimento, em termos pessoais, familiares ou ancestrais, pode ser levado por idéias que às vezes parecem ser impossíveis. Mas isso não o deve parar, pois a jornada em direção aos seus sonhos é, via de regra, mais importante do que a sua destinação final.

A capacidade de pensar grande faz com que você tenha um olhar de longo alcance que permite visualizar antecipadamente o que pode realizar. Quando supera a tendência a deixar considerações materialistas dominarem a sua vida, você pode perceber que, em última instância, apenas o dinheiro e o *status* não o satisfazem, há muitas recompensas que o dinheiro não pode comprar. Isso enfatiza a necessidade de incorporar à sua vida escolhas que ampliam o seu senso de valor e identidade.

Trabalho & Vocação

O seu humanitarismo pode lhe dar o ímpeto de se sobressair como professor, conselheiro ou assistente social, ou em atividades associadas à desefa do direito de outras pessoas, como, por exemplo, liderança sindical ou política. Outras ocupações apropriadas incluem a advocacia, a área bancária ou a carreira religiosa. Por outro lado, a sua criatividade e facilidade com as palavras podem levá-lo a ser escritor, cineasta, músico ou a atuar na área teatral. O lado mais prático da sua natureza, porém, pode atraí-lo para o mundo da ciência ou dos negócios. Em qualquer carreira que escolha, você se sentirá mais realizado em alguma forma de serviço prestado aos outros. Como possui uma grande capacidade de liderança, as suas maiores realizações freqüentemente o colocam na linha de frente da profissão escolhida.

ESTRELA FIXA

Nome da estrela:
Deneb Kaitos, também chamada de Dipda

Posição:
1°32'-2°27' Áries, entre os anos de 1930 e 2000

Magnitude:
2

Força:
★★★★★★★

Órb:
2°10'

Constelação:
Beta Ceti

Dias:
21, 22, 23, 24, 25 e 26 de março

Qualidades da estrela:
Saturno

Descrição:
estrela amarelo-laranja, localizada na cauda da Baleia

Numerologia

Consciencioso, responsável e empreendedor são algumas das maneiras pelas quais, em geral, descreve-se alguém com o dia de aniversário 24. Embora você possa não gostar da rotina, é muitas vezes trabalhador, dotado de habilidades práticas e sólida capacidade de julgamento. Muitas vezes honesto, confiável e seguro, você necessita do amor e apoio dos outros e se satisfaz com a construção de uma sólida base para si mesmo e sua família. A maneira pragmática com que encara a vida também lhe dá um bom senso para os negócios e habilidade para realizar-se materialmente na vida. Com o dia de aniversário 24, você talvez precise superar a tendência à teimosia ou a ter idéias fixas. Os principais desafios para alguém que tenha nascido no dia 24 são vencer a tendência à desconfiança e construir uma residência segura. A subinfluência do mês número 3 indica que você pode ser compassivo e ter uma mente aberta, mas precisa aprender a realizar os seus ideais, sendo paciente e evitando o pensamento mesquinho. Você pode promover a harmonia e a compreensão com a sua amabilidade e prudência.

Positivo: energia, idealismo, habilidades práticas, forte determinação, honestidade, franqueza, senso de justiça, generosidade, amor à casa, atividade

Negativo: crueldade, materialismo, instabilidade, aversão à rotina, falta de confiabilidade, comportamento dominador, teimosia, sentimento de vingança

Amor & Relacionamentos

Curioso e aventureiro, você é intuitivo, ainda que prático, e pode ter um sexto sentido com relação às pessoas. Amigável e gregário, você prefere a companhia de pessoas inteligentes e ativas, que sejam ambiciosas e versáteis. Embora você normalmente saiba o que quer na vida, pode sofrer súbitas mudanças mentais e emocionais devido à indecisão. Você pode decidir tomar uma decisão e mudar de direção, deixando os outros tentando entender o que fizeram de errado. Você pode ser leal e afetivo; no entanto, evite solidariedades injustificadas ou fazer mais do que lhe é devido, especialmente se outros se aproveitam da sua amabilidade. Quando aprende a ser paciente e supera a tendência a se tornar facilmente entediado, você pode construir uma sólida base para relações duradouras.

INFLUÊNCIA DA ESTRELA PRIMÁRIA

Deneb Kaitos confere uma natureza contida e habilidade para seguir adiante com determinação. Ela confere também uma inquietação inerente, que pode levar a ímpetos de atividade seguidos por períodos de descanso. Essa estrela adverte contra o mau uso da força e sugere que a pessoa deve aprender a relaxar a mente por meio do pensamento positivo; talvez também sejam necessários períodos de solidão. Ligada ao grau do seu Sol, essa estrela concede capacidade de organização e enfatiza os deveres e responsabilidades. Com disciplina e controle, é possível conquistar muito. Ela também adverte contra a tendência à frustração.

- **Positivo**: perseverança, determinação
- **Negativo**: repressão ou frustração, atitudes impulsivas, mudança impensada de rumo

ALGUÉM ESPECIAL

Para encontrar a pessoa especial, procure entre as pessoas nascidas nas seguintes datas:

Amor & amizade: jan: 12, 16, 25; fev: 10, 14, 23, 24; mar: 8, 12, 22, 23, 31; abr: 6, 10, 13, 20, 29; mai: 4, 8, 18, 27; jun: 2, 6, 16, 25, 30; jul: 4, 14, 23, 28; ago: 2, 12, 16, 21, 26, 30; set: 10, 19, 24, 28; out: 8, 17, 22, 26; nov: 6, 15, 20, 24, 30; dez: 4, 13, 17, 18, 22, 28

Relacionamentos benéficos: jan: 2, 13, 22, 24; fev: 11, 17, 20, 22; mar: 9, 15, 18, 20, 28; abr: 7, 13, 16, 18, 26; mai: 5, 11, 16, 18, 26; jun: 3, 9, 12, 14, 22; jul: 1, 7, 10, 12, 20; ago: 5, 8, 10, 18; set: 3, 6, 8, 16; out: 1, 4, 6, 14; nov: 2, 4, 12; dez: 2, 10

Atrações fatais: jan: 25; fev: 23; mar: 21; abr: 19; mai: 17; jun: 15; jul: 13; ago: 11; set: 9, 26, 27, 28; out: 7; nov: 5; dez: 3

Relacionamentos desafiantes: jan: 7, 23; fev: 5, 21; mar: 3, 19, 29; abr: 1, 17, 27; mai: 15, 25; jun: 13, 23; jul: 11, 21, 31; ago: 9, 19, 29; set: 7, 17, 27, 30; nov: 3, 13, 23, 26; dez: 1, 11, 21, 24

Alma gêmea: jan: 17; fev: 15; mar: 13; abr: 11, 22; mai: 9; jun: 7; jul: 5; ago: 3; set: 1; nov: 30; dez: 6, 28

25 de Março

Magnetismo pessoal, jovialidade e entusiasmo natural são algumas das qualidades associadas às pessoas que nasceram neste dia. Isso sugere que você enfrenta os desafios da vida de modo idealista e naturalmente otimista. Como nativo de Áries, você é ousado e direto, dotado de uma mente ativa e com idéias brilhantes. Contudo, por ser tão espontâneo, você pode exagerar e se tornar excessivamente cuidadoso ou impaciente. Isso pode, às vezes, levá-lo a ser impulsivo ou a tomar decisões precipitadamente.

A responsabilidade e uma atitude reflexiva mais madura talvez sejam a chave para o seu sucesso. Depois de controlada a tendência a ser inconsistente ou inquieto, você pode realmente mostrar o quão talentoso e inteligente é capaz de ser. Por meio da educação e da busca de conhecimento, você pode desenvolver facilmente o seu jeito natural para atividades que envolvam a palavra escrita ou falada, ou para o trabalho em pesquisa ou magistério.

SOL: ÁRIES
DECANATO: ÁRIES/MARTE
GRAU: 3°30'- 4°30' ÁRIES
MODO: CARDEAL
ELEMENTO: FOGO

Como enfatiza a sua individualidade, você muitas vezes tem uma forma de expressão artística ou criativa original. Na maioria das vezes, você tem inclinação a ser uma pessoa moderna, não convencional ou progressista, com interesses pouco usuais. Apesar de ser uma pessoa sociável e amigável, você é despreocupado e diferente e raramente sucumbe às pressões do grupo. No entanto, a sua inquietação característica sugere que você deve evitar desperdiçar o seu tempo e agir de maneira rebelde, sem consideração pelos sentimentos das outras pessoas.

Até 25 anos você é uma pessoa entusiástica, ousada e despreocupada. Por volta dos 26 anos, quando o seu Sol progredido entra no signo de Touro, você entra em um período de trinta anos de ênfase acentuada em questões associadas ao *status* material, à estabilidade e à segurança financeira. A virada seguinte na sua vida acontece por volta dos 56 anos, quando o seu Sol progredido entra em Gêmeos, período em que você passa a ampliar os seus interesses e a seguir novas áreas de estudo.

O Seu Eu Secreto

Uma necessidade poderosa de auto-expressão combinada com a sua vitalidade sustentam a necessidade de estar à frente de atividades que permitirão que você manifeste os seus sentimentos e opiniões poderosos. Você pode, todavia, devido a um grande desejo de segurança, ser levado a priorizar as considerações materiais. Apenas tome cuidado para não desperdiçar a sua preciosa energia preocupando-se desnecessariamente com as suas finanças.

A sua riqueza interna de sentimentos pode ampliar a importância de amor e afeição na sua vida. Quando você projeta isso para o mundo, pode seduzir as pessoas e demonstrar o seu impulso para ajudar os seres humanos. Quando mantém o equilíbrio entre o dinheiro e as necessidades emocionais, você pode exibir a sua deliciosa espirituosidade e humor, que têm o poder de animar tanto as outras pessoas.

Trabalho & Vocação

Com o seu talento para se comunicar de um modo divertido e charmoso, as suas aptidões podem ser dar palestras, escrever, trabalhar em vendas, promoção, relações-públicas, bolsa de valores ou política. Os seus fortes ideais e dinamismo fazem de você um excelente propagandista ou defensor de uma causa. O seu extraordinário potencial para adquirir conhecimento pode levá-lo a ser um erudito. Por outro lado, com a sua perspectiva jovial e criatividade, você pode trabalhar com arte, música ou teatro. Como trabalha arduamente para alcançar os seus objetivos, a sua capacidade mental, o seu talento dramático e habilidade de liderança podem ser igualmente úteis para atividades na área da advocacia ou gerenciamento. A sua natureza aventureira se inspira em seu espírito pioneiro e explorador.

Numerologia

Com o dia de aniversário 25, você possui uma forte energia mental; quando se concentra, ela o ajuda a olhar todos os fatos e a chegar a uma conclusão mais rápido do que qualquer outra pessoa. Intuitivo e ponderado, embora rápido e enérgico, você precisa se expressar por meio de diversas experiências, que podem incluir idéias, pessoas e lugares novos e empolgantes. Entretanto, talvez você precise ser menos impaciente ou crítico quando as coisas não acontecem de acordo com os seus planos. Quando aprende a confiar na sua intuição e a desenvolver a perseverança e paciência, você pode alcançar o sucesso e a felicidade. A subinfluência do mês número 3 indica que você pode ser altamente original e confiante. Embora seja ambicioso, precisa tomar as próprias decisões e trabalhar com independência quando possível. A sensibilidade emocional e o talento artístico são apenas algumas das suas qualidades. Em geral, você é uma pessoa instintiva e alerta, que pode ampliar o seu conhecimento não por intermédio da simples teoria, mas pela aplicação prática.

ESTRELA FIXA

Nome da estrela:
Deneb Kaitos, também chamada de Dipda

Posição:
1°32'-2°27' Áries, entre os anos de 1930 e 2000

Magnitude:
2

Força:
★★★★★★★★

Órb:
2°10'

Constelação:
Beta Ceti

Dias:
21, 22, 23, 24, 25 e 26 de março

Qualidades da estrela:
Saturno

Descrição:
estrela amarelo-laranja, localizada na cauda da Baleia

Positivo: intuição, perfeccionismo, percepção, criatividade, habilidade com as pessoas

Negativo: impulsividade, impaciência, irresponsabilidade, excessivamente emotivo, ciúme, dissimulação, criticismo, mau humor, nervosismo

Amor & Relacionamentos

Espontâneo e animado, você é uma pessoa ousada e apaixonada que adora a liberdade e a independência, apesar de estar sempre procurando um relacionamento romântico ideal. Às vezes, pode ser muito intenso e se precipitar nos envolvimentos emocionais sem pensar nas conseqüências. Se as suas expectativas forem muito elevadas, você pode, muitas vezes, acabar se decepcionando. Você precisa aprender a ser responsável antes de se envolver em um relacionamento estável. A sua tendência ao idealismo também sugere uma necessidade de ter um elo espiritual para ajudá-lo a superar o medo da solidão ou de ser abandonado. A aura de mistério que cerca as suas relações amorosas sugere, muitas vezes, que você pode ser ligado a relacionamentos secretos.

INFLUÊNCIA DA ESTRELA PRIMÁRIA

Deneb Kaitos confere uma natureza contida e habilidade para seguir adiante com determinação. Ela confere também uma inquietação inerente, que pode levar a ímpetos de atividade seguidos por períodos de descanso. Essa estrela adverte contra o mau uso da força e sugere que a pessoa deve aprender a relaxar a mente por meio do pensamento positivo; talvez também sejam necessários períodos de solidão. Ligada ao grau do seu Sol, essa estrela concede capacidade de organização e enfatiza os deveres e responsabilidades. Com disciplina e controle, é possível conquistar muito. Ela também adverte contra a tendência à frustração.

Positivo: perseverança, determinação
Negativo: repressão ou frustração, atitudes impulsivas, mudança impensada de rumo

ALGUÉM ESPECIAL

Você pode encontrar o amor e a felicidade com alguém nascido nas seguintes datas:

Amor & amizade: jan: 7, 10, 17, 18, 27; fev: 5, 8, 15, 25; mar: 3, 6, 13, 26; abr: 1, 4, 11, 21; mai: 2, 9, 19; jun: 7, 17; jul: 5, 15, 29, 31; ago: 3, 4, 13, 27, 29, 31; set: 1, 11, 25, 27, 29; out: 9, 23, 25, 27; nov: 7, 21, 23, 25; dez: 5, 15, 19, 21, 23

Relacionamentos benéficos: jan: 3, 5, 20, 25, 27; fev: 1, 3, 18, 23, 25; mar: 1, 16, 21, 23; abr: 14, 19, 21; mai: 2, 17, 19; jun: 10, 15, 17; jul: 8, 13, 15; ago: 6, 11, 13; set: 4, 9, 11; out: 2, 7, 9; nov: 5, 7; dez: 3, 5

Atrações fatais: jan: 13; fev: 11; mar: 9; abr: 7; mai: 5; jun: 3; jul: 1; set: 27, 28, 29

Relacionamentos desafiantes: jan: 16, 24; fev: 14, 22; mar: 12, 20; abr: 10, 18; mai: 8, 16, 31; jun: 6, 14, 29; jul: 4, 12, 27; ago: 2, 10, 25; set: 8, 23; out: 6, 21; nov: 4, 19; dez: 2, 17

Alma gêmea: jan: 16; fev: 14; mar: 12; abr: 10; mai: 8; jun: 6; jul: 4, 31; ago: 2, 15, 29; set: 27; nov: 23; dez: 7, 21

26 de Março

Mente astuta, ambição e determinação são os atributos compartilhados pelas pessoas nascidas neste dia. Como nativo de Áries, você é ávido por experiências diferentes, mas se desenvolver a autodisciplina pode desperdiçar menos as suas energias mentais e se concentrar em metas importantes.

A influência dupla do seu planeta regente, Marte, indica que você tem potencial para conquistar muito na vida. Mas sem inspiração, você provavelmente se sentirá inquieto e frustrado, sem conseguir acabar o que começou. A menos que encontre um objetivo que possa realmente despertar a sua imaginação, buscará continuamente a sua meta final. Uma maneira de superar essa situação é desenvolver o autocontrole e a introspecção.

A verdadeira satisfação na vida é, muitas vezes, alcançada por conquistas baseadas nos seus esforços. Se você depender do esforço de outras pessoas, pode facilmente ficar entediado ou insatisfeito. Você será bem-sucedido por intermédio do trabalho árduo e da concentração. As suas visões e inspirações o levam a pensar de forma independente e em larga escala, e a deixar de lado os pequenos detalhes.

SOL: ÁRIES
DECANATO: ÁRIES/MARTE
GRAU: 4°30'-5°30' ÁRIES
MODO: CARDEAL
ELEMENTO: FOGO

Você pode também ser uma pessoa persuasiva e que encoraja as outras a perseguir os seus grandes sonhos. Às vezes, você aparenta ser uma pessoa despretensiosa e a sua força ou natureza compulsiva podem ficar ocultas atrás da sua fachada amigável e expansiva.

É provável que você sofra uma forte influência masculina no início da vida, em geral do seu pai. Até os 24 anos você é uma pessoa ativa e aventureira. Por volta dos 25 cinco anos, quando o seu Sol progredido entra no signo de Touro, você passa a ter necessidade de ter segurança material e estabilidade. A partir dos cinqüenta e poucos anos, quando o seu Sol progredido entra em Gêmeos, há uma mudança de ênfase em direção ao conhecimento, à educação e à comunicação em geral. O aprendizado de uma nova habilidade pode fazer toda a diferença.

O Seu Eu Secreto

O desejo de honestidade é muito forte na sua constituição e permite que você confronte e trabalhe todas as situações que outras pessoas preferem evitar. Para você, é importante ter uma base sólida em tudo o que conquista e se dedica a trabalhar arduamente para cumprir as suas metas. Você tem facilidade de sintetizar o senso prático comum com sua excelente habilidade social e *insight* intuitivo a respeito das pessoas.

O acentuado lado criativo da sua natureza garante que tanto a auto-expressão quanto as pessoas são partes vitais das suas preocupações. Tome cuidado para que a preocupação e a indecisão não estraguem o seu prazer. O seu trabalho é uma parte importante da sua vida e você precisa sentir orgulho dele. Procure apenas não ficar tão ocupado, sem tempo para ouvir a voz da sua intuição. Contudo, você pode sempre usar a sua sabedoria mais profunda quando necessário, que lhe dá uma abordagem filosófica e um antídoto bem-humorado para qualquer problema social.

Trabalho & Vocação

Seu impulso dinâmico, seu intelecto aguçado e sua habilidade social extraordinária permitem que você atinja o seu potencial em diferentes áreas da vida. A sua necessidade de autoexpressão e amor pelo dramático podem atraí-lo para o mundo das artes ou do entretenimento. Você também pode ser muito bem-sucedido nas áreas de educação, pesquisa, ciência, política, filosofia e relações-públicas. Como não gosta de obedecer ordens, é imperativo que se afaste de posições de subserviência. No tocante a atividades ligadas aos negócios, você pode naturalmente ser atraído por grandes empresas e tem uma enorme capacidade de resolver problemas. A sua habilidade para ocupar cargos gerenciais e executivos muitas vezes o leva a posições proeminentes. Qualquer que seja a carreira escolhida, você gosta de variedade e tem talento para iniciar projetos com um tremendo entusiasmo.

ESTRELA FIXA

Nome da estrela:
Deneb Kaitos, também chamada de Dipda

Posição:
1°32'-2°27' Áries, entre os anos de 1930 e 2000

Magnitude:
2

Força:
★★★★★★★★

Órb:
2°10'

Constelação:
Beta Ceti

Dias:
21, 22, 23, 24, 25 e 26 de março

Qualidades da estrela:
Saturno

Descrição:
estrela amarelo-laranja, localizada na cauda da Baleia

Numerologia

A força e o poder sugeridos pelo dia de aniversário 26 mostram que você é uma pessoa cautelosa, com princípios fortes e julgamento sólido. Você pode ter uma abordagem mais pragmática da vida, por meio do desenvolvimento da sua habilidade executiva e do bom senso para os negócios. Com o dia de aniversário 26, você, em geral, é uma pessoa responsável e tem um senso estético natural. O amor pela vida doméstica e um forte instinto paternal sugerem a necessidade de construir uma base sólida ou de encontrar a verdadeira estabilidade. Muitas vezes um manancial de força para as outras pessoas, você apóia os amigos e familiares que o procuram quando precisam. Talvez seja importante, no entanto, evitar a tendência materialista ou o desejo de controlar as situações e as pessoas. A subinfluência do mês número 3 indica que você é uma pessoa idealista e sensível. Caridoso e com elevados ideais, você tem inclinação pelo humanitarismo. Embora a inspiração ou outras pessoas possam motivá-lo, deixe que a sua intuição e os sentimentos pessoais o guiem.

Positivo: criatividade, praticidade, cuidado, responsabilidade, orgulho da família, entusiamo, coragem

Negativo: teimosia, rebeldia, relacionamentos instáveis, falta de entusiasmo, falta de persistência, instabilidade

Amor & Relacionamentos

Amante do ambiente doméstico, você é um parceiro confiável. Porém, pode ser também independente e ambicioso, com fortes crenças, e é muitas vezes atraído por pessoas poderosas e assertivas, que falam o que pensam. Mesmo que você inicie tudo, inclusive os relacionamentos, com grande entusiasmo, pode facilmente perder o interesse se achar que o seu parceiro não é ativo, altamente ambicioso ou inteligente o suficiente. Talvez precise ter amigos ou parceiros que sejam trabalhadores ou que tenham um senso natural de autoridade. Inspirado pelo poder e sabedoria, você, muitas vezes, procura a companhia de pessoas sérias e verdadeiras.

INFLUÊNCIA DA ESTRELA PRIMÁRIA

Deneb Kaitos confere uma natureza contida e habilidade para seguir adiante com determinação. Ela confere também uma inquietação inerente, que pode levar a ímpetos de atividade seguidos por períodos de descanso. Essa estrela adverte contra o mau uso da força e sugere que a pessoa deve aprender a relaxar a mente por meio do pensamento positivo; talvez também sejam necessários períodos de solidão. Ligada ao grau do seu Sol, essa estrela concede capacidade de organização e enfatiza os deveres e responsabilidades. Com disciplina e controle, é possível conquistar muito. Ela também adverte contra a tendência à frustração.

- **Positivo**: perseverança, determinação
- **Negativo**: repressão ou frustração, atitudes impulsivas, mudança impensada de rumo

ALGUÉM ESPECIAL

Se controlar o seu excessivo desejo de dominação, pode encontrar um parceiro confiável entre as pessoas nascidas nas seguintes datas:

Amor & amizade: jan: 1, 14, 19, 28, 31; fev: 12, 26, 29; mar: 10, 24, 27; abr: 8, 13, 22, 25; mai: 6, 20, 23; jun: 4, 18, 21; jul: 2, 16, 19, 30; ago: 14, 17, 28, 30; set: 12, 15, 26, 28, 30; out: 10, 13, 24, 26, 28; nov: 8, 11, 22, 24, 26; dez: 6, 9, 20, 22, 24

Relacionamentos benéficos: jan: 26; fev: 24; mar: 22; abr: 20; mai: 18; jun: 16; jul: 14; ago: 12; set: 10; out: 8; nov: 6; dez: 4

Atrações fatais: set: 26, 27, 28, 29

Relacionamentos desafiantes: jan: 3, 25; fev: 1, 23; mar: 21; abr: 19; mai: 17; jun: 15; jul: 13; ago: 11; set: 9; out: 7; nov: 5; dez: 3

Alma gêmea: jan: 3, 10; fev: 1, 8; mar: 6; abr: 4; mai: 2; ago: 16; dez: 8

27 de Março

Emotiva, idealista e criativa, a pessoa nascida neste dia tem muitas idéias e potencial artístico. Embora você seja altamente intuitivo e imaginativo, a inclinação para aceitar a derrota muito facilmente pode levá-lo à frustração mental. Por meio do autocontrole e aprendendo a assumir desafios como uma experiência de aprendizado positivo, você pode desenvolver a perseverança. Se mantiver uma disposição mental construtiva, pode reverter situações difíceis em seu favor.

A dupla influência do seu planeta regente, Marte, implica que o seu espírito pioneiro anseia por conhecimento e que, com um pouco de encorajamento, você entusiasticamente se arrisca em novas e empolgantes aventuras. Contudo, talvez seja necessário evitar a tendência a ser excessivamente sério ou ansioso, pois isso pode induzir a uma inquietude, mau-humor e preocupação desnecessária.

SOL: ÁRIES
DECANATO: SAGITÁRIO/JÚPITER
GRAU: 24°30'-25°30' ÁRIES
MODO: CARDEAL
ELEMENTO: FOGO

Com um coração bom e generoso com as pessoas que ama, você sempre tenta ocultar a sua grande sensibilidade, sendo amigável e bem humorado. Com o seu senso dramático e personalidade dinâmica, você muitas vezes deseja ter uma vida animada e, às vezes, pode acabar esmagado pelas situações. Quando aprende a manter o equilíbrio e a desenvolver a paz e harmonia interior, você pode chegar a resultados verdadeiramente espantosos. Quanto mais é universal, tem a mente aberta e compaixão, mais positivo e bem-sucedido você se torna. Aprenda a fazer e não apenas sonhar.

É provável que até os 23 anos você goste de viajar ou explore muitos interesses. Depois dos 24 anos, quando o seu Sol progredido entra no signo de Touro, você deseja ter sucesso material, segurança e estabilidade. Talvez surja também uma necessidade de algum tipo de contato com a natureza. A partir do cinqüenta e poucos anos, quando o seu Sol progredido entra em Gêmeos, o conhecimento, a educação e a comunicação passam a ter um papel mais importante na sua vida.

O Seu Eu Secreto

O senso dramático inato que o compele a querer ser o centro das atenções se combina de forma peculiar com o desejo que nutre pela paz e satisfação. A sua necessidade de harmonia enfatiza a importância de ter uma casa da qual possa se orgulhar e onde possa se recolher para se sentir seguro. Em geral honesto e direto com as pessoas, dotado de uma grande vocação para expressar as suas idéias, você pode falar em nome de outras pessoas, muitas vezes defendendo a causa dos oprimidos. Apenas tome cuidado para que isso não se combine com o seu grande senso de responsabilidade, e acabe levando-o a interferir na vida alheia.

Quando tem uma disposição positiva, você tem um grande coração, é generoso e tem um talento incomum para lidar com as pessoas, mas isso se perde quando permite ser levado pela tendência a ser autoritário. Se mantiver um ponto de vista imparcial e tiver algo em que acreditar, você terá sempre à sua disposição o admirável potencial inato às pessoas que nascem neste dia.

Trabalho & Vocação

A necessidade de expressar as suas idéias individuais pode levá-lo a seguir carreiras ligadas ao *design*, literatura, música, artes ou teatro. O seu amor pelo conhecimento ou humanitarismo podem levá-lo a se interessar por ocupações como ensino, literatura, ciência, trabalho social ou assistência social. Como você gosta de um bom debate, a sua capacidade de argumentar e de se comunicar podem se combinar em carreiras como advocacia, reformas sociais ou políticas e negócios. A sua habilidade de arrecadar fundos para causas indica que o trabalho de caridade pode também ser excelente para a sua capacidade de organização e gerenciamento.

Numerologia

Intuitivas, embora analíticas, as pessoas nascidas no dia 27 são muitas vezes vigorosas e observadoras, dotadas da habilidade de prestar atenção aos detalhes. Apesar de, em algumas ocasiões, parecer reservado, racional e distante, na verdade, você pode estar escondendo tensões interiores, como a tendência a ser indeciso ou desconfiado quanto a mudanças iminentes. A chave para o seu sucesso está, muitas vezes, na sua inspiração; se desenvolver uma perspectiva mais universal, você pode controlar explosões emocionais ou a preocupação quanto ao que as outras pessoas pensam ou dizem. A subinfluência do mês de número 3 indica que você é idealista e sensível, dotado de uma mente criativa e fértil. Você pode impressionar os outros com as suas idéias originais ou contribuir, com o seu conhecimento, para projetos coletivos. Naturalmente versátil, imaginativo e dotado de uma forte intuição, você precisa manter-se concentrado e evitar ações impulsivas que possam desestabilizá-lo. Talvez precise também aprender a transformar as suas idéias inspiradas em conceitos concretos.

ESTRELAS FIXAS

Embora o grau do seu Sol não esteja ligado a nenhuma estrela fixa, alguns graus dos seus outros planetas certamente estão. Por meio do seu mapa astral, você pode encontrar a posição exata dos planetas na sua data de nascimento. Assim, você poderá saber quais estrelas fixas listadas neste livro são relevantes para você.

- **Positivo**: versatilidade, imaginação, criatividade, resolução, bravura, boa compreensão, capacidade mental, espiritualidade, inventividade, força mental
- **Negativo**: tendência a discussões, facilmente ofendido, inquietude, nervosismo, desconfiança, excesso de emocionalismo, tensão

Amor & Relacionamentos

Embora você possa ser idealista e sensível aos sentimentos e necessidades alheios, pode também mostrar o lado determinado e autocentrado da sua personalidade. No entanto, você é sociável, com muitos amigos e associados. Os seus sentimentos intensos podem às vezes prevalecer e, por isso, você precisa de solidão para descansar, refletir ou meditar. Embora os relacionamentos sejam muito importantes para você, evite a tendência a se tornar muito dependente do seu parceiro ou a tomar como suas as opiniões dele. Se você se tornar muito idealista ou se sacrificar demais, pode se decepcionar e perder a fé nas pessoas. Fique atento para não ser muito impaciente ou temperamental. Aprenda a expressar os seus sentimentos em vez de ser reservado ou dissimulado. Você precisa de alguém com quem possa compartilhar as suas paixões, idéias e crenças.

ALGUÉM ESPECIAL

Entre as pessoas nascidas nas seguintes datas, os seus ideais podem ser mais facilmente realizados:

Amor & amizade: jan: 1, 5, 15, 26, 29, 30; fev: 13, 24, 27, 28; mar: 11, 22, 25, 26; abr: 9, 20, 23, 24; mai: 7, 18, 21, 22; jun: 5, 16, 19, 20; jul: 3, 14, 17, 18, 31; ago: 1, 12, 15, 16, 19, 31; set: 10, 13, 14, 27, 29; out: 8, 11, 12, 25, 27; nov: 6, 9, 10, 23, 25; dez: 4, 7, 8, 21, 23, 29

Relacionamentos benéficos: jan: 1, 2, 10, 14, 27; fev: 8, 12, 25; mar: 6, 10, 23; abr: 4, 8, 21; mai: 2, 6, 19, 30; jun: 4, 17, 28; jul: 2, 15, 26; ago: 13, 24; set: 11, 22; out: 9, 20; nov: 7, 18; dez: 15, 16

Atrações fatais: set: 28, 29, 30

Relacionamentos desafiantes: jan: 17, 26; fev: 15, 24; mar: 13, 22; abr: 11, 20; mai: 9, 18; jun: 7, 16; jul: 5, 14; ago: 3, 12; set: 1, 10, 28; out: 8, 26, 29; nov: 6, 24, 27; dez: 4, 22, 25

Alma gêmea: jan: 21; fev: 19; mar: 17; abr: 15; mai: 13; jun: 11; jul: 9, 29; ago: 7, 17, 27; set: 5, 25; out: 3, 23; nov: 1, 21; dez: 9, 19

28 de Março

O poder cerebral e a força de vontade acessíveis às pessoas nascidas nesta data muitas vezes indicam que com calma e paciência elas podem ser muito bem-sucedidas. Como todos os verdadeiros arianos, você tem uma personalidade assertiva e uma vontade agressiva de ação, em geral do tipo mental.

A dupla influência do seu planeta regente, Marte, encoraja-o a ser independente e direto. No entanto, quando se enraivece, talvez precise superar a tendência à franqueza exagerada e algumas vezes excessivamente emotiva. Um ambiente harmônico sempre tem uma influência positiva sobre você, e o desenvolvimento de uma boa capacidade de comunicação pode ajudá-lo a evitar mal-entendidos.

A capacidade para se sobressair em todos os tipos de atividades mentais o coloca em posição vantajosa em debates e discussões, mas, a menos que esteja verdadeiramente inspirado, você pode se entediar facilmente e desperdiçar o seu grande poder mental em discussões bobas e tensão mental desnecessária. Todavia, você tem um sexto sentido natural e pode detectar com facilidade a falta de sinceridade das pessoas, especialmente quando elas estão envolvidas em algum tipo de jogo de poder.

SOL: ÁRIES
DECANATO: ÁRIES/MARTE
GRAU: 6°30'-7°30' ÁRIES
MODO: CARDEAL
ELEMENTO: FOGO

Apesar de possuir uma grande capacidade de se cuidar, nos momentos em que se sentir desvalorizado e emocionalmente indeciso, você precisa tomar cuidado para não se sentir vítima da agressão alheia. Quando reconhece o poder do conhecimento, o seu verdadeiro potencial pode ser realizado. Você pode se tornar um mestre na arte de planejar e desenvolver um bom senso de estrutura, ou se tornar um estrategista bolando sistemas imbatíveis. Pode também ter sorte em investimentos, e com a sua personalidade multitalentosa, ter grande realização material.

É provável que até os 22 anos você seja uma pessoa empolgada, autodeterminada e com força de vontade. Depois dos 23 anos, quando o seu Sol progredido entra no signo de Touro, você deseja ter mais sucesso material e estabilidade financeira. Essa pode ser uma época em que você se torna mais prático e com a cabeça voltada para os negócios, visando a sua segurança. A partir dos 53 anos, quando o seu Sol progredido entra em Gêmeos, a sua vida sofrerá uma grande mudança, e você passará a dar ênfase a um crescente interesse em educação e em habilidades de comunicação, bem como a encontrar novos amigos.

O Seu Eu Secreto

Com a sua sorte natural, você pode conseguir o que quer sem precisar realmente tentar, mas isso pode ser o seu maior desafio. Embora esteja consciente da sua sabedoria inata, talvez não tenha a paciência necessária para construir o que realmente já sabe. É vital, portanto, que as pessoas nascidas neste dia desenvolvam o seu impressionante potencial mental por meio da autodisciplina e da concentração.

A sua forte conexão emocional para amar em um nível profundo enfatiza a importância da afeição na sua vida e pode levá-lo a ter diversos tipos de experiência. Apesar de ser, em geral, uma pessoa ativa, você tem também um lado que precisa se recolher do mundo e passar algum tempo dedicando-se à contemplação, a escrever ou apenas buscando compreender a sua natureza mais profunda. Com fé e inspiração, você muitas vezes avança com grande determinação em busca de seus objetivos.

Trabalho & Vocação

Em qualquer carreira que escolha, a sua capacidade natural de liderança o levará à frente da sua profissão e é provável que você tenha gosto em iniciar projetos. O seu excelente senso de estrutura e forma sugere, muitas vezes, que você é um bom estrategista. Por ser um visionário, pode ser atraído por carreiras como arquitetura, fotografia ou cinema. O seu sucesso natural com as pessoas pode ser canalizado para profissões que envolvam o trato com o público. As carreiras ideais para você são as ligadas à educação, à saúde, ao trabalho social ou à advocacia, pois nelas você pode usar a habilidade para execução. Os mais inspirados talvez precisem encontrar uma forma criativa de auto-expressão por meio do mundo da arte, da música e da diversão.

ESTRELAS FIXAS

Embora o grau do seu Sol não esteja ligado a nenhuma estrela fixa, alguns graus dos seus outros planetas certamente estão. Por meio do seu mapa astral, você pode encontrar a posição exata dos planetas na sua data de nascimento. Assim, você poderá saber quais estrelas fixas listadas neste livro são relevantes para você.

Numerologia

Independente, idealista e pouco convencional, embora pragmático e determinado, você muitas vezes é a sua lei. O conflito interno entre o desejo de ser autoconfiante e de pertencer a um grupo é também indicado pelo dia de aniversário 28. Sempre pronto para a ação e novas aventuras, você encara corajosamente os desafios da vida, e com o seu entusiasmo pode facilmente inspirar as outras pessoas a juntar-se a você ou a apoiá-lo na sua última aventura. Entre as suas diversas qualidades, você possui fortes convicções, tem muitos recursos, capacidade de julgamento e senso comum. Embora seja voltado para conquistar o sucesso, a família e a vida doméstica são importantes para você. Ter estabilidade e cuidar das pessoas próximas pode, às vezes, ser um desafio. A subinfluência do mês número 3 indica que você é uma pessoa intuitiva e criativa. É importante que você siga uma rotina e adote uma maneira prática de abordar a vida. Como a preparação adequada é essencial para um bom desempenho, o planejamento talvez o ajude a se concentrar em seus objetivos e a ser bem-sucedido.

Positivo: compaixão, atitude progressista, ousadia, inclinação artística, criatividade, idealismo, ambição, trabalho duro, vida doméstica saudável, força de vontade

Negativo: falta de motivação, falta de compaixão, pouco realista, autoritarismo, incapacidade de julgamento, agressividade, hesitação, excessiva dependência de outros, orgulho

Amor & Relacionamentos

Com força de vontade e independência, você é uma pessoa ousada e franca, embora seja leal e confiável. Nos seus relacionamentos mais significativos, é importante encontrar alguém que possa lhe oferecer estímulo mental e com quem seja possível dividir os seus interesses e valores. É provável que os seus relacionamentos sejam duradouros, se você aprender a ser justo e menos brigão. Se tiver princípios similares ou desenvolver um nível básico de entendimento, você pode ter um relacionamento caloroso e tranqüilo com o sexo oposto. Muitas vezes atraído por pessoas inteligentes e diretas, você gosta de ser franco e honesto, mas precisa evitar dizer coisas inoportunas ou se comportar de modo impulsivo e se arrepender depois. No entanto, você é leal e capaz de dar afeição e segurança às pessoas de quem gosta.

ALGUÉM ESPECIAL

Para o estímulo mental e o amor, você pode começar a procurar por pessoas nascidas nas seguintes datas:

Amor & amizade: jan: 10, 13, 20, 21, 30; fev: 8, 11, 18, 19, 28; mar: 6, 9, 16, 26; abr: 4, 7, 14, 24; mai: 2, 5, 12, 22; jun: 3, 10, 20; jul: 1, 8, 18; ago: 6, 16, 30; set: 4, 14, 28, 30; out: 2, 12, 26, 28, 30; nov: 10, 24, 26, 28; dez: 8, 22, 24, 26

Relacionamentos benéficos: jan: 12, 16, 17, 28; fev: 10, 14, 15, 26; mar: 8, 12, 13, 24; abr: 6, 10, 11, 22; mai: 4, 8, 9, 20, 29; jun: 2, 6, 7, 18, 27; jul: 4, 5, 16, 25; ago: 2, 3, 14, 23; set: 1, 12, 21; out: 10, 19; nov: 8, 17; dez: 6, 14

Atrações fatais: mar: 31; abr: 29; mai: 27; jun: 25; jul: 23; ago: 21; set: 19, 30; out: 1, 17; nov: 15; dez: 17

Relacionamentos desafiantes: jan: 6, 18, 22, 27; fev: 4, 16, 20, 25; mar: 2, 14, 18, 23; abr: 12, 16, 21; mai: 10, 14, 19; jun: 8, 12, 17; jul: 6, 10, 15; ago: 4, 8, 13; set: 2, 6, 11; out: 4, 9; nov: 2, 7; dez: 5

Alma gêmea: mar: 28; abr: 26; mai: 24; jun: 22; jul: 20; ago: 18; set: 16; out: 14; nov: 12; dez: 10

29 de Março

Inteligente e astuto, com a capacidade de avaliar rapidamente as situações, as pessoas nascidas nesta data também têm potencial para desenvolver o sexto sentido. Embora você goste de se manter bem informado, evite a tendência ao excesso de criticismo ou dogmatismo. Muitas vezes é a sabedoria da sua voz interior que realmente sabe a verdade.

Como nativo de Áries, você é uma pessoa assertiva e competitiva. Contudo, uma estranha combinação de ceticismo e ingenuidade que caracteriza a sua personalidade faz com que as pessoas fiquem em dúvida quando ao que realmente pensa. Às vezes, você pode ser bastante teimoso e se recusa a considerar ou ouvir conselhos de outras pessoas, mesmo quando elas sinceramente procuram o melhor para você.

SOL: ÁRIES
DECANATO: ÁRIES/MARTE
GRAU: 7°30'-8°30' ÁRIES
MODO: CARDEAL
ELEMENTO: FOGO

Com a dupla influência do seu planeta regente, Marte, você precisa de um desafio e, como gosta de muita liberdade, muitas vezes trabalha duro. Franco e direto, você prefere a companhia de pessoas não pretensiosas, que são honestas, francas e que têm os pés no chão.

A sua habilidade natural para lidar com situações que exijam muito permite que você nunca se sinta vítima do destino. Com a sua força de vontade e determinação, pode conquistar o sucesso material. No entanto, tome cuidado para não ficar frustrado ou preocupado com questões financeiras e evite entrar em esquemas de enriquecimento rápido.

Até os 21 anos é provável que você seja uma pessoa aventureira e independente. Depois dos 22 anos, quando o seu Sol progredido entra no signo de Touro, você passa a ter uma maior necessidade de estabilidade e segurança financeira. Essa pode ser uma época em você se torna mais prático e orientado pelos negócios. Com 52 anos, quando o seu Sol progredido entra em Gêmeos, é provável que haja mudanças que acentuem uma maior necessidade de explorar novas áreas de interesse e aprendizado de novas habilidades, como a literatura.

O Seu Eu Secreto

Você tem o poder interior para superar obstáculos e com determinação pode ser muito bem-sucedido em termos materiais. Porém, somente o dinheiro não irá satisfazê-lo totalmente, a menos que você também encontre uma maneira de expressar o *insight* mais profundo que faz parte do seu potencial mental. Com um talento natural para compreender o valor das coisas, é importante que você use o seu poder de discernimento para mostrar o seu poder e profissionalismo com as pessoas certas, na hora certa.

Como você precisa se sentir uma pessoa produtiva e útil, à medida que envelhece, o trabalho passa a desempenhar um papel cada vez mais importante na sua vida. Com a inspiração certa, você está preparado para trabalhar duro a fim de converter os seus ideais em resultados concretos. Entretanto, pode descobrir que trabalha melhor quando a sua energia flui, em vez de ficar preso em um ciclo de começos e interrupções. Apesar de ser uma pessoa espontânea e de ter energia e impulso, você deve evitar a tendência ao ceticismo, mantendo a fé e a confiança na sua intuição.

Trabalho & Vocação

Você tem uma energia mental dinâmica que é excelente para as áreas dos negócios, da advocacia ou da pesquisa. É provável que as suas habilidades técnicas o levem a trabalhar nas áreas de informática e engenharia. Com a sua capacidade de liderança e boa capacidade mental, você pode se envolver em atividades ligadas à educação, ou usar o seu talento comunicativo para escrever. Este dia de aniversário também assinala a possibilidade de obtenção de altas posições em serviço governamental, como também de servir de instrumento para reformas sociais. A sua mente analítica também pode levá-lo para a área médica e profissões de cura em geral, ou para áreas nas quais você possa compartilhar o seu conhecimento com outras pessoas.

Numerologia

Visionários idealistas com uma natureza dinâmica e vigorosa, as pessoas nascidas no dia 29 têm uma personalidade poderosa e um admirável potencial. Você é muitas vezes altamente intuitivo, sensível e emotivo. A sua natureza compassiva e compreensiva inspira o humanitarismo e pode encorajar as outras pessoas a realizar os seus sonhos e esperanças. Ainda que seja uma pessoa competitiva e ambiciosa, você precisa ser popular e se importa com o que as pessoas pensam a seu respeito. Se confiar nos seus sentimentos e abrir o seu coração aos outros, pode superar a tendência a se preocupar ou usar a sua mente como um escudo protetor. A subinfluência do mês número 3 indica que você é intuitivo, com um forte sexto sentido e talento criativo. Inquieto e enérgico, você gosta da sua liberdade para fazer as coisas do jeito que quer e não precisar se justificar a ninguém. Você precisa incluir a disciplina e a estabilidade na sua vida diária sem cair na rotina. Embora seja versátil e imaginativo, tente ser prático e meticuloso e evite a falta de tato, desenvolvendo uma atitude mais cautelosa.

ESTRELA FIXA

Nome da estrela:
Algenib, também chamada de Carrier ou a Asa

Posição:
8°10'-9°4'de Áries, entre os anos de 1930 e 2000

Magnitude:
3

Força:
★★★★★★

Órb:
2°

Constelação:
Alpha Pegasi

Dias:
29, 30 e 31 de março e 1 e 2 de abril

Qualidades da estrela:
Marte/Mercúrio

Descrição:
uma pequena estrela branca localizada na asa ao lado de Pégaso

Positivo: inspiração, equilíbrio, paz interior, generosidade, sucesso, criatividade, intuição, misticismo, sonhos poderosos, mundanismo, fé

Negativo: falta de concentração, insegurança, nervosismo, mau humor, personalidade difícil, extremismo, falta de consideração, isolamento, excesso de sensibilidade

Amor & Relacionamentos

Se mantiver uma disposição positiva e determinação, será mais fácil superar a tendência a se preocupar demais com o que as outras pessoas pensam e dizem. Intuitivo e astuto, mas reticente e dissimulado, você gosta de falar a respeito de tudo, menos acerca dos seus verdadeiros sentimentos. Muitas vezes o seu ceticismo sugere que você precisa construir um relacionamento confiável e duradouro. No entanto, você pode ser uma pessoa apaixonada e afetuosa e, se mantiver a calma, pode ser atraente para o sexo oposto. É provável que tenha maior atração por pessoas trabalhadoras, ambiciosas e que se fizeram sozinhas na vida. Encontrar uma pessoa inspiradora na qual possa confiar pode fazer toda a diferença, e então você pode ser um parceiro leal e fiel. As mulheres serão particularmente benéficas na sua vida pessoal e profissional.

INFLUÊNCIA DA ESTRELA PRIMÁRIA

Algenib confere poder de pensamento, mente positiva e ativa e capacidade de grande realização por meio de idéias e ações. Essa estrela traz resolução, determinação e entusiasmo, bem como tendências competitivas. Ela também amplia a velocidade do processo mental da pessoa e dá confiança para a retaliação na maneira certa com uma retórica que impressiona. Essa estrela também adverte contra o comportamento inquieto e temperamental.
Ligada ao grau do seu Sol, ela confere uma boa capacidade para negócios, amor ao aprendizado, interesse em assuntos religiosos e talento para escrever. Algenib também sugere a necessidade de privacidade e recolhimento e indica sucesso no trato com o público.

- **Positivo**: capacidade de decisão, espírito empreendedor, força de vontade, espírito lutador, espirituosidade verbal
- **Negativo**: criticismo, sarcasmo, comportamento obstinado, depressões, propensão a discussões

ALGUÉM ESPECIAL

Para encontrar a segurança, o estímulo mental e o amor, comece procurando entre as pessoas nascidas nas seguintes datas:

Amor & amizade: jan: 21, 28, 31; fev: 19, 26, 29; mar: 17, 24, 27; abr: 15, 22, 25; mai: 13, 20, 23; jun: 11, 18, 21; jul: 9, 16, 19; ago: 7, 14, 17, 31; set: 15; out: 3, 10, 13, 27, 29, 31; nov: 1, 8, 11, 25, 27, 29; dez: 6, 9, 23, 25, 27

Relacionamentos benéficos: jan: 9, 12, 18, 24, 29; fev: 7, 10, 16, 22, 27; mar: 5, 8, 14, 20, 25; abr: 3, 6, 12, 18, 23; mai: 1, 10, 16, 21, 31; jun: 2, 8, 14, 19, 29; jul: 6, 12, 17, 27; ago: 4, 10, 15, 25; set: 2, 8, 13, 23; out: 6, 11, 21; nov: 4, 9, 19; dez: 2, 7, 17

Atrações fatais: jan: 3; fev: 1; abr: 30; mai:28; jun: 26; jul: 24; ago: 22; set: 20; out: 1, 2, 3, 18; nov: 16; dez: 14

Relacionamentos desafiantes: jan: 7, 8, 19, 28; fev: 5, 6, 17, 26; mar: 3, 4, 15, 24; abr: 1, 2, 13, 22; mai: 11, 20; jun: 9, 18; jul: 7, 16; ago: 5, 14; set: 3, 12; out: 1, 10; nov: 8; dez: 6

Alma gêmea: jan: 3, 19; fev: 1, 17; mar: 15; abr: 13; mai: 11; jun: 9; jul: 7; ago: 5; set: 3; out: 1

30 de Março

Intuitivo e perceptivo, você tem uma mente criativa e cheia de idéias e planos. Porém, a estranha combinação de ambição e inércia da sua natureza pode representar um desafio ao seu grande potencial. O seu aniversário revela que você é uma pessoa trabalhadora, com um forte senso de dever e responsabilidade, mas a poderosa necessidade de amor e satisfação emocional pode ser um obstáculo aos seus excelentes prospectos.

Inspirado por muitas idéias e crenças, você é, na maior parte das vezes, uma pessoa mundana e versátil. Contudo, pode também estabelecer a sua visão singular e surpreender as pessoas com o seu estilo individual. Amigável e generoso, com uma mente arguta, você gosta de compartilhar a sua busca pelo conhecimento e se envolve muitas vezes com grupos de estudos. Ávido para aprender, você geralmente faz cursos nos quais pode explorar os seus talentos criativos, especialmente por meio da música e da arte.

SOL: ÁRIES
DECANATO: ÁRIES/MARTE
GRAU: 8°30'-9°30' ÁRIES
MODO: CARDEAL
ELEMENTO: FOGO

Sutil, mas nervoso, dotado de senso teatral são adjetivos usados pelas pessoas que o descrevem. Talvez precise superar a tendência a se preocupar desnecessariamente, em particular, quanto a estar fazendo menos do que esperam de você. Se for metódico e não deixar para fazer as coisas na última hora, você pode evitar a autopiedade ou a depressão. Você é muitas vezes atraído por pessoas inteligentes, que progrediram na vida por meio dos próprios esforços. Amigável e expansivo, você gosta de desempenhar um papel importante na sua comunidade ou fazer parte de um grupo. Quando se sente sozinho ou deprimido, pode compensar por intermédio do escapismo ou se tornando auto-indulgente. Para alcançar a paz mental e o equilíbrio emocional, tente desenvolver a sua auto-expressão.

Até os 20 anos, é provável que você seja uma pessoa animada e que goste de novas experiências. Depois dos 21 anos, quando o seu Sol progredido entra no signo de Touro, você terá um interesse maior em acumular riqueza e ter segurança material. A busca pela estabilidade financeira pode estimular o seu desejo de construir alguma coisa sólida para si mesmo, e esta tendência continua até perto dos 50 anos. Quando o seu Sol progredido entra em Gêmeos, marcando uma virada na sua vida, aos 51 anos de idade, acentua-se a sua necessidade crescente de se comunicar e trocar idéias. Essa pode ser a época em que você amplia a sua mente e explora novas áreas de interesse.

O Seu Eu Secreto

Embora você tenha uma capacidade natural de liderança, sabe que não pode fazer as coisas sem a cooperação de outras pessoas. Felizmente, você tem o perfil para lidar com as pessoas e um jeito maravilhoso para fazer os contatos certos. Como possui senso de poder e grande determinação inatos, quando toma uma decisão adquire muita força. Isso enfatiza a importância de saber exatamente quais são as suas metas ou direção.

Ocasionalmente, você pode ficar dividido entre os deveres e o prazer. Isso pode se manifestar pela adoção de uma atitude do tipo todo-poderoso no trabalho e uma atitude passiva em casa. Talvez seja necessário manter algum tipo de equilíbrio, para que você tenha sensibilidade quanto aos sentimentos dos outros mas não comprometa demais as áreas de poder pessoal. Não deixe de manter um equilíbrio entre os seus desejos quanto aos negócios e aos relacionamentos.

Trabalho & Vocação

ESTRELA FIXA

Nome da estrela:
Algenib, também chamada de Carrier ou a Asa

Posição:
8°10'-9°4'de Áries, entre os anos de 1930 e 2000

Magnitude:
3

Força:
★★★★★★

Órb:
2°

Constelação:
Alpha Pegasi

Dias:
29, 30 e 31 de março e 1 e 2 de abril

Qualidades da estrela:
Marte/Mercúrio

Descrição:
uma pequena estrela branca localizada na asa ao lado de Pégaso

Ainda que você seja um tanto impaciente para desenvolver as suas habilidades, o seu prazer em conquistas mentais pode levá-lo à área do ensino, da pesquisa ou a escrever. O seu charme e seu talento estético natural podem levá-lo a trabalhar em decoração interior, jardinagem e paisagismo, teatro, música ou artes. Tendo uma compreensão natural em relação às pessoas, você pode ser atraído por ocupações que envolvam contato pessoal ou aconselhamento, tais como terapia, recursos humanos, saúde, promoções, relações-públicas, vendas ou negócios. Este dia de aniversário pode também gerar bons gerentes e executivos.

Numerologia

Criativo, amigável e sociável são algumas das qualidades associadas ao dia de aniversário número 30. Você gosta das coisas boas da vida, de atividades sociais e pode ser extremamente carismático, leal e amigo. Ambicioso e versátil, você toma as idéias e as expande conforme o seu estilo dramático. Gregário, com bom gosto e olho para as cores e as formas, você gosta de todos os tipos de trabalho relacionados a artes, *design* e música. Na sua busca pela felicidade, evite ser preguiçoso, excessivamente indulgente, impaciente e ciumento, pois isso pode provocar uma instabilidade emocional. Entre as pessoas que fazem anos no dia 30, muitas têm reconhecimento e fama, especialmente músicos, atores e membros do *show business.* A subinfluência do mês número 3 indica que você é uma pessoa animada, talentosa, com boa memória e que possui um estilo de auto-expressão teatral que o faz ser notado. Embora tenha, em geral, um bom temperamento, pode ocasionalmente se tornar temperamental e irracional. Como uma pessoa perfeccionista, você não quer que nada tenha falhas; quando se sente infeliz ou insatisfeito, tem inclinação a reclamar ou a criticar.

Positivo: amor à diversão, lealdade, amizade, capacidade de síntese, talento com as palavras, criatividade, sorte

Negativo: preguiça, obstinação, comportamento excêntrico, impaciência, insegurança, indiferença, tendência a desperdiçar energia

Amor & Relacionamentos

Atencioso, amigável e apaixonado, você é um idealista amoroso e afetuoso, que tem emoções dramáticas. Você precisa de muito amor e afeição, mas a estabilidade e a segurança são pré-requisitos imprescindíveis. Charmoso e carismático, você gosta de atividades sociais e as conquistas criativas podem despertar a sua imaginação. Contudo, evite a tendência a ser emocionalmente inseguro ou excessivamente exigente quando as coisas não saem como espera. Você pode ter atração por pessoas mentalmente estimulantes com as quais gosta de compartilhar o seu amor pelo conhecimento ou necessidade de auto-expressão criativa. Por meio das atividades criativas, você, muitas vezes, pode liberar a sua tensão e conhecer pessoas mentalmente compatíveis.

INFLUÊNCIA DA ESTRELA PRIMÁRIA

Algenib confere poder de pensamento, mente positiva e ativa e capacidade de grande realização por meio de idéias e ações. Essa estrela traz resolução, determinação e entusiasmo, bem como tendências competitivas. Ela também amplia a velocidade do processo mental da pessoa e dá confiança para a retaliação na maneira certa com uma retórica que impressiona. Essa estrela também adverte contra o comportamento inquieto e temperamental.
Ligada ao grau do seu Sol, ela confere uma boa capacidade para negócios, amor ao aprendizado, interesse em assuntos religiosos e talento para escrever. Algenib também sugere a necessidade de privacidade e recolhimento e indica sucesso no trato com o público.

- **Positivo**: capacidade de decisão, espírito empreendedor, força de vontade, espírito lutador, espirituosidade verbal
- **Negativo**: criticismo, sarcasmo, comportamento obstinado, depressões, propensão a discussões

ALGUÉM ESPECIAL

Você pode se realizar emocionalmente e encontrar alguém especial entre as pessoas nascidas nas seguintes datas:

Amor & amizade: jan:, 8, 18, 22; fev: 16, 20; mar: 14, 18, 28; abr: 12, 16, 26; mai: 10, 14, 24; jun: 8, 12, 22; jul: 6, 10, 20, 29; ago: 4, 8, 18, 20, 27, 30; set: 2, 6, 16, 25, 28; out: 4, 14, 23, 26, 30; nov: 2, 12, 21, 24, 28; dez: 10, 19, 22, 26, 28

Relacionamentos benéficos: jan: 6, 10, 25, 30; fev: 4, 8, 23, 28; mar: 2, 6, 21, 26; abr: 4, 19, 24; mai: 2, 17, 22; jun: 15, 20, 30; jul: 13, 18, 28; ago: 11, 16, 26; set: 9, 14, 24; out: 7, 12, 22; nov: 5, 10, 20; dez: 3, 8, 18

Atrações fatais: mai: 29; jun: 27; jul: 25; ago: 23; set: 21; out: 1, 2, 3, 4, 19; nov: 17; dez: 15

Relacionamentos desafiantes: jan: 13, 29, 31; fev: 11, 27, 29; mar: 9, 25, 27; abr: 7, 23, 25; mai: 5, 21, 23; jun: 3, 19, 21; jul: 1, 17, 19; ago: 15, 17; set: 13, 15; out:11, 13; nov: 9; dez: 5, 12

Alma gêmea: jan: 6, 25; fev: 4, 23; mar: 2, 21; abr: 19; mai: 17; jun: 15; jul: 13; ago: 11, 20; set: 9; nov: 7; dez: 5, 12

31 de Março

Instintivo, alerta e veloz são algumas das maneiras de descrever as pessoas nascidas neste dia. Devido a essas qualidades, você pode também ser inquieto ou mentalmente curioso e viver em constante mudança. Embora esteja sempre procurando por novas experiências, depois de encontrar algo que valha a pena, você pode desenvolver uma linha particular de interesse e se tornar especialista na área escolhida.

Como nativo de Áries, você é naturalmente dinâmico, assertivo e ousado. Contudo, tome cuidado com a tendência a se entediar facilmente, o que pode desestabilizá-lo. Se desenvolver a paciência, você pode superar a inclinação a ser impulsivo. A subinfluência do regente do seu decanato, Leão, acrescenta vitalidade e autoconfiança, mas adverte contra a tendência à arrogância.

SOL: ÁRIES
DECANATO: LEÃO/SOL
GRAU: 9°30'-10°30' ÁRIES
MODO: CARDEAL
ELEMENTO: FOGO

O lado idealista da sua natureza muitas vezes faz com que você veja as coisas como preto e branco, e a insatisfação e atitude cética podem deixá-lo confuso e fazer com que você desperdice a sua energia. Se, por outro lado, perceber que por meio da educação e do aprendizado pode desenvolver uma concentração metódica e profundidade de pensamento, você pode se tornar uma pessoa meticulosa e com grande habilidade para solucionar problemas.

Até os 19 anos, é provável que você seja uma pessoa aventureira e instável. Depois dos 20 anos, quando o seu Sol progredido entra no signo de Touro, você desenvolve uma perspectiva mental mais pragmática e tem um interesse maior em acumular riqueza e segurança. Esse desejo de estabilidade material prossegue até o início dos 50 anos, quando o seu Sol progredido entra em Gêmeos. Depois dessa virada, é provável que o ritmo da sua vida aumente, com uma ênfase maior na expansão dos seus interesses e no aprendizado de novas habilidades.

O Seu Eu Secreto

É provável que você não externe a sua enorme sensibilidade interior ou que você precise mais da opinião das outras pessoas do que gostaria de admitir. Pode haver também uma dicotomia nos seus sentimentos: por um lado, o desejo de mudanças e, por outro, o desejo de construir algo substancial. Quando unidos positivamente, esses opostos podem trabalhar juntos para ampliar a sua produtividade flexível e também garantir que você se habilite em uma área de seu interesse.

Quando está seguindo o fluxo da vida, você pode achar difícil despender o seu tempo, mas quando pára e dá aos outros a sua total atenção e coração, você se dá por inteiro, chegando até a se sacrificar. O seu charme e espontaneidade naturais podem levá-lo a desenvolver qualquer forma de expressão criativa.

Trabalho & Vocação

O seu rápido intelecto e a necessidade de estímulo mental exigem que a sua vida tenha variedade e permitem que você entenda rapidamente as informações recebidas. A sua capacidade natural de liderança pode dar-lhe o sucesso em qualquer área, especialmente no mundo dos negócios, da filosofia ou na arena política. Ao escolher uma carreira, evite as ocupações que possam entediá-lo; por isso, é importante escolher uma ocupação que envolva constantes mudanças de pessoas e situações, como o trabalho com o público ou viagens.

Numerologia

Força de vontade, determinação e ênfase na auto-expressão são indicadas pelo dia de aniversário número 31. Você muitas vezes combina a sua intuição e habilidades práticas para tomar as decisões certas. Em geral, você é uma pessoa incansável e determinada. O aniversariante deste dia tem idéias originais, bom senso de forma e habilidade para ser bem-sucedido nos negócios, se trabalhar no seu ritmo e seguir um plano de ação prático. Você pode ser bem-sucedido transformando as suas horas de lazer em empreendimentos lucrativos. No entanto, deve evitar a tendência a ser excessivamente auto-indulgente ou egoísta, ou otimista ao extremo. A subinfluência do mês número 3 indica que você é uma pessoa criativa, mas analítica. Os seus poderes intuitivos e talento com as palavras sugerem um talento especial para a literatura, mas advertem para o perigo de ser excessivamente sensível ou cínico. Você precisa de muita atenção ou afeição, mas deve evitar ser possessivo. Introspectivo e ponderado, você pode, às vezes, aparentar ser desligado ou altivo.

Positivo: sorte, criatividade, originalidade, habilidade para construir, tendências construtivas, recusa à desistência, boa conversação, responsabilidade

Negativo: insegurança, impaciência, desconfiança, tendência a ser facilmente desencorajado, falta de ambição, egoísmo, teimosia

ESTRELA FIXA

Nome da estrela:
Algenib, também chamada de Carrier ou a Asa

Posição:
8°10'-9°4'de Áries, entre os anos de 1930 e 2000

Magnitude:
3

Força:
★★★★★

Órb:
2°

Constelação:
Alpha Pegasi

Dias:
29, 30 e 31 de março e 1 e 2 de abril

Qualidades da estrela:
Marte/Mercúrio

Descrição:
uma pequena estrela branca localizada na asa ao lado de Pégaso

Amor & Relacionamentos

Idealista e altamente intuitivo, você muitas vezes tem sentimentos que podem ser profundos e ocultos ou que parecem leves na superfície. Emocionalmente sensível, mas reservado, você prefere manter a privacidade quanto aos seus relacionamentos pessoais. Encare cada relacionamento como uma experiência de aprendizado para manter o seu espírito aventureiro. A sua carreira muitas vezes desempenha um papel importante na sua vida pessoal. Você muitas vezes passa por situações que o obrigam a aprender a deixar o passado para trás.

INFLUÊNCIA DA ESTRELA PRIMÁRIA

Algenib confere poder de pensamento, mente positiva e ativa e capacidade de grande realização por meio de idéias e ações. Essa estrela traz resolução, determinação e entusiasmo, bem como tendências competitivas. Ela também amplia a velocidade do processo mental da pessoa e dá confiança para a retaliação na maneira certa com uma retórica que impressiona. Essa estrela também adverte contra o comportamento inquieto e temperamental.

Ligada ao grau do seu Sol, ela confere uma boa capacidade para negócios, amor ao aprendizado, interesse em assuntos religiosos e talento para escrever. Algenib também sugere a necessidade de privacidade e recolhimento e indica sucesso no trato com o público.

- **Positivo**: capacidade de decisão, espírito empreendedor, força de vontade, espírito lutador, espirituosidade verbal
- **Negativo**: criticismo, sarcasmo, comportamento obstinado, depressões, propensão a discussões

ALGUÉM ESPECIAL

Para encontrar segurança, confiança e amor, você pode procurar alguém que tenha nascido nas seguintes datas:

Amor & amizade: jan: 13, 19, 23, 24; fev: 11, 17, 21; mar: 9, 15, 19, 28, 29, 30; abr: 7, 13, 17, 26, 27; mai: 5, 11, 15, 24, 25, 26; jun: 3, 9, 13, 22, 23, 24; jul: 1, 7, 11, 20, 21, 22; ago: 5, 9, 10, 18, 19, 20; set: 3, 7, 16, 17, 18; out: 1, 5, 14, 15, 16, 29, 31; nov: 3, 12, 13, 14, 27, 19; dez: 1, 2, 10, 12, 25, 27, 29

Relacionamentos benéficos: jan: 7, 15, 20, 31; fev: 5, 13, 18, 29; mar: 3, 11, 16, 27; abr: 1, 9, 14, 25; mai: 7, 12, 23; jun: 5, 10, 21; jul: 3, 8, 19; ago: 1, 6, 17, 30; set: 4, 15, 18; out: 2, 13, 26; nov: 11, 24; dez: 9, 22

Atrações fatais: out: 1, 2, 3, 4

Relacionamentos desafiantes: jan: 6, 14, 30; fev: 4, 12, 28; mar: 2, 10, 26; abr: 8, 24; mai: 6, 22; jun: 4, 20; jul: 2, 18; ago: 16; set: 14; out:12; nov: 10; dez: 8

Alma gêmea: abr: 30; mai: 28; jun: 26; jul: 23, 24; ago: 22; set: 20; nov: 16, 28; dez: 13, 14, 26

1º de abril

Independente e com força de vontade, mas sensível e distante, você é uma pessoa pragmática e mística, com uma visão filosófica singular. Como nativo de Áries, você é astuto e ambicioso, dotado de fortes poderes intuitivos e capacidade de liderança. A sua sabedoria interna sugere, muitas vezes, que você pode adquirir muito conhecimento por meio da experiência e pode aumentar as suas chances de ser bem-sucedido com uma boa educação.

A subinfluência do Sol contribui para a sua necessidade de auto-expressão, e muitas vezes você deseja conquistar algo diferente e original para sair da rotina. O seu amor pela liberdade ou pelo pouco usual pode também influenciá-lo a ter diversas experiências, e as viagens podem ser um dos seus passatempos favoritos.

Encontrar-se em uma posição abaixo dos seus talentos verdadeiros pode provocar um conflito interno entre o ideal visualizado e a verdadeira realidade da vida diária. Você precisa, assim, superar a tendência à amargura e à inveja devido à frustração. Para se realizar emocionalmente, você talvez precise encontrar a verdadeira fé interior ou superar as inclinações para a desconfiança. Com calma e paciência, contudo, pode realizar os seus sonhos e ideais originais.

SOL: ÁRIES
DECANATO: LEÃO/SOL
GRAU: 10°30'-11°30' ÁRIES
MODO: CARDEAL
ELEMENTO: FOGO

Até os 18 anos você é uma pessoa ousada e independente. Depois dos 19 anos, quando o seu Sol progredido entra no signo de Touro, há uma necessidade maior de estabilidade e segurança financeira. Isso prossegue até os 49 anos, quando o seu Sol progredido entra em Gêmeos, marcando uma virada que acentua a crescente importância de novos interesses, aprendizado e comunicação.

O Seu Eu Secreto

Ao reconhecer o seu potencial interior, você pode se colocar em posição de liderança quando necessário e se desafiar a aproveitar ao máximo as suas habilidades. Quando surgem oportunidades, talvez seja necessário pensar acerca dos possíveis resultados e se disciplinar de forma a aproveitar ao máximo o seu potencial de ganho. Embora às vezes você possa trabalhar para pessoas que não possuem o seu grau de consciência, deve aprender a se tornar auto-suficiente e independente.

A capacidade de combinar negócios e prazer é também parte da sua constituição e lhe confere um certo charme. Como tem jeito para lidar com as pessoas, e por ser uma pessoa ativa, você tem necessidade de compensar essa tendência dedicando-se, ocasionalmente, a períodos de introspecção, que podem inspirá-lo especialmente nas áreas da música, da arte, do teatro ou em assuntos de natureza mística.

Trabalho & Vocação

O seu aniversário mostra um potencial para habilidade executiva e de liderança, que pode se manifestar em trabalhos de especialização na sua área de atuação ou em postos de gerenciamento e administração, na carreira militar ou política. Apesar de ter um aguçado senso para os negócios, se tiver envolvido em atividades criativas, você pode se interessar por ocupações que requeiram o uso da sua imaginação excepcional, como a arte, o teatro ou a música. Como você tem uma boa capacidade de organização, pode sempre lidar com os assuntos financeiros de outras pessoas ou ter uma excelente atuação na área de *merchandising*. A sua forte inclinação humanitária ou idealista pode atraí-lo para carreiras em organizações voltadas para o público ou trabalho nas áreas de aconselhamento ou magistério.

ESTRELA FIXA

Nome da estrela:
Algenib, também chamada de Carrier ou a Asa

Posição:
8°10'-9°4'de Áries, entre os anos de 1930 e 2000

Magnitude:
3

Força:
★★★★★★

Órb:
2°

Constelação:
Alpha Pegasi

Dias:
29, 30 e 31 de março e 1 e 2 de abril

Qualidades da estrela:
Marte/Mercúrio

Descrição:
uma pequena estrela branca localizada na asa ao lado de Pégaso

Numerologia

O grande desejo de ser o primeiro e independente é sugerido pelo seu aniversário. Como número 1, você tem mais inclinação para ser individualista, inovador e corajoso, e é dotado de muita energia. Muitas vezes, há a necessidade de estabelecer uma forte identidade e desenvolver a assertividade. O espírito pioneiro aqui apontado o encoraja a agir por conta própria e ser estimulado a desenvolver habilidades executivas e de liderança. Cheio de entusiasmo e idéias originais, você pode mostrar às pessoas o caminho a seguir. Com o aniversário número 1, você talvez precise aprender que o mundo não gira ao seu redor, e precisa evitar a inclinação a ser autocentrado e ditatorial. A subinfluência do mês número 4 indica que você é uma pessoa prática e trabalhadora. Enérgico e curioso, você pode ser versátil e espirituoso, com muita força de vontade e ânimo elevado. Contudo, talvez precise superar a tendência a ser cabeça-dura, à falta de tato ou ao excesso de confiança.

Positivo: liderança, criatividade, inclinação progressista, vigor, otimismo, fortes convicções, competitividade, independência, espírito gregário

Negativo: comportamento arrogante, inveja, egoísmo, orgulho, antagonismo, falta de controle, fraqueza, instabilidade, impaciência

Amor & Relacionamentos

Expansivo e amigável, você é, muitas vezes, uma pessoa independente mas prática, com emoções profundas e grande sensibilidade. Quando está com a disposição mental correta, você pode ser o centro da festa e ser socialmente muito bem-sucedido. Muitas vezes é atraído por pessoas inteligentes e cultas. Se for mulher, talvez seja necessário se proteger contra a inclinação a ser muito falante ou dominadora. Você gosta de aprender coisas novas e precisa de estímulo mental. Caso se junte a grupos de estudo ou outras atividades educacionais, pode se sair muito bem. Romanticamente pode ser charmoso e espirituoso e gosta de se divertir.

INFLUÊNCIA DA ESTRELA PRIMÁRIA

Algenib confere poder de pensamento, mente positiva e ativa e capacidade de grande realização por meio de idéias e ações. Essa estrela traz resolução, determinação e entusiasmo, bem como tendências competitivas. Ela também amplia a velocidade do processo mental da pessoa e dá confiança para a retaliação na maneira certa com uma retórica que impressiona. Essa estrela também adverte contra o comportamento inquieto e temperamental.
Ligada ao grau do seu Sol, ela confere uma boa capacidade para negócios, amor ao aprendizado, interesse em assuntos religiosos e talento para escrever. Algenib também sugere a necessidade de privacidade e recolhimento e indica sucesso no trato com o público.

- **Positivo**: capacidade de decisão, espírito empreendedor, força de vontade, espírito lutador, espirituosidade verbal
- **Negativo**: criticismo, sarcasmo, comportamento obstinado, depressões, propensão a discussões

ALGUÉM ESPECIAL

Você pode encontrar uma relação duradoura e estabilidade com alguém que tenha nascido nas seguintes datas:

Amor & amizade: jan: 5, 6, 21, 28, 31; fev: 19, 26, 29; mar: 17, 24, 27; abr: 15, 22, 25; mai: 13, 20, 23, 30; jun: 11, 18, 21; jul: 9, 16, 19; ago: 7, 14, 17, 31; set: 5, 12, 15, 29; out: 3, 10, 13, 27, 29, 31; nov: 1, 8, 11, 25, 27, 29; dez: 6, 9, 23, 25, 27

Relacionamentos benéficos: jan: 9, 12, 18, 24, 29; fev: 7, 10, 16, 22, 27; mar: 5, 8, 14, 20, 25; abr: 3, 6, 12, 18, 23; mai: 1, 4, 10, 16, 21, 31; jun: 2, 8, 14, 19, 29; jul: 6, 12, 17, 27; ago: 4, 10, 15, 25; set: 2, 8, 13, 23; out: 6, 11, 21; nov: 4, 9, 19; dez: 2, 7, 17

Atrações fatais: jan: 3; fev: 1, out: 4, 5, 6

Relacionamentos desafiantes: jan: 7, 8, 19, 28; fev: 5, 6, 17, 26; mar: 3, 4, 15, 24; abr: 1, 2, 13, 22; mai: 11, 20; jun: 9, 18; jul: 7, 16; ago: 5, 14; set: 3, 12; out:1, 10; nov: 8; dez: 6

Alma gêmea: jan: 3, 19; fev: 1, 5, 17; mar: 15; abr: 13; mai: 11; jun: 9; jul: 7; ago: 5; set: 3; out: 1

2 de Abril

O seu aniversário em Áries mostra que você é uma pessoa pioneira e progressista. Embora seja inquieto, é original e possui um poder sutil que pode motivá-lo a realizar-se na área que escolher. O seu planeta regente, Marte, inspira-o a ter uma vida ativa e animada. Com a influência adicional do regente do seu decanato, Leão, você tem um senso criativo e imaginativo e necessidade de reconhecimento.

Intuição, charme e desejo de harmonia e paz também são indicados por esta data. Embora seja uma pessoa aventureira, é provável que seja reservado e sensível, dotado de uma natureza refinada e necessidade de segurança em ambientes adequados. O enorme potencial revelado pela data do seu aniversário pode ser realizado por intermédio da autodisciplina. Quando encontra a sua força verdadeira, você tem força de vontade e determinação para superar todos os obstáculos. Contudo, talvez precise aprender a diferenciar entre a teimosia e a perseverança.

SOL: ÁRIES
DECANATO: LEÃO/SOL
GRAU: 11°30'-12°30' ÁRIES
MODO: CARDEAL
ELEMENTO: FOGO

A sua necessidade de contato humano e a subinfluência do Sol podem dotá-lo de talento criativo e desejo de realização. Muitas vezes, você tem uma inclinação social e benevolente, com um forte senso de justiça e eqüidade. Responsável, trabalhador e dotado de uma atitude séria são muitas vezes os adjetivos usados pelas pessoas que descrevem a sua personalidade. Mas a sua fachada refinada pode esconder uma personalidade ambiciosa, com um grande desejo de sucesso.

É provável que uma figura feminina forte tenha tido impacto nos primeiros anos de sua vida. Depois dos 18 anos, quando o seu Sol progredido entra em Touro, há uma necessidade crescente de estabilidade e segurança financeira. Essa tendência permanece até os 48 anos, quando o seu Sol progredido entra em Gêmeos e provoca uma transformação, acentuando a importância da comunicação e da busca de realização intelectual.

O Seu Eu Secreto

Visão e confiança interior iluminam a sua compreensão e talvez seja necessário aprender a ser desapegado em um nível profundo, como, por exemplo, abrir mão de alguém ou alguma coisa que lhe dá segurança. Pode ser que você só aprenda esta lição mais tarde na vida, mas ela lhe dará uma enorme liberdade interior e um desejo por coisas de natureza mais profunda. Na área dos relacionamentos, em especial, qualquer tendência à dependência é imediatamente manifestada pela sua excessiva seriedade. Por outro lado, você pode ser uma pessoa devotada, carinhosa e leal.

Você também tem um lado generoso e humanitário que garante a sua popularidade com os demais. Você é muito receptivo às necessidades dos outros e é excelente para qualquer projeto comunitário ou em grupo.

Trabalho & Vocação

Esta data de aniversário mostra que você pode ser muito bem-sucedido em carreiras que envolvam o contato com o público e com outras pessoas, como o trabalho em meios de comunicação, relações-públicas, psicologia, aconselhamento ou assistência social. Há também a probabilidade de trabalhos em parceria, dos quais as vantagens advêm do aprendizado na colaboração com as outras pessoas. A sua abordagem criativa e original pode levá-lo ao sucesso na carreira teatral ou artística, ou nas áreas de exploração, educação ou no trabalho por uma causa. Às vezes, os desafios profissionais podem levar à ansiedade, mas a procura de novas alternativas pode levar a resultados positivos. Evite a estagnação ou a monotonia. Trabalhador, com um senso instintivo para os negócios, você pode ser motivado a querer as coisas boas da vida.

Numerologia

Sensibilidade e grande desejo de pertencer a um grupo são sugeridos pelo número de aniversário 2. Adaptável e compreensivo, você gosta de atividades cooperativas, nas quais possa interagir com as outras pessoas. Na sua tentativa de agradar as pessoas que gosta, você corre o risco de se tornar excessivamente dependente. Contudo, se desenvolver a autoconfiança, você pode superar a tendência a ser facilmente ferido pelas atitudes e crítica alheias. A subinfluência do mês número 4 indica que você precisa da segurança proporcionada por uma sólida base. Muitas vezes você tem uma tendência ao perfeccionismo e gosta de dar o seu apoio ou de trabalhar em colaboração com outras pessoas. Sociável e um bom anfitrião, você gosta de receber pessoas e orgulha-se da sua casa. Pode ser que você seja uma pessoa tranqüilizadora, mas nem sempre demonstra os seus sentimentos. Perfeccionista, é usualmente responsável, mas deve evitar o descontentamento ou deixar-se levar pela letargia.

Positivo: bom parceiro, gentileza, tato, receptividade, intuição, consideração, harmonia, amabilidade, embaixador da boa vontade

Negativo: desconfiança, falta de confiança, subserviência, excesso de sensibilidade, egoísmo, tendência a magoar-se facilmente, ilusão

ESTRELAS FIXAS

Algenib, também chamada de Carrier ou a Asa; Sirrah, também chamada Alpheratz e Caput Andromeda

ESTRELA PRIMÁRIA

Nome da estrela:
Algenib, também chamada de Carrier ou a Asa

Posição:
8°10'-9°4'de Áries, entre os anos de 1930 e 2000

Magnitude:
3

Força:
★★★★★★

Órb:
2°

Constelação:
Alpha Pegasi

Dias:
29, 30 e 31 de março e 1 e 2 de abril

Qualidades da estrela:
Marte/Mercúrio

Descrição:
uma pequena estrela branca localizada na asa ao lado de Pégaso

Amor & Relacionamentos

Intuitivo e inteligente, você é, muitas vezes, uma pessoa bem informada e com capacidade de aprender rápido. Amante da leitura, o seu amor pelo conhecimento sugere que você deseja uma satisfação emocional verdadeira, devendo sempre se dedicar aos estudos ou ao aprendizado de novas habilidades. Muitas vezes, você gosta de se associar a intelectuais que possam estimular a sua mente. Em termos emocionais, você é atraído por pessoas bem-sucedidas ou tem a necessidade de um parceiro inteligente, com boa educação, e intelectualmente desenvolvido. Com a sua personalidade, terá sempre muitos amigos e bons contatos sociais. No entanto, evite a tendência ao ceticismo nos relacionamentos mais próximos.

★ INFLUÊNCIA DA ESTRELA PRIMÁRIA

Algenib confere poder de pensamento, mente positiva e ativa e capacidade de grande realização por meio de idéias e ações. Essa estrela traz resolução, determinação e entusiasmo, bem como tendências competitivas. Ela também amplia a velocidade do processo mental da pessoa e dá confiança para a retaliação na maneira certa com uma retórica que impressiona. Essa estrela também adverte contra o comportamento inquieto e temperamental.

Ligada ao grau do seu Sol, ela confere uma boa capacidade para negócios, amor ao aprendizado, interesse em assuntos religiosos e talento para escrever. Algenib também sugere a necessidade de privacidade e recolhimento e indica sucesso no trato com o público.

- **Positivo**: capacidade de decisão, espírito empreendedor, força de vontade, espírito lutador, espirituosidade verbal
- **Negativo**: criticismo, sarcasmo, comportamento obstinado, depressões, propensão a discussões

Consulte o Apêndice para obter mais informações a respeito das estrelas fixas.

ALGUÉM ESPECIAL

Para encontrar segurança, estímulo mental e amor, você pode começar procurando alguém que tenha nascido nas seguintes datas:

Amor & amizade: jan: 6, 10, 20, 22, 24, 30; fev: 4, 18, 20, 22, 28; mar: 2, 6, 18, 20, 26, 29; abr: 14, 16, 18, 24, 27; mai: 12, 14, 16, 22, 25; jun: 10, 12, 14, 20, 23; jul: 8, 10, 12, 18, 21, 29; ago: 6, 8, 10, 16, 19; set: 4, 6, 8, 14, 17; out: 2, 4, 6, 12, 15; nov: 2, 4, 10, 13; dez: 2, 8, 11, 19

Relacionamentos benéficos: jan: 1, 3, 4, 14; fev: 1, 2, 12; mar: 10, 28; abr: 8, 26, 30; mai: 6, 24, 28; jun: 4, 22, 26; jul: 2, 20, 24; ago: 18, 22; set: 16, 20; out: 14, 18; nov: 12, 16; dez: 10, 14

Atrações fatais: jan: 11; fev: 9; mar: 7; abr: 5; jun: 1; out: 5, 6, 7

Relacionamentos desafiantes: jan: 3, 5; fev: 1, 3; mar: 1; jul: 31; ago: 29; set: 27, 30; out: 25, 28; nov: 23, 26, 30; dez: 21, 24, 28

Alma gêmea: jan: 5, 12; fev: 3, 6, 10; mar: 1, 8; abr: 6; mai: 4; jun: 2

3 de Abril

O seu espírito pioneiro, versatilidade e amor às viagens são a garantia de que a sua vida nunca será monótona. A sua forte motivação e talento natural para se comunicar lhe dão um grande poder de persuasão. Com necessidade de auto-expressão e desejo de mudança, a data de seu aniversário promete uma vida animada e cheia de aventuras.

O seu planeta regente, Marte, e o elemento fogo fazem de você uma pessoa entusiástica, impaciente e dinâmica. A subinfluência do regente do seu decanato, Leão, implica que você tem uma fachada assertiva e ousada. Embora tenha de enfrentar muitos obstáculos, alcançará o sucesso por intermédio da paciência, do trabalho duro e da determinação. Com uma natureza apaixonada e intensa, o crescimento espiritual virá por meio do aprendizado do desapego. As mudanças estão associadas à sua carreira, área na qual você poderá se deparar com alguns obstáculos, embora novas oportunidades de criar novos começos e mudanças afortunadas sempre surgirão.

SOL: ÁRIES
DECANATO: LEÃO/SOL
GRAU: 12°30'-13°30' ÁRIES
MODO: CARDEAL
ELEMENTO: FOGO

Embora você tenha tendência ao mau-humor, a sua determinação não permite que fique desanimado por muito tempo.

Amante das diversões, imaginativo e entusiástico, você é amável e uma boa companhia, naturalmente espirituosa e engraçada. Todavia, evite a tendência a se entediar facilmente.

Na juventude, é uma pessoa ativa, agitada e, algumas vezes, inquieta. Há também a indicação de influência de um parente ou amigo do sexo masculino que pode precisar do seu apoio nesta fase. Depois dos 16, 17 anos, você se torna uma pessoa mais prática e consciente da realidade financeira, com a entrada do seu Sol progredido no signo de Touro. Na meia-idade, depois de numerosas mudanças, é provável que você obtenha lucro por meio de parcerias e relacionamentos cooperativos. O seu entusiasmo e sua motivação garantem, nesta fase, a realização de alguns de seus sonhos. A partir dos 47 anos, quando o seu Sol progredido entra em Gêmeos, você se torna mentalmente mais curioso, o que pode despertar algum novo interesse. Outra mudança ocorre aos 77 anos, quando o seu Sol progredido entra no signo de Câncer, tornando-o mais sensível e voltado para a família.

O Seu Eu Secreto

O seu maior sucesso pode ser alcançado por intermédio do poder do amor. Para que você não seja levado pelas emoções, é preciso que os seus fortes sentimentos interiores encontrem alguma maneira de serem canalizados. Devido ao traço dramático da sua personalidade, pode ser que seja dado a cenas teatrais.

Abençoado com charme, sensibilidade e imaginação fértil, você precisa equilibrar essas qualidades com alguma forma de fundação sólida na vida. Usando o seu senso excepcional de visão para imaginar possibilidades futuras positivas e organizar um plano para atingi-las, você pode tirar um maior proveito dos seus extraordinários talentos. Por meio do esforço diligente e concentrado no seu trabalho, você pode realizar o seu potencial verdadeiro e se conectar com a proteção financeira prometida aos que nasceram neste dia.

Trabalho & Vocação

Orientado para a vida profissional, com o seu forte poder de persuasão e senso dramático, você é um excelente vendedor ou *promoter*. Esses talentos, combinados com a sua necessidade de auto-expressão, podem levá-lo a se envolver com trabalhos na área teatral, artística ou política. As carreiras que envolvem viagens e variedade em geral, como *couriers*, transporte ou trabalhos em empresas aéreas, são a garantia de satisfação profissional. A sua compaixão natural pode levá-lo a trabalhar no mundo da saúde e medicina. É fundamental que as pessoas nascidas neste dia mantenham vivo o espírito de aventura e evitem ocupações monótonas.

ESTRELA FIXA

Nome da estrela:
Sirrah, também chamada de Alpheratz e Caput Andromeda

Posição:
13°11'-14°13'de Áries, entre os anos de 1930 e 2000

Magnitude:
2

Força:
★★★★★★★★

Órb:
2°10'

Constelação:
Alpha Andormedae

Dias:
2, 3, 4, 5, 6 e 7 de abril

Qualidades da estrela:
Júpiter/Vênus

Descrição:
estrela binária azul, branca e roxa localizada na cabeça de Andrômeda

Numerologia

Com o dia de aniversário número 3, você é uma pessoa sensível que necessita se expressar criativa e emocionalmente. Amante das diversões e uma boa companhia, você gosta de atividades sociais e tem muitos interesses. Apesar de versátil e expressivo, com vontade de experimentar coisas novas e interessantes, a inclinação para se entediar facilmente pode torná-lo uma pessoa indecisa ou a querer abarcar o mundo com as pernas. Embora, com o dia de aniversário número 3, você seja em geral artístico e charmoso e tenha um bom senso de humor, talvez precise desenvolver a auto-estima e evitar a tendência à preocupação ou insegurança emocional. A subinfluência do mês número 4 indica que você é uma pessoa organizada. Você possui uma boa capacidade analítica e pode fazer com que as outras pessoas ouçam as suas opiniões. Às vezes, você pode aparentar ser distante ou estar absorto em seus pensamentos. No entanto, quando quer que os outros prestem atenção a você, sabe fazê-lo com poucas palavras.

Positivo: humor, felicidade, amizade, produtividade, criatividade, inclinações artísticas, poder de querer, amor à liberdade, talento com as palavras

Negativo: tédio, vaidade, excesso de imaginação, exagero, inabilidade para amar, arrogância, extravagância, auto-indulgência, preguiça, hipocrisia

Amor & Relacionamentos

Imaginativo e visionário, você é uma pessoa amorosa, leal e devotada. Muitas vezes é romântico e idealista no que diz respeito aos seus relacionamentos e procura um parceiro que atenda aos seus elevados ideais. Na verdade, você pode ser tão idealista que às vezes prefere ter um relacionamento platônico, pois é difícil encontrar alguém à altura das suas expectativas. O ideal é que o seu parceiro seja culto e tenha uma natureza humanitária. Quando se apaixonar, tome cuidado para não colocar o ser amado em um pedestal ou se sacrificar no papel do salvador, especialmente se a outra pessoa não quer ser salva. Na vida romântica, embora tenha uma fachada ousada, pode ter problemas em mostrar a sua vulnerabilidade. Desenvolva as suas habilidades de comunicação em um nível íntimo e não tenha pressa em encontrar o seu parceiro ideal.

INFLUÊNCIA DA ESTRELA PRIMÁRIA

Sirrah significa bons relacionamentos com as pessoas e popularidade. Ela concede uma natureza harmônica e benefícios advindos de boas conexões sociais. Essa estrela pode também conceder honra e riqueza, alegria, otimismo, versatilidade e boa capacidade de julgamento. Entretanto, ela adverte contra a tendência à franqueza excessiva.

Ligada ao grau do seu Sol, essa estrela indica que você pode realizar os seus desejos, contanto que saiba com clareza quais são os seus objetivos. Algumas vezes, depois de obter o que deseja, você não sabe o que fazer em seguida. Contudo, esta situação não se prolonga por muito tempo, pois um dos seus atributos naturais é conhecer as pessoas certas e estar no local certo na hora certa.

- **Positivo**: afetuosidade, alegria, popularidade, personalidade atraente
- **Negativo**: auto-ilusão, excesso

ALGUÉM ESPECIAL

Com pessoas nascidas nas seguintes datas, os seus ideais poderão se realizar mais facilmente:

Amor & amizade: jan: 1, 6, 7, 20, 21, 23, 31; fev: 5, 18, 19, 27; mar: 3, 17, 19, 27; abr: 1, 15, 17, 25; mai: 13, 15, 23; jun: 11, 13, 21; jul: 9, 11, 19; ago: 7, 9, 17; set: 5, 7, 15; out: 3, 5, 13; nov: 1, 3, 11; dez: 1, 9

Relacionamentos benéficos: jan: 5, 16, 18; fev: 3, 14, 16; mar: 1, 12, 14, 29; abr: 10, 12, 27; mai: 8, 10, 25, 29; jun: 6, 8, 23, 27; jul: 4, 6, 21, 25; ago: 2, 4, 19, 23; set: 2, 17, 21; out: 15, 19; nov: 13, 17; dez: 11, 15, 29

Atrações fatais: jan: 6, 30; fev: 4, 28; mar: 2, 26; abr: 24; mai: 22; jun: 20; jul: 18; ago: 16; set: 14; out: 5, 6, 12; nov: 10; dez: 8

Relacionamentos desafiantes: jan: 4; fev: 2; mai: 29, 31; jun: 27, 29, 30; jul: 25, 27, 28; ago: 23, 25, 26, 30; set: 21, 23, 24, 28; out: 19, 21, 22, 26; nov: 17, 19, 20, 24; dez: 15, 17, 18, 22

Alma gêmea: jan: 23; fev: 21; mar: 19; abr: 17; mai: 15; jun: 13; jul: 11, 31; ago: 6, 9, 29; set: 7, 27; out: 5, 25; nov: 3, 23; dez: 1, 6, 21

4 de Abril

Com capacidade para o trabalho duro, determinação e atitude positiva, você tem vigor para mover montanhas e impressionar as outras pessoas com o seu conhecimento. Normalmente, você procura a segurança e tenta construir uma sólida estrutura para si mesmo. Por meio de oportunidades profissionais e do sexto sentido para os negócios, o seu forte desejo para alcançar o sucesso pode se realizar. Isso sugere que você raramente tem problemas financeiros e, quando os tem, eles são passageiros.

Embora seja uma pessoa charmosa, generosa e gentil, dotada de habilidade para ser popular, você precisa aprender que o excesso de franqueza ou autoritarismo pode afastar as pessoas. Com o seu magnetismo pessoal e poder de atração, você sabe como se divertir e divertir as pessoas; porém, a incerteza quanto aos valores pode levar a excessos e talvez seja necessário moderar a sua inclinação para a ostentação. Por outro lado, às vezes você aparenta ser rígido e exibe uma fachada dura e inflexível, com pouca compaixão pelas necessidades das outras pessoas.

SOL: ÁRIES
DECANATO: LEÃO/SOL
GRAU: 13°30'-14°30' ÁRIES
MODO: CARDEAL
ELEMENTO: FOGO

Como nativo de Áries, você é uma pessoa dinâmica e ambiciosa, mas pragmática. Na maioria das vezes, contudo, é a sua curiosidade para explorar que faz com a sua vida seja variada e animada. A subinfluência do regente do seu decanato, Leão, freqüentemente dá mais vitalidade e determinação à sua personalidade naturalmente assertiva. Todavia, evite a teimosia, pois isso pode levá-lo a um comportamento destrutivo.

Até os 15 anos, é provável que você seja uma pessoa audaciosa e rebelde. Depois dos 16 anos, quando o seu Sol progredido entra no signo de Touro, você passa a ter mais necessidade de estabilidade financeira, riqueza material e segurança. Essa tendência prossegue até cerca de 64 anos, quando o seu Sol progredido entra no signo de Gêmeos. Um momento de transformações, essa fase acentua a crescente importância de novos interesses, aprendizado, comunicação e relações com os que estão à sua volta. Aos 76 anos, quando o seu Sol progredido entra no signo de Câncer, você se torna mais sensível e voltado para a família.

O Seu Eu Secreto

Para você, conhecimento e *expertise* são sinônimos de poder. Você respeita as pessoas que têm uma grande habilidade mental e que são mentalmente independentes como você. Voltado para a realização profissional e ambicioso, você sabe aproveitar as oportunidades e tem sempre um jeito para resolver os problemas.

Com a necessidade de ser honesto e direto com as pessoas, é provável que você tenha sucesso no uso construtivo da sua força de vontade e habilidade analítica. Como possui uma mente naturalmente curiosa, sempre encontrará coisas novas e interessantes para explorar ao longo da sua vida. Grande parte da sua personalidade está associada à sua habilidade de encorajar as pessoas com o seu entusiasmo irresistível. Apenas tome cuidado para não ser levado e se tornar ávido ou excessivamente indulgente. Felizmente, você tem sorte, que vem da sua mente aberta e que faz com que tudo fique a seu favor.

Trabalho & Vocação

Quando combina as suas habilidades práticas com a capacidade estratégica, você é um excelente organizador de grandes esquemas e projetos, o que é ótimo para o trabalho gerencial ou em nível executivo, ou para o trabalho autônomo. Muitos empresários, produtores, *promoters* e construtores nasceram neste dia. Você também é atraído pelo trabalho artístico, mas pode não manter o interesse, a menos que ele seja lucrativo. Com senso de estrutura e de forma, você está disposto a trabalhar duro. Muitas vezes uma pessoa perfeccionista, você se orgulha dos seus esforços, mas deve evitar esperar muito das outras pessoas.

ESTRELA FIXA

Nome da estrela:
Sirrah, também chamada de Alpheratz e Caput Andromeda

Posição:
13°11'-14°13'de Áries, entre os anos de 1930 e 2000

Magnitude:
2

Força:
★★★★★★★★

Órb:
2°10'

Constelação:
Alpha Andormedae

Dias:
2, 3, 4, 5, 6 e 7 de abril

Qualidades da estrela:
Júpiter/Vênus

Descrição:
estrela binária azul, branca e roxa localizada na cabeça de Andrômeda

Numerologia

A sólida estrutura e capacidade de organização sugeridos pelo dia de aniversário número 4 indicam que você precisa de estabilidade e gosta de estabelecer ordem. Agraciado com energia, habilidades práticas e forte determinação, você pode alcançar o sucesso por meio do trabalho duro. Preocupado com a sua segurança, você quer construir uma sólida estrutura para si e para a sua família. A sua abordagem pragmática da vida lhe confere um bom senso para os negócios e habilidade para atingir o sucesso material. Com o dia de aniversário número 4, você é, de uma maneira geral, uma pessoa honesta, franca e justa. Os desafios para o indivíduo nascido no dia 4 incluem a superação de períodos de instabilidade e preocupação financeira. A subinfluência do mês número 4 indica que você é uma pessoa curiosa e enérgica, que gosta de levar uma vida ativa. A sua autodisciplina e força de vontade muitas vezes sugerem que você é autoconfiante, com gosto pelo poder. No entanto, evite ser autoritário ou controlador. Você não gosta de ser controlado e muitas vezes se recusa a obedecer ordens.

Positivo: organização, autodisciplina, firmeza, trabalho duro, habilidade manual, pragmatismo, confiança, precisão

Negativo: inabilidade para se comunicar, repressão, rigidez, preguiça, falta de sentimento, procrastinação, avareza, autoritarismo, afeições ocultas, ressentimento, rigor

Amor & Relacionamentos

Orientado para o sucesso, você é uma pessoa ambiciosa e dinâmica, com uma forte necessidade de prestígio e reconhecimento. Você gosta, muitas vezes, de se associar com pessoas ligadas à sua área profissional ou pessoas ricas com um *background* sólido. Em geral, o dinheiro é um fator importante nos relacionamentos, e você não gosta de pessoas que desperdiçam o tempo ou que não têm potencial. Magnânimo e orgulhoso, você muitas vezes tem bom gosto e aprecia a qualidade e a beleza. Contudo, talvez precise superar algumas tendências materialistas, aprendendo que a realização emocional não envolve necessariamente a obtenção de riqueza material.

INFLUÊNCIA DA ESTRELA PRIMÁRIA

Sirrah significa bons relacionamentos com as pessoas e popularidade. Ela concede uma natureza harmônica e benefícios advindos de boas conexões sociais. Essa estrela pode também conceder honra e riqueza, alegria, otimismo, versatilidade e boa capacidade de julgamento. Entretanto, ela adverte contra a tendência à franqueza excessiva.

Ligada ao grau do seu Sol, essa estrela indica que você pode realizar os seus desejos, contanto que saiba com clareza quais são os seus objetivos. Algumas vezes, depois de obter o que deseja, você não sabe o que fazer em seguida. Contudo, esta situação não se prolonga por muito tempo, pois um dos seus atributos naturais é conhecer as pessoas certas e estar no local certo na hora certa.

- **Positivo**: afetuosidade, alegria, popularidade, personalidade atraente
- **Negativo**: auto-ilusão, excesso

ALGUÉM ESPECIAL

Para encontrar alguém especial, procure pessoas nascidas nas seguintes datas:

Amor & amizade: jan: 8, 14, 17, 20, 22, 24; fev: 6, 15, 18, 20, 22; mar: 4, 13, 16, 18, 20; abr: 2, 11, 14, 16, 18; mai: 9, 12, 14, 16; jun: 7, 10, 12, 14; jul: 5, 8, 10, 12, 30; ago: 3, 6, 8, 10, 28; set: 1, 4, 6, 8, 26; out: 2, 4, 6, 24; nov: 2, 4, 22; dez: 2, 20, 21

Relacionamentos benéficos: jan: 6, 23; fev: 4, 21; mar: 2, 19, 30; abr: 17, 28; mai: 15, 26, 30; jun: 13, 24, 28; jul: 11, 22, 26; ago: 9, 20, 24; set: 7, 18, 22; out: 5, 16, 20; nov: 3, 14, 18; dez: 1, 12, 16, 30

Atrações fatais: jan: 7; fev: 5; mar: 3; abr: 1; out: 7, 8

Relacionamentos desafiantes: jan: 5, 26, 29; fev: 3, 24, 27; mar: 1, 22, 25 abr: 20, 23; mai: 18, 21; jun: 16, 19, 30; jul: 14, 17, 28; ago: 12, 15, 26, 31; set: 10, 13, 24, 29; out: 8, 11, 22, 27; nov: 6, 9, 20, 25; dez: 4, 7, 18, 23

Alma gêmea: jan: 30; fev: 8, 28; mar: 26; abr: 24; mai: 22; jun: 20; jul: 18; ago: 16; set: 14; out: 12, 31; nov: 10, 29; dez: 8, 27

5 de Abril

O seu dia de aniversário em Áries mostra que você é uma pessoa dinâmica, persuasiva e trabalhadora. A sua versatilidade e seu charme, combinados com o espírito competitivo do seu planeta regente, Marte, contribuem para formar uma aparência autoconfiante e ousada. A influência do Sol lhe dá um fluxo de energia criativa e necessidade de auto-expressão.

Embora você pareça ser uma pessoa assertiva, isso pode, às vezes, esconder uma indecisão interior. Porém, a sua capacidade de trabalho e a busca implacável da realização das suas ambições podem ajudá-lo a superar esses obstáculos por meio da determinação. A sua impaciência pode ser um sinal de que você precisa estar constantemente em atividade. No entanto, sua forte personalidade sugere que você é um candidato natural para as posições de liderança. Apenas tome cuidado para não se tornar muito autoritário e exigente.

Com a atitude certa, você tem o potencial de inspirar as outras pessoas, mas evite investir a sua energia emocional em assuntos pequenos e de pouca importância, que podem abalar o seu sensível sistema nervoso. Não deixe de, às vezes, reciclar as suas energias e cuidar da sua saúde. Quando ficar mais velho, as suas variadas experiências e a percepção do quanto conquistou na sua vida lhe conferem uma sabedoria e compreensão universais. Uma pessoa de estilo, você dá muita importância à sua aparência, pois gosta de causar boa impressão. Um toque de senso dramático garante que você não teme fazer declarações ousadas.

SOL: ÁRIES
DECANATO: LEÃO/SOL
GRAU: 14°30'-15°30' ÁRIES
MODO: CARDEAL
ELEMENTO: FOGO

Na juventude, você tem a inclinação para a vida ativa e atividades ao ar livre e é provável que tenha muitos amigos. Depois dos 15 anos, quando o seu Sol progredido entra no signo de Touro, há uma crescente necessidade de estabilidade e segurança financeira. Isso prossegue até cerca dos 45 anos, quando o seu Sol progredido entra no signo de Gêmeos. Esse período marca uma reviravolta, que acentuará uma necessidade crescente de conhecimento, comunicação e aprendizado de novas habilidades e é provável que haja, nesta fase, muitas viagens e mudanças. A partir dos 75 anos, quando o seu Sol progredido entra no signo de Câncer, há um aumento da sua sensibilidade, e a família e a casa passam a ter um papel mais importante na sua vida.

O Seu Eu Secreto

A vida é cheia de bênçãos disfarçadas e, embora você deseje a harmonia em um nível profundo, grande parte da sua vida se relaciona com a atitude em relação ao dinheiro, considerações materiais e os testes que eles trazem. É por intermédio do confronto das suas dúvidas e medos que você pode verdadeiramente encontrar a fé em si mesmo e o que a vida tem a lhe oferecer. Amor, amizade e beleza estão à sua disposição, mas há também a ênfase na responsabilidade. Tornando-se responsável pelas suas ações, você verá que a vida lhe dará mais do que espera.

Você também tem um grande amor pela arte, pela música e pelo teatro, que pode desenvolver mais tarde na vida se conseguir superar a tendência à agitação e à impaciência. Quando é construtivamente canalizado, isso pode lhe dar não somente uma auto-expressão dinâmica, mas também habilidade para divertir as outras pessoas com o seu charme jovial e carisma.

Trabalho & Vocação

O seu espírito pioneiro e progressista e a necessidade de expressar o seu potencial criativo podem levá-lo a profissões como a exploração e a política ou ao mundo do teatro e do cinema. Você tem aptidão para a pesquisa em educação, ciência, lei e filosofia. Os seus poderes de persuasão e habilidade natural de liderança o levarão à frente de qualquer empreendimento, como também de carreiras ligadas à vida religiosa, serviço civil ou administração. Se a carreira escolhida não for lucrativa, você a abandonará em pouco tempo. Como possui uma habilidade para se conectar com os sonhos e desejos coletivos de uma geração, pode usar este potencial por meio de alguma forma artística.

ESTRELA FIXA

Nome da estrela:
Sirrah, também chamada de Alpheratz e Caput Andromeda

Posição:
13°11'-14°13'de Áries, entre os anos de 1930 e 2000

Magnitude:
2

Força:
★★★★★★★★

Órb:
2°10'

Constelação:
Alpha Andromedae

Dias:
2, 3, 4, 5, 6 e 7 de abril

Qualidades da estrela:
Júpiter/Vênus

Descrição:
estrela binária azul, branca e roxa localizada na cabeça de Andrômeda

Numerologia

Forte intuição, natureza aventureira e desejo de liberdade são indicados pelo dia de aniversário número 5. O desejo de explorar ou experimentar qualquer novidade e a abordagem entusiástica sugerem que a vida tem muito a lhe oferecer. As viagens e muitas oportunidades de mudanças, algumas inesperadas, podem levá-lo a uma verdadeira transformação dos seus pontos de vista e crenças. Com o dia de aniversário número 5, você precisa sentir que a vida é empolgante; porém, talvez precise desenvolver uma atitude responsável e evitar a tendência à imprevisibilidade e impaciência. A subinfluência do mês número 4 indica a sua necessidade de sentir-se seguro, mas livre para buscar a sua própria identidade. Intuitivo e sensível, você muitas vezes quer sintetizar a sua natureza tradicional com uma visão ampla e aberta. Evite o excesso de sentimentalismo por meio de uma atitude prática e realista.

Positivo: versatilidade, adaptabilidade, atitude progressista, fortes instintos, magnetismo, sorte, ousadia, amor à liberdade, rapidez, perspicácia, curiosidade, misticismo, sociabilidade

Negativo: falta de confiabilidade, inconstância, procrastinação, inconsistência, excesso de confiança, teimosia

Amor & Relacionamentos

O charme é um dos seus atributos naturais e por isso você não tem problemas em atrair admiradores e amantes. Como você atrai todo o tipo de pessoas, precisa ser seletivo na sua escolha de amizades. Você pode alternar entre expressar os seus sentimentos excessivamente ou isolar-se. No entanto, precisa às vezes ficar sozinho, especialmente em contato com a natureza, para pensar ou recarregar as suas energias. Você se sente atraído por pessoas ativas e mentalmente estimulantes; assim, talvez seja bom desenvolver algum tipo de atividade intelectual junto com o seu parceiro. O seu desafio pode ser manter os seus relacionamentos firmes e harmoniosos.

INFLUÊNCIA DA ESTRELA PRIMÁRIA

Sirrah significa bons relacionamentos com as pessoas e popularidade. Ela concede uma natureza harmônica e benefícios advindos de boas conexões sociais. Essa estrela pode também conceder honra e riqueza, alegria, otimismo, versatilidade e boa capacidade de julgamento. Entretanto, ela adverte contra a tendência à franqueza excessiva.
Ligada ao grau do seu Sol, essa estrela indica que você pode realizar os seus desejos, contanto que saiba com clareza quais são os seus objetivos. Algumas vezes, depois de obter o que deseja, você não sabe o que fazer em seguida. Contudo, esta situação não se prolonga por muito tempo, pois um dos seus atributos naturais é conhecer as pessoas certas e estar no local certo na hora certa.

Positivo: afetuosidade, alegria, popularidade, personalidade atraente
Negativo: auto-ilusão, excesso

ALGUÉM ESPECIAL

Você terá mais sorte com as pessoas nascidas nas seguintes datas:

Amor & amizade: jan: 6, 9, 17, 23, 25, 27; fev: 7, 21, 23, 25; mar: 5, 19, 21, 23, 29; abr: 3, 17, 19, 21, 27, 30; mai: 1, 15, 17, 19, 25, 28; jun: 13, 15, 17, 23, 26; jul: 11, 13, 15, 21, 24; ago: 9, 11, 13, 19, 22; set: 7, 9, 11, 17, 20; out: 5, 7, 9, 15, 18; nov: 3, 5, 7, 13, 16; dez: 1, 3, 5, 11, 14

Relacionamentos benéficos: jan: 2, 4, 7; fev: 2, 5; mar: 3; abr: 1; mai: 31; jun: 29; jul: 27, 31; ago: 25, 29; set: 23, 27; out: 21, 25; nov: 19, 23; dez: 17, 21

Atrações fatais: jan: 8, 14; fev: 6, 12; mar: 4, 10; abr: 2, 8; mai: 6; jun: 4; jul: 2; out: 8, 9

Relacionamentos desafiantes: jan: 6, 19, 29; fev: 4, 17, 27; mar: 2, 15, 25; abr: 13, 23; mai: 11, 21; jun: 9, 19; jul: 7, 17; ago: 5, 15; set: 3, 13, 30; out: 1, 11, 28; nov: 9, 26; dez: 7, 24, 29

Alma gêmea: jan: 16, 21; fev: 9, 14, 19; mar: 12, 17; abr: 10, 15; mai: 8, 13; jun: 6, 11; jul: 4, 9; ago: 2, 7; set: 5; out: 3; nov: 1

6 de Abril

Ousadas e ambiciosas, mas sensíveis e charmosas, as pessoas nascidas neste dia combinam idealismo com realismo. Embora sejam socialmente inclinadas, nunca se esquecem da necessidade de equilibrar os seus elevados ideais com seu senso prático inato. Por isso, são capazes de aproveitar as oportunidades usando o máximo de suas habilidades.

Como nativo de Áries, você é uma pessoa determinada e pioneira, com iniciativa e impulso. Embora possa ser bastante independente, prefere trabalhar junto com outros a trabalhar sozinho. Às vezes, as pessoas e os acontecimentos podem fazer com que fique tenso, por isso evite o excesso de sensibilidade e o isolamento. É, em geral, por meio de parcerias e associações que você se dá conta do seu grande potencial e pode se beneficiar financeiramente com o trabalho de equipe.

SOL: ÁRIES
DECANATO: LEÃO/SOL
GRAU: 15°30'-16°30' ÁRIES
MODO: CARDEAL
ELEMENTO: FOGO

A subinfluência do Sol lhe confere originalidade e amor à liberdade. Porém, se se deixar levar pela violência e indisciplina ou se voltar contra os interesses dos outros pode criar um clima de tensão. Você precisa superar a tendência ao mau humor, impaciência ou teimosia para realmente se beneficiar do trabalho em equipe. Com o seu poder de percepção e intuição, você muitas vezes desenvolve uma visão humanitarista e um julgamento objetivo que o ajuda a entender as pessoas e o que as motiva.

Depois dos 14 anos, quando o seu Sol progredido entra no signo de Touro, há uma crescente determinação de conquistar uma estabilidade financeira e sucesso material na vida. A partir desta época, pode ser que desenvolva um contato mais próximo com a natureza. Essa influência continua até cerca dos 44 anos, quando o seu Sol progredido entra no signo de Gêmeos. Isto marca uma virada na sua vida, que acentua a crescente importância de comunicação e de expansão dos seus interesses mentais ou do aprendizado de novas habilidades. A partir dos 74 anos, quando o seu Sol progredido entra no signo de Câncer, você passa a ter uma consciência maior das suas necessidades emocionais e da importância da vida familiar.

O Seu Eu Secreto

Levar uma vida equilibrada pode ser a chave da sua felicidade. Ainda que tenha muito a aprender por meio de problemas relacionados à sua vida profissional, é também importante evitar uma rotina monótona. Por intermédio do desenvolvimento de outros interesses, passatempos, ou de viagens, você pode expandir os seus horizontes e explorar outras oportunidades. Como você é altamente imaginativo, com muita criatividade, um dos seus desafios pode ser transformar em realidade os seus grandes sonhos.

Você possui uma nobreza interior que se mostra especialmente quando ocupa posições de liderança ou responsabilidade. Você encara o seu trabalho com seriedade e dá o melhor de si quando tem liberdade de ação. Se ficar muito ansioso, pode ser que seja necessário superar a tendência a se isolar em vez de compartilhar os problemas com os outros. Quando aprende a examinar todos os fatos de qualquer situação difícil ou a ceder em vez de se lançar em jogos de poder, você tem resultados mais positivos. Apesar de ser uma pessoa sociável, no fundo é reservado, sensível e dotado de uma força interior impressionante.

Trabalho & Vocação

Qualquer que seja a carreira escolhida, você precisa equilibrar o seu senso prático pioneiro e ativo com a sua sensibilidade. O seu maior sucesso virá com o trabalho em parceria ou trabalho em equipe e pode levá-lo a carreiras como relações-públicas, diplomacia, negociação ou representação em outros países. Por outro lado, você pode ter atração por atividades que beneficiam as outras pessoas, como trabalho de caridade ou com deficientes. Em qualquer carreira que escolha, você tem a habilidade de trabalhar duro e será recompensado por isso. Você possui um talento natural para compra, venda e atividades bancárias, podendo ser também um excelente agente. Se entrar na vida pública, você terá sucesso na carreira política ou serviço público. Os seus talentos criativos e formidável senso visionário podem se manifestar particularmente na área teatral e da fotografia, como também na escrita e em outros campos artísticos ou da indústria do entretenimento.

ESTRELA FIXA

Nome da estrela:
Sirrah, também chamada de Alpheratz e Caput Andromeda

Posição:
13°11'-14°13'de Áries, entre os anos de 1930 e 2000

Magnitude:
2

Força:
★★★★★★★★

Órb:
2°10'

Constelação:
Alpha Andromedae

Dias:
2, 3, 4, 5, 6 e 7 de abril

Qualidades da estrela:
Júpiter/Vênus

Descrição:
estrela binária azul, branca e roxa localizada na cabeça de Andrômeda

Numerologia

Compaixão, idealismo e natureza afetuosa são alguns dos atributos sugeridos pelo dia de aniversário número 6. Este é o número do perfeccionista ou do amigo universal e freqüentemente indica que você é uma pessoa humanitária que pode ser responsável, amorosa e com quem se pode contar. Com o dia de aniversário número 6, você tem inclinação para a vida doméstica e é um pai dedicado. As pessoas mais sensíveis devem procurar uma forma de expressão criativa e são atraídas para o mundo do entretenimento, da arte ou do *design*. Talvez precise desenvolver mais a autoconfiança e superar a inclinação a se preocupar ou a ter solidariedade pelas pessoas erradas. A subinfluência do mês número 4 indica que você é uma pessoa ambiciosa, com uma personalidade idealista. Original e criativo, você pode realizar as suas aspirações desenvolvendo a autoconfiança e uma perspectiva independente. Muitas vezes, você pode ser atraído por viagens ou pelo trabalho no estrangeiro. O aprendizado da arte da sugestão sutil e da diplomacia podem ajudá-lo a fazer os contatos certos.

Positivo: conhecimento da vida, irmandade universal, amizade, compaixão, confiabilidade, compreensão, simpatia, idealismo, orientação doméstica, humanitarismo, estabilidade, habilidade artística, equilíbrio

Negativo: descontentamento, ansiedade, timidez, irracionalidade, teimosia, excesso de franqueza, comportamento dominador, falta de responsabilidade, comportamento egoista, desconfiança, autocentramento

Amor & Relacionamentos

Quando está apaixonado, você é uma pessoa sensual, ousada e charmosa, mas sob esse entusiasmo o desejo de um relacionamento estável é o que especialmente é importante para você. Depois que o período inicial de um caso amoroso acaba, você muitas vezes quer entrar em uma rotina calma e harmônica. Contudo, você precisa evitar ir longe demais em uma direção oposta e permitir que os seus relacionamentos se tornem monótonos e cansativos. Isso pode fazer com que você se torne uma pessoa manipuladora ou mal-humorada. Felizmente, você possui um charme amigável que em geral atrai as pessoas. Isto muitas vezes lhe garante a afeição que precisa.

INFLUÊNCIA DA ESTRELA PRIMÁRIA

Sirrah significa bons relacionamentos com as pessoas e popularidade. Ela concede uma natureza harmônica e benefícios advindos de boas conexões sociais. Essa estrela pode também conceder honra e riqueza, alegria, otimismo, versatilidade e boa capacidade de julgamento. Entretanto, ela adverte contra a tendência à franqueza excessiva.

Ligada ao grau do seu Sol, essa estrela indica que você pode realizar os seus desejos, contanto que saiba com clareza quais são os seus objetivos. Algumas vezes, depois de obter o que deseja, você não sabe o que fazer em seguida. Contudo, essa situação não se prolonga por muito tempo, pois um dos seus atributos naturais é conhecer as pessoas certas e estar no local certo na hora certa.

Positivo: afetuosidade, alegria, popularidade, personalidade atraente

Negativo: auto-ilusão, excesso

ALGUÉM ESPECIAL

Você terá mais sorte com as pessoas nascidas nas seguintes datas:

Amor & amizade: jan: 10, 11, 26, 28; fev: 8, 9, 24, 26; mar: 6, 22, 24, 30; abr: 4, 20, 22, 28; mai: 1, 15, 17, 19, 25, 22, 18, 20, 26, 29; jun: 16, 18, 24, 27; jul: 14, 16, 22, 25; ago: 12, 14, 20, 23, 30; set: 10, 12, 18, 21, 28; out: 8, 10, 16, 19, 26; nov: 6, 8, 14, 17, 24; dez: 4, 6, 12, 15, 22

Relacionamentos benéficos: jan: 8; fev: 6; mar: 4, 28; abr: 2, 26; mai: 24; jun: 22, 30; jul: 20, 28, 29; ago: 18, 26, 27, 30; set: 16, 24, 25, 28; out: 14, 22, 23, 26, 29; nov: 12, 20, 21, 24, 27; dez: 10, 18, 19, 22, 25

Atrações fatais: jan: 15, 14; fev: 13; mar: 11; abr: 9; mai: 7; jun: 5; jul: 3; ago: 1; out: 9, 10

Relacionamentos desafiantes: jan: 7, 9, 30; fev: 5, 7, 28; mar: 3, 5, 26; abr: 1, 3, 24; mai: 1, 22; jun: 20; jul: 18; ago: 16; set: 14; out: 12, 29; nov: 10, 27; dez: 8, 25, 30

Alma gêmea: jan: 8, 27; fev: 6, 10, 25; mar: 4, 23; abr: 2, 21; mai: 19; jun: 17; jul: 15; ago: 13; set: 11; out: 9; nov: 7; dez: 5

7 de Abril

Muita determinação e elevada sensibilidade intuitiva são sugeridas por este dia de aniversário. Com a sua personalidade dinâmica e amor por coisas novas, você, muitas vezes, gosta de dar início a novos projetos. Isso sugere que novos desafios e inícios freqüentemente geram uma verdadeira transformação e contrabalançam os períodos de procrastinação ou de depressão. No entanto, quando você desenvolve a sua intuição interior ou sexto sentido, pode entender a si mesmo em um nível mais profundo.

Se estiver motivado, você trabalha duro e pode ser extremamente dedicado, mas a inquietude indicada pelo seu planeta regente, Marte, não permite que você fique estagnado. Se estiver inspirado, você pode ser bastante entusiástico, criativo, e exibir um idealismo espontâneo; porém, a sua tendência a ser reservado e pouco comunicativo pode deixar as pessoas intrigadas com o que você fará em seguida. Embora sempre projete uma fachada ousada, você, na verdade, esconde uma alma tímida e sensível. Quando aprende a se esquecer do passado e a superar a tendência a se atormentar com questões de natureza emocional, você pode realmente progredir e desenvolver a autodisciplina. Talvez você precise aprender qual é a diferença entre força interior, determinação inquieta e arrogância teimosa, que as outras pessoas podem interpretar como hostilidade e indiferença.

SOL: ÁRIES
DECANATO: LEÃO/SOL
GRAU: 16°30'-17°30' ÁRIES
MODO: CARDEAL
ELEMENTO: FOGO

Depois dos 13 anos, quando o seu Sol progredido entra no signo de Touro, há uma crescente necessidade de estabilidade e segurança financeira. Essa influência continua até cerca dos 43 anos, quando o seu Sol progredido entra no signo de Gêmeos. Esse período marca uma virada na sua vida, que o leva a ter novos interesses e um grande desejo de se comunicar em todos os níveis, o que pode incluir até mesmo o aprendizado de novas habilidades. A partir dos 73 anos, quando o seu Sol progredido entra no signo de Câncer, você passa a ter uma consciência maior das questões relacionadas à sua vida doméstica e familiar e sensibilidade emocional.

O Seu Eu Secreto

Você tem uma natureza emocional idealista e sensível que não é percebida pelas outras pessoas e que pode levá-lo à auto-análise e à contemplação reflexiva. No seu desejo de perfeição, pode ser que você chegue à conclusão de que as pessoas não correspondem aos seus elevados ideais. Evite a inclinação a se tornar desconfiado ou a ter medo de ficar sozinho ou ser abandonado. Felizmente, você é abençoado com uma intuição profunda, que quando é desenvolvida faz com que o lado espiritual da sua natureza o proteja e o ajude a superar todas as situações difíceis.

Mentalmente aguçado e trabalhador, você tem instintos que lhe dão uma incrível habilidade para avaliar a personalidade das outras pessoas. Quando utiliza essa capacidade psicológica, você consegue contornar o seu nervosismo e impaciência e agir de forma diplomática e amigável. Você pode julgar o próprio uso que faz dessa habilidade nos seus relacionamentos, percebendo se está sem senso de humor ou tornando-se sério demais. Quando a sua energia flui positivamente, você se comporta com muita espontaneidade. Você pode se beneficiar fazendo exercícios físicos como artes marciais, esportes ou ioga.

Trabalho & Vocação

A sua capacidade de liderança e de trabalhar duro faz com que você progrida em qualquer área de atividade. Você gosta de manter o controle e tem aversão a posições de subserviência, por isso pode prosperar em cargos gerenciais ou executivos ou pode ser que prefira trabalhar por conta própria. Quando mantém a calma em situações críticas, você pode exibir a sua verdadeira força e conquistar a admiração das outras pessoas, o que é excelente quando ocupa posições de comando. Certamente, as outras pessoas valorizam a sua habilidade de assumir o comando e a maneira como encara idéias novas e originais. Se seguir uma carreira nas áreas do teatro e do cinema, você pode ser um bom ator, produtor ou diretor, e a sua forte individualidade pode se manifestar por meio da literatura, das artes ou da música.

ESTRELA FIXA

Nome da estrela:
Sirrah, também chamada de Alpheratz e Caput Andromeda

Posição:
13°11'-14°13'de Áries, entre os anos de 1930 e 2000

Magnitude:
2

Força:
★★★★★★★★

Órb:
2°10'

Constelação:
Alpha Andromedae

Dias:
2, 3, 4, 5, 6 e 7 de abril

Qualidades da estrela:
Júpiter/Vênus

Descrição:
estrela binária azul, branca e roxa localizada na cabeça de Andrômeda

Numerologia

Analítico e ponderado, o indivíduo nascido no dia 7 é freqüentemente crítico e egocêntrico. Com uma constante necessidade de ampliar a sua autoconsciência, você gosta de reunir informações e tem interesse em ler, em escrever ou em assuntos de natureza espiritual. Embora seja astuto, você pode ter inclinação a ser cético ou a racionalizar demais as coisas e acabar se perdendo em detalhes. A tendência a ser espiritualizado ou místico e altivo sugere que você pode, ocasionalmente, sentir-se mal-interpretado ou deslocado. A subinfluência do mês número 4 indica que você é prático, mas altamente intuitivo e receptivo. Como é uma pessoa sensível, com sentimentos intensos e profundos, aprenda a relaxar procurando ser alegre e evite sobrecarregar a sua mente quando enfrenta situações estressantes. A tendência a ser enigmático ou dissimulado muitas vezes o leva a desenvolver a arte de fazer perguntas sutis sem deixar que ninguém saiba o que realmente está pensando.

⬆ **Positivo**: educação, confiabilidade, meticulosidade, idealismo, honestidade, habilidade psíquica, racionalidade, reflexão

⬇ **Negativo**: falta de amizade, tendência à solidão, reserva, ceticismo, confusão, ilusão, distanciamento, frieza

Amor & Relacionamentos

No que diz respeito ao amor, você pode ser altamente expressivo e espontâneo ou reservado e emocionalmente inibido. Quando aprende a equilibrar esses extremos, você consegue aceitar as pessoas como elas são em vez de esperar que elas correspondam aos seus elevados ideais. Quando canaliza esse idealismo para uma expressão criativa, atividades humanitárias ou conscientização espiritual, você se torna menos sério na sua vida pessoal. Como tem um maravilhoso charme que atrai amigos e admiradores, você pode ter uma vida social agitada. No entanto, há a possibilidade de você viver um conflito entre os seus desejos pessoais e a sua vida profissional ou responsabilidades. Você precisa compartilhar a sua intimidade de maneira profunda, mas deve evitar ficar muito preocupado com os seus interesses, pois isso pode distanciá-lo dos outros. Você se dá melhor com alguém que seja tão amigável e trabalhador como você.

INFLUÊNCIA DA ESTRELA PRIMÁRIA

Sirrah significa bons relacionamentos com as pessoas e popularidade. Ela concede uma natureza harmônica e benefícios advindos de boas conexões sociais. Essa estrela pode também conceder honra e riqueza, alegria, otimismo, versatilidade e boa capacidade de julgamento. Entretanto, ela adverte contra a tendência à franqueza excessiva.

Ligada ao grau do seu Sol, essa estrela indica que você pode realizar os seus desejos, contanto que saiba com clareza quais são os seus objetivos. Algumas vezes, depois de obter o que deseja, você não sabe o que fazer em seguida. Contudo, essa situação não se prolonga por muito tempo, pois um dos seus atributos naturais é conhecer as pessoas certas e estar no local certo na hora certa.

- **Positivo**: afetuosidade, alegria, popularidade, personalidade atraente
- **Negativo**: auto-ilusão, excesso

ALGUÉM ESPECIAL

Você pode encontrar o amor e um parceiro confiável entre as pessoas nascidas nas seguintes datas:

Amor & amizade: jan: 11, 20, 21, 25, 27, 29; fev: 9, 18, 23, 25, 27; mar: 7, 16, 21, 23, 25; abr: 5, 14, 19, 21, 23; mai: 3, 12, 17, 19, 21; jun: 1, 10, 15, 17, 19; jul: 8, 13, 15, 17; ago: 6, 11, 13, 15; set: 4, 9, 11, 13; out: 2, 7, 9, 11; nov: 5, 7, 9; dez: 3, 5, 7

Relacionamentos benéficos: jan: 9, 26; fev: 7, 24; mar: 5, 22; abr: 3, 20; mai: 1, 18, 29; jun: 16, 27; jul: 14, 25, 29, 30; ago: 12, 23, 27, 28, 31; set: 10, 21, 25, 26, 29; out: 8, 19, 23, 24, 27; nov: 6, 17, 21, 22, 25; dez: 4, 15, 19, 20, 23

Atrações fatais: jan: 16; fev: 14; mar: 12; abr: 10; mai: 8; jun: 6; jul: 4; ago: 2; out: 8, 10, 11, 12

Relacionamentos desafiantes: jan: 8, 29, 31; fev: 6, 27, 29; mar: 4, 25, 27, 28; abr: 2, 23, 25, 26; mai: 21, 23, 24; jun: 19, 21, 22; jul: 17, 19, 20; ago: 15, 17, 18; set: 13, 15, 16; out: 11, 13, 14, 30; nov: 9, 11, 12, 28; dez: 7, 9, 10, 26

Alma gêmea: fev: 11; mai: 5, 30; jun: 28; jul: 26; ago: 24; set: 22, 30; out: 20, 28; nov: 18, 26; dez: 16, 24

8 de Abril

Como nativo de Áries, você é uma pessoa independente e ousada, com necessidade de se expressar de maneiras originais e diferentes. Receptivo a novas idéias, você sempre está ávido para experimentar coisas novas. O desejo de realizar muitas coisas e de ter poder é, muitas vezes, associado às pessoas nascidas nesta data. Com uma personalidade vigorosa e abordagem pragmática, você em geral busca uma posição de autoridade. A subinfluência do mês número 4 faz com que você tenha uma energia incansável, que quando combinada com o seu senso natural para os negócios o ajuda a tomar a iniciativa e garantir que os seus planos sejam bem-sucedidos.

Na sua tentativa de chegar ao topo, você, muitas vezes, é uma pessoa responsável e trabalhadora. Ainda que considere extremamente importante ter um futuro seguro, de vez em quando, você pode fazer mudanças dramáticas com base em decisões espontâneas. Contudo, você precisa desenvolver a autodisciplina e superar a tendência a agir precipitadamente sem o planejamento adequado. Você precisa também evitar se entediar muito facilmente. Por outro lado, a sorte pode vir inesperadamente e pegá-lo de surpresa. Embora aparente ser uma pessoa tradicional, você, na verdade, é bastante progressista, mas precisa passar por uma transformação nos seus valores para alcançar a verdadeira consciência espiritual.

SOL: ÁRIES
DECANATO: LEÃO/SOL
GRAU: 17°30'-18°30' ÁRIES
MODO: CARDEAL
ELEMENTO: FOGO

Depois dos 12 anos, quando o seu Sol progredido entra no signo de Touro, você passa a dar mais importância ao sucesso material, à estabilidade e à segurança. Essa influência de natureza prática continua até cerca dos 42 anos, quando o seu Sol progredido entra no signo de Gêmeos. Esse período marca uma virada na sua vida, acelerando o ritmo da mesma e enfatizando a crescente importância de novos interesses, de se dedicar a escrever e de se comunicar. A partir dos 72 anos, quando o seu Sol progredido entra no signo de Câncer, você passa a priorizar as suas necessidades emocionais e a ser mais atencioso com as outras pessoas, na sua vida doméstica e familiar.

O Seu Eu Secreto

O seu brilho intelectual pode levá-lo a explorar diversas vias de expressão, mas isso pode também ser um problema se você quiser lidar com muitos projetos ao mesmo tempo. Mais complexo do que aparenta ser, você pode ser uma pessoa sutil, artística e extremamente inteligente. Infelizmente, você pode também ter um temperamento difícil ou ser impaciente, mas, quando quer, sabe escondê-lo.

Altamente criativo, você tem uma força vigorosa que o impele a sempre buscar novas formas de realização. Naturalmente dramático, mas com aversão a obedecer aos outros, não aceita críticas facilmente. Você tem uma incrível habilidade para lidar com as pessoas e fazer contatos, mas pode alternar entre ser caloroso e atencioso e ser frio e indiferente. A sua autoconfiança esconde a sua propensão a dúvidas e medo de se sentir inadequado, por isso é importante ter amigos e familiares que o apóiem emocionalmente.

Trabalho & Vocação

Você é uma pessoa trabalhadora e o seu desejo de poder o motiva a buscar cargos de liderança. Como é um psicólogo natural, você pode se sentir atraído por atividades ligadas a alguma forma de terapia ou pode usar este talento no mundo dos negócios, especialmente em áreas como departamento de recursos humanos ou publicidade. A sua grande capacidade de organização e coragem de pensar em grandes termos o ajudarão em qualquer carreira que escolher. Muitas pessoas nascidas neste dia são atraídas por ocupações ligadas à justiça ou advocacia, ou por posições de liderança gerencial ou atividades bancárias ou financeiras. Mas a sua mente aguçada e senso dramático podem levá-lo a se expressar por meio da arte, do teatro ou da música.

ESTRELAS FIXAS

Embora o grau do seu Sol não esteja ligado a nenhuma estrela fixa, alguns graus dos seus outros planetas certamente estão. Por meio do seu mapa astral, você pode encontrar a posição exata dos planetas na sua data de nascimento. Com isso, você poderá saber quais estrelas fixas listadas neste livro são relevantes para você.

Numerologia

O poder sugerido pelo dia de aniversário número 8 mostra uma personalidade com fortes valores e sólido julgamento. O número 8 indica que você aspira a grandes realizações e tem uma natureza ambiciosa. O desejo de dominância, segurança e sucesso material também são indicados por este dia de aniversário. Como um indivíduo número 8, você tem um senso natural para os negócios e se beneficiará muito se desenvolver a sua habilidade executiva e de organização. A grande necessidade de se sentir seguro o impele a fazer planos e investimentos de longo prazo. A subinfluência do mês número 4 indica que você é cauteloso e pragmático, dotado de disposição para assumir as responsabilidades. Você é uma pessoa prestativa, amigável, versátil e dotada de uma espirituosidade divertida e rápida. Embora possa ser imaginativo e talentoso, você precisa superar a tendência a se entediar com facilidade. Se estiver disposto a fazer este esforço, você muitas vezes é incumbido com grandes responsabilidades. No entanto, precisa aprender a administrar ou a delegar a sua autoridade de forma justa e imparcial. Tome cuidado para não se sobrecarregar com o excesso de trabalho.

Positivo: liderança, meticulosidade, trabalho duro, tradição, autoridade, proteção, poder de cura, bom julgamento de valores

Negativo: impaciência, intolerância, avareza, inquietude, sede de poder, comportamento dominador ou controlador, tendência a ser facilmente desencorajado, falta de planejamento

Amor & Relacionamentos

No amor e na amizade, você sente atração por pessoas amigáveis, sociáveis e interessadas em se aperfeiçoar. Como é em geral uma pessoa otimista e direta, você espera o mesmo grau de honestidade dos outros, embora, às vezes, possa ser um tanto ingênuo. Você sabe que dinheiro é poder e tem um interesse especial por pessoas que tenham potencial para serem bem-sucedidas. O seu amor ao conhecimento sugere que você gosta da companhia de pessoas mentalmente estimulantes ou de grupos com os quais possa aprender novas habilidades e assuntos. Como é também uma pessoa orgulhosa, você exige respeito dos outros e deve evitar se envolver em jogos de poder ou se tornar muito controlador e crítico com os entes queridos. Felizmente, o seu charme e habilidade para lidar com as pessoas garantem que você nunca ficará sem amigos.

ALGUÉM ESPECIAL

Para o amor e estímulo intelectual, você pode procurar alguém entre as pessoas nascidas nas seguintes datas:

Amor & amizade: jan: 3, 4, 11, 12, 26, 28, 30; fev: 2, 9, 10, 24, 26, 28; mar: 7, 8, 22, 24, 26; abr: 5, 6, 20, 22, 24, 30; mai: 3, 4, 18, 20, 22, 28, 31; jun: 1, 2, 16, 18, 20, 26, 29; jul: 14, 16, 18, 24, 27; ago: 6, 12, 14, 16, 22, 25; set: 10, 12, 14, 20, 23; out: 8, 10, 12, 18, 21; nov: 6, 8, 10, 16, 19; dez: 4, 6, 8, 14, 17

Relacionamentos benéficos: jan: 10, 29; fev: 1, 8, 27; mar: 6, 25; abr: 4, 23; mai: 2, 21; jun: 4, 19; jul: 17, 30; ago: 15, 28; set: 13, 26; out: 11, 24; nov: 9, 22; dez: 7, 20

Atrações fatais: jan: 11; mar: 7; abr: 5; mai: 3; jun: 1; out: 11, 12, 13

Relacionamentos desafiantes: jan: 9; fev: 7; mar: 5, 28; abr: 3, 26; mai: 1, 24; jun: 22; jul: 20; ago: 18; set: 16; out: 14, 30, 31; nov: 12, 28, 29; dez: 10, 26, 27

Alma gêmea: jan: 7; fev: 5; mar: 3; abr: 1; mai: 29; jun: 27; jul: 25; ago: 23; set: 21; out: 19; nov: 17; dez: 15

9 de Abril

Criatividade, empreendimento, força interior e personalidade orgulhosa são alguns dos atributos associados aos nascidos nesta data. Apesar de receptivo, sensível e intuitivo, você tem uma personalidade dinâmica e capacidade de liderança. Você prefere pertencer a alguma associação na qual possa desempenhar um papel importante.

Você é um ariano com senso dramático, diligente, confiável, determinado e que se orgulha do seu trabalho. Isso sugere que a necessidade de segurança pode muitas vezes se sobrepor a outros fatores. Generoso, dotado de espírito filantrópico e com bom julgamento de valores são adjetivos usados pelas pessoas que o descrevem. Contudo, tome cuidado para não valorizar demais as questões de natureza material e torná-las a fonte de muitas preocupações. Aprender a administrar as suas finanças pode ser um dos seus desafios.

Devido à sua personalidade forte, você não gosta de ocupar posições de subserviência; e, ainda que seja charmoso e tenha uma natureza carismática, você deve evitar a tendência a ser muito franco ou verbalmente agressivo. A sua curiosidade mental e a profundidade de pensamento muitas vezes indicam uma inclinação a estudos de cunho científico e confirmam a sua habilidade de ir direto ao âmago das questões ou de ser preciso. Diligente e metódico, você também sabe organizar, definir e explicar com clareza as suas idéias ou solucionar problemas rapidamente.

SOL: ÁRIES
DECANATO: LEÃO/SOL
GRAU: 18°30'-19°30' ÁRIES
MODO: CARDEAL
ELEMENTO: FOGO

Por volta dos 11 anos de idade, o seu Sol progredido entra no signo de Touro, dando início a um período de trinta anos nos quais você dá mais importância à estabilidade material, ao *status* e à segurança financeira. A sua vida passa por outra transformação por volta dos 41 anos de idade, quando o seu Sol progredido entra no signo de Gêmeos, o que o estimula a ampliar os seus interesses e a dar mais ênfase ao conhecimento, à comunicação e aos estudos. A partir dos 71 anos de idade, quando o seu Sol progredido entra no signo de Câncer, você passa a dar mais importância às suas necessidades emocionais e à vida doméstica e familiar.

O Seu Eu Secreto

A indecisão ou a preocupação com coisas materiais podem bloquear a sua maravilhosa criatividade. Quando se dispõe a desenvolver esse lado, você pode ser levado a sacrificar algumas das suas extravagâncias materiais. Entretanto, este sacrifício pode ser a chave que o liberta dos fardos e frustrações da vida e abre a sua mente para conquistas de cunho mais humanitário.

Quando vê as coisas mantendo uma certa perspectiva, você se sente leve e sabe julgar o caráter das pessoas. Isso o permite ser sociável e voltado para as coisas públicas, características que, quando combinadas, levam-no a ajudar as outras pessoas. Você pode também ser muito criativo e um *expert* na sua área de atuação, mas fique atento para não se apegar às situações depois que elas já se esgotaram. Todavia, na maior parte das vezes, você é uma pessoa caridosa e generosa com o seu tempo e energia, freqüentemente disposto a contribuir quando realmente acredita em alguém ou algum projeto.

Trabalho & Vocação

Você tem energia e entusiasmo e não tem medo de explorar caminhos desconhecidos. Com o seu espírito pioneiro, coragem e capacidade de liderança, você tem muitas possibilidades profissionais. Geralmente, você se destaca no mundo dos negócios e gosta de fazer as coisas do seu jeito. Mas, a sua habilidade para lidar com questões sociais pode levá-lo à liderança de organizações, como, por exemplo, sindicatos. Se não tiver interesse social, você pode se envolver em atividades ligadas à educação ou qualquer outra atividade associada ao interesse público. Muitos filantrópicos, empresários, artistas, pintores e músicos fazem aniversário neste dia, além de *marchands* e curadores. Você pode brilhar em posições de autoridade e sabe ser uma pessoa justa e imparcial, o que o torna um excelente gerente ou administrador.

ESTRELAS FIXAS

Embora o grau do seu Sol não esteja ligado a nenhuma estrela fixa, alguns graus dos seus outros planetas certamente estão. Por meio do seu mapa astral, você pode encontrar a posição exata dos planetas na sua data de nascimento. Com isso, você poderá saber quais estrelas fixas listadas neste livro são relevantes para você.

Numerologia

Benevolência, ponderação e sensibilidade emocional estão associadas ao dia de aniversário número 9. Tolerante e gentil, você, muitas vezes, é uma pessoa generosa e liberal. A sua intuição e a habilidade psíquica indicam uma receptividade universal que, se for positivamente canalizada, podem inspirá-lo a buscar um caminho espiritual. Este dia de aniversário sugere a necessidade de superar desafios e a tendência a ser excessivamente sensível, propenso à instabilidade emocional. Você se beneficia imensamente de viagens internacionais e da interação com pessoas de diferentes círculos sociais, mas deve evitar alimentar sonhos irreais ou a inclinação ao escapismo. A subinfluência do mês número 4 indica que você é uma pessoa prática, dotada de capacidade de organização. Se for reprimido por situações limitadoras, você tende a se comportar de forma rebelde ou a se tornar temperamental. Você precisa ser mais flexível e menos orgulhoso. Adapte-se às situações novas e aprenda a esquecer o passado.

Positivo: idealismo, humanitarismo, criatividade, sensibilidade, generosidade, magnetismo, natureza poética, caridade, natureza atenciosa, desapego, sorte, popularidade

Negativo: frustração, nervosismo, incerteza, egoísmo, falta de praticidade, amargura, comportamento sem ética, tendência a ser facilmente levado, complexo de inferioridade, medo, preocupação, isolamento

Amor & Relacionamentos

A sua natureza amigável e desejo de auto-expressão são a garantia de que você tem amigos e uma vida social agitada. A maneira original com que encara a vida pode fazer com que você se sinta atraído por pessoas que estimulem a sua critividade natural. Embora possa ser muito amoroso, a incerteza ou indecisão no tocante aos seus relacionamentos podem, ocasionalmente, ser uma fonte de preocupação ou desapontamento. No entanto, isso não o fará desistir da sua busca de um parceiro ideal, e você está sempre disposto a se sacrificar pelas pessoas que ama. Mantendo-se criativo e não remoendo problemas, você pode lidar com os seus relacionamentos de maneira forte e positiva.

ALGUÉM ESPECIAL

Você pode encontrar um parceiro que compreenda a sua necessidade de amor entre as pessoas nascidas nas seguintes datas:

Amor & amizade: jan: 13, 14, 21, 29; fev: 11, 27, 29; mar: 9, 25, 27; abr: 7, 23, 25; mai: 5, 21, 23, 29; jun: 3, 19, 21, 27, 30; jul: 1, 17, 19, 25, 28; ago: 15, 17, 23, 26; set: 13, 15, 21, 24; out: 11, 13, 19, 22, 29; nov: 9, 11, 17, 20, 27; dez: 7, 9, 15, 18, 25

Relacionamentos benéficos: jan: 11; fev: 9; mar: 7, 31; abr: 5, 29; mai: 3, 27, 31; jun: 1, 25, 29; jul: 23, 27, 31; ago: 21, 25, 29, 30; set: 19, 23, 27, 28; out: 17, 21, 25, 26; nov: 15, 19, 23, 24, 30; dez: 13, 17, 21, 22, 28

Atrações fatais: jan: 12; fev: 10; mar: 8; abr: 6; mai: 4; jun: 2; out: 11, 12, 13, 14

Relacionamentos desafiantes: jan: 10; fev: 8; mar: 6, 29; abr: 4, 27; mai: 2, 25; jun: 23; jul: 21; ago: 19; set: 17; out: 15, 31; nov: 13, 29, 30; dez: 11, 27, 28

Alma gêmea: jan: 18, 24; fev: 16, 22; mar: 14, 20; abr: 12, 18; mai: 10, 16; jun: 8, 14; jul: 6, 12; ago: 1, 4, 10; set: 2, 8; out: 6; nov: 4; dez: 2

10 de Abril

Uma mistura de ambição, impulso e personalidade jovial é muitas vezes indicada por este dia de nascimento. Você é uma pessoa altamente espirituosa, charmosa, divertida e calorosa, mas o seu desejo de sucesso advém de uma estranha combinação de materialismo e idealismo. Como nativo de Áries, você é inquieto e aventureiro. Normalmente, quer que a vida seja agitada e glamourosa e, com o seu entusiasmo e magnestismo pessoal, você muitas vezes atrai diversos amigos e admiradores. Porém, na sua busca de realização você pode agir de forma impulsiva e deve evitar a tendência a ser inconsistente ou irresponsável.

Embora, em geral, tenha uma mente aguçada, com formas expressivas originais ou criativas, você tem a tendência a desperdiçar as suas energias, a não ser que encontre uma direção verdadeira na sua vida. Entretanto, antes de se decidir por um determinado curso de ação, você deve superar a tendência a se deixar levar pelas idéias de outras pessoas.

SOL: ÁRIES
DECANATO: SAGITÁRIO/JÚPITER
GRAU: 19°30'-20°30' ÁRIES
MODO: CARDEAL
ELEMENTO: FOGO

Ainda que seja uma pessoa determinada, perspicaz e divertida, com uma mente aguda, você também tem uma certa relutância em amadurecer. Quando aprende a assumir responsabilidades você pode conquistar estabilidade na vida, e quando adota uma perspectiva mais madura, aumenta as suas chances de ser bem-sucedido.

A partir dos 10 anos de idade, quando o seu Sol progredido entra no signo de Touro, há uma necessidade crescente de segurança. Você se torna especialmente mais consciente quanto à afeição das outras pessoas e adquire uma consciência mais elevada acerca das considerações práticas. Essa tendência prossegue até cerca dos 40 anos de idade, quando o seu Sol progredido entra no signo de Gêmeos. Esse período marca uma virada que acentua a crescente importância de novos interesses e da comunicação, o que pode levar ao aprendizado de novas habilidades. A partir dos 70 anos, quando o seu Sol progredido entra no signo de Câncer, a sua sensibilidade se intensifica, e as questões domésticas e familiares passam a ter um papel mais importante na sua vida.

O Seu Eu Secreto

Brilhante, bem-apessoado e expressivo, você tem muitos amigos, interesses e oportunidades. Contudo, é possível que haja uma divergência entre aquilo que realmente o inspira e o que traz recompensa material. Como esses diversos interesses podem levá-lo para direções diferentes, é especialmente importante ter um senso de propósito e não se deixar levar pela indecisão quanto às escolhas que fará na sua vida.

Apesar de independente, os relacionamentos desempenham um papel importante na sua vida. Essa necessidade de relacionamentos íntimos indica uma ênfase positiva no que diz respeito às parcerias, pessoais ou profissionais. Quando está desequilibrado corre o perigo de se tornar ansioso, por isso é melhor se valer da sua maravilhosa intuição. Isso significa permitir que ela o guie em direção àquilo que realmente traz a felicidade interior. Além de ser uma pessoa intuitiva e criativa, com excelentes idéias, você também tem um entusiasmo natural que o acompanhará até o fim da vida.

Trabalho & Vocação

A sua capacidade de liderança, organização e carisma pessoal indicam um potencial de chegar ao topo da carreira escolhida. É provável que a possibilidade de sucesso esteja associada a carreiras nas áreas de vendas, negociação, promoção, editorial, propaganda, advocacia ou financeira. A sua ambição o leva a ocupar cargos executivos e gerenciais, ou a trabalhar por conta própria. Qualquer que seja a área escolhida, a sua habilidade em lidar com as pessoas desempenha um papel importante no seu sucesso e o coloca em posição vantajosa. A sua necessidade de auto-expressão e amor pela arte teatral pode levá-lo ao mundo das artes e do entretenimento.

ESTRELA FIXA

Nome da estrela:
Baten Kaitos, também chamada de Cetus ou Zeta Ceti
Posição:
20°57'- 21°49'de Áries, entre os anos de 1930 e 2000
Magnitude:
3.5-4
Força:
★★★★★
Órb:
1°30'
Constelação:
Zeta Ceti
Dias:
10, 11, 12 e 13 de abril
Qualidades da estrela:
Saturno
Descrição:
estrela amarelo-topázio localizada no corpo da Baleia

Numerologia

Como as pessoas que têm o dia de aniversário número 1, você muitas vezes se esforça para atingir grandes objetivos, que provavelmente serão realizados. No entanto, para atingir as suas metas, você precisa desenvolver a paciência e a determinação. Vigoroso e original, você não abandona as suas crenças mesmo quando todos ao seu redor pensam de modo diferente. A sua capacidade de dar início às coisas com um espírito pioneiro o encoraja a viajar por locais distantes e a lutar sozinho. Talvez precise aprender que o mundo não gira ao seu redor e a não ser egoísta e autoritário. O sucesso e a realização são importantes e, muitas vezes, você quer chegar ao topo da sua profissão. A subinfluência do mês número 4 indica que você é uma pessoa incansável e empreendedora. Não desista facilmente, mas encare seriamente as suas responsabilidades. Encontre a estabilidade em meio a um ambiente de mudanças e evite cair na rotina.

Positivo: liderança, criatividade, natureza progressista, vigor, otimismo, fortes convicções, competitividade, independência, espírito gregário

Negativo: natureza arrogante, inveja, tendência à solidão, egotismo, orgulho, antagonismo, falta de controle, instabilidade, egoísmo, impaciência

Amor & Relacionamentos

Jovial, vivaz, e naturalmente carismático, você não tem problemas em atrair amigos e admiradores. Sendo uma pessoa entusiástica e divertida, você é uma companhia engraçada e agradável em qualquer evento social. Aventureiro e ousado, é provável que tenha uma vida social ativa. Todavia, talvez seja necessário escolher os seus parceiros cuidadosamente, pois, se não o fizer, poderá sofrer as conseqüências de decisões apressadas das quais poderá se arrepender mais tarde. Em geral, as pessoas que nascem neste dia fazem bons casamentos e se beneficiam de parcerias próximas.

INFLUÊNCIA DA ESTRELA PRIMÁRIA

Baten Kaitos confere cautela, seriedade e sinceridade. Ela também implica responsabilidade, uma abordagem direta da vida e habilidade de superar grandes desafios. Muitas vezes, indica a preferência pelo trabalho solitário e a tendência à impaciência em situações de limitação.

Ligada ao grau do seu Sol, essa estrela indica que talvez você precise aprender a se adaptar a novas circunstâncias, pois há a probabilidade de mudanças materiais e de estilo de vida. Quando você pensa que tudo se assentou, surgem novas mudanças. Contudo, há também boas oportunidades de viagem ou de mudança de residência devido ao trabalho.

- **Positivo**: ponderação, modéstia, dedicação, diligência, resistência
- **Negativo**: melancolia, egoísmo, instabilidade

ALGUÉM ESPECIAL

Você pode ter relações duradouras e estabilidade com as pessoas nascidas nas seguintes datas:

Amor & amizade: jan: 6, 8, 14, 15, 23, 26, 28; fev: 4, 10, 12, 13, 21, 24, 26; mar: 2, 10, 12, 19, 22, 24; abr: 8, 14, 17, 20, 22; mai: 6, 15, 16, 18, 20; jun: 4, 13, 16, 18; jul: 2, 11, 14, 16; ago: 1, 9, 12, 14, 22; set: 7, 10, 12, 24; out: 5, 8, 10, 26; nov: 3, 6, 8, 28; dez: 1, 4, 6, 30

Relacionamentos benéficos: jan: 9, 12; fev: 7, 10; mar: 5, 8; abr: 3, 6; mai: 1, 4; jun: 2, 30; jul: 28; ago: 26, 30, 31; set: 24, 28, 29; out: 22, 26, 27; nov: 20, 24, 25; dez: 18, 22, 23, 29

Atrações fatais: out: 12, 13, 14, 15

Relacionamentos desafiantes: jan: 11, 13, 29; fev: 9, 11; mar: 7, 9, 30; abr: 5, 7, 28; mai: 3, 5, 26, 31; jun: 1, 3, 24, 29; jul: 1, 22, 27; ago: 20, 25; set: 18, 23, 30; out: 16, 21, 28; nov: 14, 19, 26; dez: 12, 17, 24

Alma gêmea: jan: 12, 29; fev: 10, 27; mar: 8, 25; abr: 6, 23; mai: 4, 21; jun: 2, 19; jul: 17; ago: 2, 15; set: 13; out: 11; nov: 9; dez: 7

11 de Abril

Inspirado e orientado para alcançar o sucesso, você nasceu em um dia de sorte, que promete riqueza e realização. Todavia, para receber algumas das recompensas prometidas por este dia de nascimento, você terá de desenvolver a auto-disciplina e trabalhar arduamente. Como nativo de Áries, você é uma pessoa determinada e ambiciosa, com intuição e um bom senso de valores. O seu planeta regente, Marte, dá-lhe coragem, impulso dinâmico e uma natureza aventureira. As outras pessoas muitas vezes reconhecem a sua capacidade de liderança e o seu potencial natural para materializar idéias e projetos.

A subinfluência do regente do seu decanato, Sagitário, muitas vezes sugere uma pessoa com sorte, otimismo e que pode perceber antecipadamente as oportunidades. Porém, você precisa evitar correr riscos desnecessários e se lançar em empreendimentos sem pensar.

SOL: ÁRIES
DECANATO: SAGITÁRIO/JÚPITER
GRAU: 20°30'-21°30' ÁRIES
MODO: CARDEAL
ELEMENTO: FOGO

A riqueza material e as aquisições são importantes para você e, às vezes, pode se dar ao luxo de ter um estilo de vida extravagante. Entretanto, cuidado com a tendência a se preocupar excessivamente com os bens materiais ou a fazer qualquer coisa para conquistar a segurança financeira. No caso de, por outro lado, deixar-se levar pela inquietude, pode criar um ambiente instável, movendo-se de um objetivo para o outro e desperdiçando a sua energia pela falta de propósito.

A partir dos 9 anos de idade, quando o seu Sol progredido entra no signo de Touro, há um maior desejo de estabilidade material. Nos trinta anos seguintes, você sente necessidade de construir uma fundação sólida para aquilo que quer alcançar e tem uma maneira prática de enfrentar os desafios da vida. Há uma outra mudança na sua vida por volta dos 30 anos, quando o seu Sol progredido entra no signo de Gêmeos. Nessa fase, você passa a ter um maior interesse nos relacionamentos e reconhece a importância da comunicação. Depois dos 69 anos de idade, quando o seu Sol progredido entra no signo de Câncer, a ênfase recai sobre as questões emocionais e domésticas.

O Seu Eu Secreto

Você aprende que o dinheiro é poder e é uma pessoa que valoriza muito o mundo dos negócios. Gosta de se manter ativo e é provável que se mantenha ocupado todo o tempo. Como tem um excelente potencial para organização, é provável que recrute outras pessoas para ajudá-lo nos seus planos e projetos, por meio de uma energia positiva contagiante. Contudo, procure atentar para o fato de que manter-se ocupado não é uma desculpa para não dar mais atenção a outras áreas da sua vida.

Uma nobilidade interior e um senso dramático sugerem que você não deve se sobrecarregar com o trabalho pesado, mas deve ocupar uma posição de poder. Você tem jeito para fazer a ligação entre pessoas de grupos diferentes. As pessoas o vêem como um ser confiante e com uma enorme capacidade de obter resultados. Previna-se contra a tendência a ser egoísta. Isso não é deliberado, mas pode acontecer porque você se envolve intensamente com os próprios projetos e acaba esquecendo da energia emocional mais sutil que está à sua volta. No entanto, isto é compensado pela sua enorme generosidade e boa vontade.

Trabalho & Vocação

Você não gosta de obedecer ordens e por isso gosta de delegar tarefas, de forma que provavelmente terá um cargo de autoridade. A sua sagacidade natural para os negócios e a habilidade para usar o seu charme quando necessário podem resultar em diversas recompensas materiais, especialmente em carreiras como vendas e marketing, indústrias de serviços e restaurantes. É provável que opte e seja bem-sucedido em carreiras que necessitem do contato com o público, em vez de trabalhos solitários. A sua habilidade para pensar em grande escala pode levá-lo a ocupações de gerente, de empreendedor, de executivo, de administrador, de funcionário público, de juiz, de banqueiro ou de balconista. O lado mais altruísta da sua natureza pode levá-lo à área de magistério ou de aconselhamento, e há muitos filantropos ou mecenas nascidos neste dia.

ESTRELA FIXA

Nome da estrela:
Baten Kaitos, também chamada de Cetus ou Zeta Ceti

Posição:
20°57'-21°49'de Áries, entre os anos de 1930 e 2000

Magnitude:
3.5-4

Força:
★★★★★

Órb:
1°30'

Constelação:
Zeta Ceti

Dias:
10, 11, 12 e 13 de abril

Qualidades da estrela:
Saturno

Descrição:
estrela amarelo-topázio localizada no corpo da Baleia

Numerologia

A vibração especial do dia de aniversário 11, número mestre, sugere que o idealismo, a inspiração e a inovação são altamente importantes para você. Um misto de humildade e confiança desafiam-no a trabalhar para conquistar a independência material e espiritual. Por meio da experiência, você aprende a lidar com os dois lados da sua natureza e a desenvolver uma atitude menos extremista, acreditando nos próprios sentimentos. Você costuma ter muita energia e vitalidade, mas deve evitar o excesso de ansiedade e a falta de praticidade. A subinfluência do mês número 4 indica que você é uma pessoa prática e ponderada, com natureza protetora e compreensiva. Quando combina as suas idéias com as suas habilidades práticas, pode criar conceitos originais. Embora seja uma pessoa generosa e cooperativa, você pode às vezes ser impaciente e impulsivo. Evite ser uma pessoa autocentrada ou destruidora, analisando e refletindo sozinho a respeito das situações. Tenha fé e não tente resolver todos os problemas ao mesmo tempo.

⬆ **Positivo**: equilíbrio, foco, objetividade, entusiasmo, inspiração, inteligência, natureza fácil, inventividade, habilidade artística, habilidade para a cura, humanitarismo, fé, habilidade psíquica

⬇ **Negativo**: complexo de superioridade, desonestidade, falta de propósito, tendência a ser facilmente magoado, egoísmo, falta de clareza, comportamento dominador

Amor & Relacionamentos

É provável que o seu carisma faça com que você seja uma pessoa popular e lhe proporcione muitas oportunidades sociais e românticas. Você é um amigo leal que gosta de dar de si para os que ama. Uma tendência à inquietude ou à insatisfação emocional indica que você precisa de variedade e animação na sua vida diária. Como possui sentimentos fortes e ardentes, você pode às vezes se deixar levar pelas paixões. Não permita que essas circunstâncias coloquem em risco os seus interesses de longo prazo. É possível que haja uma divergência entre o seu forte desejo de amor e afeição e a sua busca por segurança material. Você prefere se associar a pessoas ambiciosas e independentes, e por isso é provável que seja pouco exigente no que diz respeito a questões emocionais e pessoais.

INFLUÊNCIA DA ESTRELA PRIMÁRIA

Baten Kaitos confere cautela, seriedade e sinceridade. Ela também implica responsabilidade, uma abordagem direta da vida e habilidade de superar grandes desafios. Muitas vezes, indica a preferência pelo trabalho solitário e a tendência à impaciência em situações de limitação.

Ligada ao grau do seu Sol, essa estrela indica que talvez você precise aprender a se adaptar a novas circunstâncias, pois há a probabilidade de mudanças materiais e de estilo de vida. Quando você pensa que tudo se assentou, surgem novas mudanças. Contudo, há também boas oportunidades de viagem ou de mudança de residência devido ao trabalho.

Positivo: ponderação, modéstia, dedicação, diligência, resistência

Negativo: melancolia, egoísmo, instabilidade

ALGUÉM ESPECIAL

Para relações amorosas e de amizade, você pode encontrar a pessoa certa entre as nascidas nas seguintes datas:

Amor & amizade: jan: 6, 15, 16, 29, 31; fev: 4, 13, 14, 27, 29; mar: 2, 11, 25, 27; abr: 9, 10, 23, 25; mai: 7, 21, 23; jun: 5, 19, 21; jul: 3, 17, 19, 30; ago: 1, 10, 15, 17, 28; set: 13, 15, 26; out: 11, 13, 24; nov: 9, 11, 22; dez: 7, 9, 20

Relacionamentos benéficos: jan: 3, 15, 19; fev: 11, 13, 17; mar: 9, 11, 15; abr: 7, 9, 13; mai: 5, 7, 11; jun: 3, 5, 9; jul: 1, 3, 7, 29; ago: 1, 5, 27, 31; set: 3, 25, 29; out: 1, 23, 27; nov: 21, 25; dez: 19, 23

Atrações fatais: mai: 30; junho: 28; jul: 26; ago: 24; set: 22; out: 13, 14, 15, 20; nov: 18; dez: 16

Relacionamentos desafiantes: jan: 12; fev: 10; mar: 8; abr: 6; mai: 4; jun: 2; ago: 31; set: 29; out: 27, 29, 30; nov: 25, 27, 28; dez: 23, 25, 26, 30

Alma gêmea: jan: 2, 28; fev: 26; mar: 24; abr: 22; mai: 20; jun: 18; jul: 16; ago: 14; set: 12; out: 10; nov: 8; dez: 6

12 de Aril

A sua personalidade dinâmica e sua espontaneidade sugerem uma vida cheia de ação. Embora seja uma pessoa idealista e otimista, você possui um forte senso de valores materiais. Como nativo de Áries, você é ambicioso e aventureiro, generoso e amável. Com a subinfluência do regente do seu decanato, Sagitário, é provável que faça muitas viagens e seja bem-sucedido no exterior. A expansão constante, seja material ou mental, é necessária para manter a sua inspiração ou interesse.

Ainda que possa facilmente atrair o dinheiro por meio da autodisciplina e do trabalho duro, a sua tendência a ter gestos magnânimos pode deixá-lo sem dinheiro. A ironia muitas vezes associada a esta data de nascimento é que às vezes você pode ser incrivelmente sortudo e em outras ocasiões a sua forte intuição o deixa na mão e a sua sorte simplesmente desaparece.

SOL: ÁRIES
DECANATO: SAGITÁRIO/JÚPITER
GRAU: 21°30'-22°30' ÁRIES
MODO: CARDEAL
ELEMENTO: FOGO

Inteligente, de mente aberta e objetivo, você pode usar a sua imaginação e individualidade para transformar situações impossíveis em grandes sucessos e nunca deve deixar que as outras pessoas minem o seu espírito elevado. Entretanto, você pode se beneficiar das opiniões alheias e deve tomar cuidado para não correr riscos desnecessários. Desenvolvendo o autocontrole e o senso de cautela e atingindo lentamente os seus objetivos, você pode alcançar com sucesso as suas metas.

A partir dos 8 anos de idade, quando o seu Sol progredido entra no signo de Touro, tem início um período de ênfase crescente nos aspectos práticos, na estabilidade material, no *status* e na segurança financeira. Uma outra mudança na sua vida ocorre por volta dos 38 anos, quando o seu Sol progredido entra no signo de Gêmeos, estimulando-o a ampliar os seus interesses e levando-o a dar mais importância ao conhecimento, aos estudos e à comunicação. Depois dos 68 anos de idade, quando o seu Sol progredido entra no signo de Câncer, você passa a dar prioridade às suas necessidades emocionais e ao cuidado com as outras pessoas, com a vida familiar e doméstica.

O Seu Eu Secreto

Você tem uma boa capacidade de avaliação e um instinto para o dinheiro. Todavia, pode ser que a sua vida financeira passe por oscilações antes de se estabilizar. Aprendendo a planejar e a fazer investimentos a longo prazo, você pode minimizar as suas preocupações financeiras.

Como você tem uma personalidade forte e não gosta de ocupar posições subalternas, dar-se-á bem em associações nas quais desempenhe um papel importante. É preferível, no entanto, que seu trabalho seja variado para que você não fique entediado ou impaciente. Como você possui um incrível poder mental, é melhor confiar nas suas habilidades e se lançar em novos projetos quando os ventos estão a seu favor, mas evite correr riscos desnecessários. Com todo o seu formidável poder de autoridade e liderança, evite tornar-se dominador. Contudo, os outros podem confiar em você, pois é uma pessoa diligente e confiável, à medida que se orgulha do seu trabalho e se realiza cumprindo as suas responsabilidades.

Trabalho & Vocação

O seu brilho intelectual e sua objetividade garantem que, com disciplina e determinação, você pode ser bem-sucedido em qualquer carreira que escolha. Com a sua habilidade para comandar, você quer ocupar uma posição de autoridade ou ao menos ter a liberdade para trabalhar do jeito que quiser, seja na área do magistério ou como autônomo. Esta data indica também que o sucesso é possível na área do *show business* e das artes. Sendo uma pessoa inteligente, liberal e humanitária, você se interessa por trabalhos de caridade, de formação de opinião, de cura ou científicos. Como tem uma boa capacidade de avaliação, o lado mais pragmático da sua natureza pode levá-lo a trabalhar nas áreas financeiras e de negócios.

Numerologia

Você, em geral, é uma pessoa intuitiva, prestativa, amigável e possui uma boa capacidade de raciocínio. Como deseja estabelecer a própria individualidade, é muitas vezes um inovador. Naturalmente compreensivo e sensível, você também sabe usar o tato e métodos cooperativos para alcançar os seus objetivos. Quando atinge um equilíbrio entre a sua necessidade de auto-expressão e a sua inclinação natural para apoiar as outras pessoas, você pode conquistar a satisfação emocional e a realização pessoal. Porém, você precisa ter coragem para defender os seus interesses e desenvolver a autoconfiança e deve aprender a não se desencorajar facilmente pelas outras pessoas. A subinfluência do mês número 4 indica que você é uma pessoa trabalhadora e inteligente. Embora seja muitas vezes uma pessoa generosa e amigável, você precisa ser paciente e perseverante ou prática. Quando tem um espírito positivo e confiante, usa a sua habilidade analítica para resolver problemas de forma criativa. Escreva os seus pensamentos e idéias para clarificar a sua situação e persistir apesar dos obstáculos. O sucesso pode ser alcançado no caso de se tornar uma pessoa mais condescendente e responsável.

ESTRELA FIXA

Nome da estrela:
Baten Kaitos, também chamada de Cetus ou Zeta Ceti

Posição:
20°57'-21°49'de Áries, entre os anos de 1930 e 2000

Magnitude:
3.5-4

Força:
★★★★★

Órb:
1°30'

Constelação:
Zeta Ceti

Dias:
10, 11, 12 e 13 de abril

Qualidades da estrela:
Saturno

Descrição:
estrela amarelo-topázio localizada no corpo da Baleia

Positivo: criatividade, atratividade, iniciativa, disciplina, promoção de si mesmo e dos outros

Negativo: reclusão, excentricidade, falta de cooperação, tendência a ser excessivamente sensível, falta de auto-estima

Amor & Relacionamentos

Você pode ser uma companhia sagaz e divertida, por isso não terá problemas em fazer amigos e admiradores. Como tem uma mente rápida, você precisa de um parceiro inteligente e mentalmente estimulante, para que haja uma troca intelectual. Embora, em geral, seja uma pessoa compreensiva e de bom coração, você passa por períodos em que se sente desapontado ou excessivamente sério, o que pode lhe trazer problemas nos seus relacionamentos. Entretanto, usando os seus talentos naturais de diplomacia e *insight* psicológico, você tem a capacidade de resolver situações problemáticas. Você é a pessoa mais feliz do mundo quando pode estar na companhia de pessoas que pensam como você e com as quais pode se divertir.

INFLUÊNCIA DA ESTRELA PRIMÁRIA

Baten Kaitos confere cautela, seriedade e sinceridade. Ela também implica responsabilidade, uma abordagem direta da vida e habilidade de superar grandes desafios. Muitas vezes, indica a preferência pelo trabalho solitário e a tendência à impaciência em situações de limitação.

Ligada ao grau do seu Sol, essa estrela indica que talvez você precise aprender a se adaptar a novas circunstâncias, pois há a probabilidade de mudanças materiais e de estilo de vida. Quando você pensa que tudo se assentou, surgem novas mudanças. Contudo, há também boas oportunidades de viagem ou de mudança de residência devido ao trabalho.

- **Positivo**: ponderação, modéstia, dedicação, diligência, resistência
- **Negativo**: melancolia, egoísmo, instabilidade

ALGUÉM ESPECIAL

Você pode encontrar aquela pessoa especial entre as nascidas nas seguintes datas:

Amor & amizade: jan: 6, 16, 25; fev: 4, 14; mar: 2, 12, 28, 30; abr: 10, 26, 28; mai: 8, 24, 26, 30; jun: 6, 22, 24, 28; jul: 4, 20, 22, 26, 31; ago: 2, 18, 20, 24, 29; set: 16, 18, 22, 27; out: 14, 16, 20, 25; nov: 12, 14, 18, 23; dez: 3, 10, 12, 16, 21

Relacionamentos benéficos: jan: 9, 14, 16; fev: 7, 12, 14; mar: 5, 10, 12; abr: 3, 8, 10; mai: 1, 6, 8; jun: 4, 6; jul: 2, 4; ago: 2; set: 30; out: 28; nov: 26; dez: 24, 28, 29

Atrações fatais: jan: 21; fev: 19; mar: 17; abr: 15; mai: 13; jun: 11; jul: 9; ago: 7; set: 5; out: 3, 14, 15, 16; nov: 1

Relacionamentos desafiantes: jan: 4, 13, 28; fev: 2, 11, 26; mar: 9, 24; abr: 7, 22 mai: 5, 20; jun: 3, 18; jul: 1, 16; ago: 14; set: 12; out: 10, 31; nov: 8, 29; dez: 6, 27

Alma gêmea: jan: 15, 22; fev: 13, 16, 20; mar: 11, 18; abr: 9, 16; mai: 7, 14; jun: 5, 12; jul: 3, 10; ago: 1, 4, 8; set: 6; out: 4; nov: 2

13 de Abril

Determinação e um bom senso para negócios com valores firmes são qualidades freqüentemente encontradas nas pessoas nascidas neste dia. O seu planeta regente, Marte, dá-lhe força de vontade, vitalidade e uma personalidade dominadora, com habilidades organizacionais e de liderança.

A força motivadora da sua natureza dinâmica é a necessidade de segurança e poder ou o desejo de sucesso material e reconhecimento. A educação é também vital para o seu sucesso, seja passando conhecimento para outros ou aprendendo a usar as informações de modo prático e produtivo.

Todavia, na sua tentativa de construir uma sólida fundação, você talvez precise desenvolver o autocontrole e superar uma tendência a ser muito manipulador, cruel ou a levar o seu materialismo a um ponto extremo. Mas, se você depositar todas as suas energias em um projeto que valha a pena, terá o poder e a capacidade de alcançar os mais altos objetivos.

SOL: ÁRIES
DECANATO: SAGITÁRIO/JÚPITER
GRAU: 22°30'-23°30' ÁRIES
MODO: CARDEAL
ELEMENTO: FOGO

Crescimento e força derivam da habilidade de superar dificuldades. Porém, na sua subida ao topo, você talvez precise superar a sua inclinação para ser muito extravagante, rebelde ou obstinado, desperdiçando o que ganhou em coisas supérfluas. Embora os outros muitas vezes o descrevam como uma pessoa trabalhadora, procure não ser muito exigente.

A partir dos 7 anos de idade, quando o seu Sol progredido entra no signo de Touro, aumenta o seu desejo de estabilidade material e segurança financeira. Nos trinta anos seguintes você sentirá necessidade de construir uma sólida fundação para aquilo que deseja conquistar na vida. Depois dos 37 anos de idade, quando o seu Sol progredido entra no signo de Gêmeos, você desenvolve o desejo de se instruir mais e adquire novos interesses. Depois dos 67 anos de idade, quando o seu Sol progredido entra no signo de Câncer, você fica mais sensível, e os assuntos domésticos e familiares passam a ter um papel mais importante na sua vida.

O Seu Eu Secreto

A sua liderança natural revela-se por meio do seu potencial para o trabalho duro ou para a inspiração espiritual, e em ambos os casos o poder é o auto-domínio. No caso de perder a fé em você mesmo ou na sua capacidade de conquistar o que deseja, há o perigo da frieza e do isolamento. Mas, se você espontaneamente seguir o seu espírito, o seu enorme poder e força podem ser uma fonte de animação, para você mesmo e para os outros.

Você possui uma sabedoria interior que se expressa de uma forma prática, natural. No entanto, há também uma parte oculta da sua natureza que pode se manifestar como um desejo de solidão, auto-análise ou alguma modalidade de educação. Isso contrasta com a alegria do senso dramático, que o estimula a se expressar de maneira rápida e competitiva, quase que desafiando as outras pessoas a provar estar à sua altura.

Trabalho & Vocação

O estilo dinâmico e direto pode garantir que você não desperdice o seu tempo e estabeleça e se oriente para atingir os seus objetivos. Você gosta de poder, estrutura, e eficiência, por isso será um excelente organizador, gerente, supervisor, líder ou pioneiro de qualquer empreendimento. As pessoas nascidas neste dia têm um interesse particular pelas áreas de negócios, direito ou política. Como não gosta de obedecer e é muito independente, você prefere ser o próprio patrão ou delegar aos outros. Contudo, é provável que a comunicação, de todas as formas, seja parte natural da sua experiência de trabalho.

ESTRELA FIXA

Nome da estrela:
Baten Kaitos, também chamada de Cetus ou Zeta Ceti

Posição:
20°57'-21°49'de Áries, entre os anos de 1930 e 2000

Magnitude:
3.5-4

Força:
★★★★★

Órb:
1°30'

Constelação:
Zeta Ceti

Dias:
10, 11, 12 e 13 de abril

Qualidades da estrela:
Saturno

Descrição:
estrela amarelo-topázio localizada no corpo da Baleia

Numerologia

Sensibilidade emocional, entusiasmo e inspiração são muitas vezes indicados pelo dia de aniversário 13. Numericamente, você está associado à ambição e ao trabalho duro e pode realizar muito por meio da auto-expressão criativa. Talvez precise cultivar uma perspectiva pragmática se deseja transformar os seus talentos criativos em resultados concretos. A sua abordagem original e inovadora inspira idéias novas e interessantes, que em geral resultam em um trabalho que impressiona as outras pessoas. Com o dia de aniversário número 13, você é uma pessoa atenta, romântica, charmosa, que gosta de se divertir, e com dedicação pode alcançar a prosperidade. A subinfluência do mês número 4 indica que você possui um julgamento sólido e uma personalidade individual forte. Cheio de recursos e esforçado, você é ativo e enérgico. Ainda que seja muitas vezes uma pessoa tradicionalista, com boas habilidades para negócios e senso prático, você gosta de adotar uma filosofia pessoal ou pensar de modo independente. O desejo de sucesso material e poder pode, às vezes, obscurecer outros aspectos da sua personalidade.

Positivo: ambição, criatividade, amor à liberdade, auto-expressão, iniciativa

Negativo: impulsividade, indecisão, autoritarismo, falta de emotividade, rebeldia

Amor & Relacionamentos

Muito sociável, você gosta de ser popular o que amplia o seu círculo de amigos e conhecidos. A sua criatividade inata ou a necessidade de se expressar o torna uma pessoa ainda mais gregária. Normalmente um amigo leal, você se esforça de verdade para ajudar os entes queridos. Embora tenha confiança quanto ao que deseja conquistar financeiramente, considera mais difícil ter certeza acerca dos seus sentimentos. Uma insegurança básica, ciúme ou indecisão podem perturbar os seus relacionamentos mais próximos até que aprenda a se desapegar e decida que nada atrapalhará a sua felicidade.

INFLUÊNCIA DA ESTRELA PRIMÁRIA

Baten Kaitos confere cautela, seriedade e sinceridade. Ela também implica responsabilidade, uma abordagem direta da vida e habilidade de superar grandes desafios. Muitas vezes, indica a preferência pelo trabalho solitário e a tendência à impaciência em situações de limitação.

Ligada ao grau do seu Sol, essa estrela indica que talvez você precise aprender a se adaptar a novas circunstâncias, pois há a probabilidade de mudanças materiais e de estilo de vida. Quando você pensa que tudo se assentou, surgem novas mudanças. Contudo, há também boas oportunidades de viagem ou de mudança de residência devido ao trabalho.

- **Positivo**: ponderação, modéstia, dedicação, diligência, resistência
- **Negativo**: melancolia, egoísmo, instabilidade

ALGUÉM ESPECIAL

Você pode encontrar o seu verdadeiro parceiro entre as pessoas nascidas nas seguintes datas:

Amor & amizade: jan: 7, 17, 18, 20; fev: 5, 15, 18; mar: 3, 13, 16, 29, 31; abr: 1, 11, 12, 14, 27, 29; mai: 9, 12, 25, 27; jun: 7, 8, 10, 23, 25; jul: 5, 8, 21, 23; ago: 3, 4, 6, 19, 21; set: 1, 4, 17, 19; out: 2, 15, 17; nov: 13, 15, 30; dez: 11, 13, 28

Relacionamentos benéficos: jan: 15, 17, 28; fev: 13, 15, 26; mar: 11, 13, 24; abr: 9, 11, 22; mai: 7, 9, 20; jun: 5, 7, 18; jul: 3, 5, 16; ago: 1, 3, 14; set: 1, 12; out: 10, 29; nov: 8, 27; dez: 6, 25

Atrações fatais: jan: 5; fev: 3; mar: 1; out: 16, 17, 18;

Relacionamentos desafiantes: jan: 4, 5, 14; fev: 2, 3, 12; mar: 1, 10; abr: 8, 30; mai: 6, 28; jun: 4, 26; jul: 2, 24; ago: 22; set: 20; out: 18; nov: 16; dez: 14

Alma gêmea: jan: 2; mar: 29; abr: 27; mai: 25; jun: 23; jul: 21; ago: 5, 19; set: 17; out: 15; nov: 13; dez: 11

14 de Abril

Otimista e idealista, embora impaciente e inquieto, você é um ariano dinâmico, com uma personalidade magnética, encara a vida com entusiasmo e tem uma natureza ambiciosa. Devido à subinfluência do regente do seu decanato, Sagitário, é provável que seja uma pessoa direta e franca. Contudo, procure evitar o excesso de entusiasmo ou um comportamento impulsivo. Embora seja responsável, com uma personalidade nobre e acredite em justiça, você tem a tendência a julgar a si e aos outros com base nas realizações profissionais. Como precisa conquistar muito na vida, você muitas vezes segue adiante ou aceita novos desafios tentando sempre progredir ainda mais.

SOL: ÁRIES
DECANATO: SAGITÁRIO/JÚPITER
GRAU: 223°30'-24°30' ÁRIES
MODO: CARDEAL
ELEMENTO: FOGO

Os lados extremos da sua personalidade mostram, por um lado, uma natureza humanitária que tem compaixão e atenção pelos outros, e que, por outro lado, pode ser excessivamente séria e rígida, especialmente no que diz respeito a assuntos financeiros. No entanto, com a sua perspectiva otimista e uma disposição mental positiva, você pode alcançar grande sucesso. Às vezes a fortuna lhe sorri, mas tome cuidado para não pensar que as coisas caem do céu ou deixar tudo ao acaso.

Uma tendência a ser inquieto e impaciente muitas vezes sugere que você pode fazer vista grossa para os pequenos detalhes e ser pouco preciso. Aprendendo a ser meticuloso e metódico, você poderá concluir as suas tarefas e superar a tendência a se frustrar com atrasos ou obstáculos.

A partir dos 6 anos de idade, quando o seu Sol progredido entra no signo de Touro, há um maior desejo de estabilidade material e segurança financeira. Nos trinta anos seguintes você sentirá necessidade de ser prático e de construir alguma coisa sólida em termos de realização. Essa influência prossegue até cerca dos 36 anos de idade, quando o seu Sol progredido entra no signo de Gêmeos e você entra em um período de novas idéias, com uma necessidade crescente de compreender e se comunicar. Depois dos 66 anos de idade, quando o seu Sol progredido entra no signo de Câncer, há um aumento da sua sensibilidade, e as questões domésticas e familiares passam a desempenhar um papel mais importante na sua vida.

O Seu Eu Secreto

Demonstrar a sua afeição pode ser uma questão importante para você. Como todo mundo, você precisa de amor e aprovação, mas pode ser privado disso se não corresponder às expectativas das outras pessoas. Você pode ser testado quanto até que ponto coloca em risco a própria vitalidade para obter a afeição e aprovação que precisa e merece. À medida que a vida o ensina a valorizar a si mesmo e aos seus sentimentos, você fica emocionalmente mais desapegado, sem se tornar uma pessoa fria, continuando a ser uma pessoa amorosa. Isso faz com que fique uma pessoa generosa com os outros, mostrando a sua vulnerabilidade e permitindo que as coisas aconteçam espontaneamente, sem tentar sempre estar no controle. Aceitando a vida como ela é, você é imediatamente recompensado e atrai todas as coisas de que precisa.

Trabalho & Vocação

Uma habilidade para usar o charme e ser sociável pode ajudá-lo a ser bem-sucedido em todas as carreiras relacionadas ao trabalho com o público, especialmente devido ao seu bom uso da combinação entre negócios e prazer. O seu senso dramático e a necessidade de autoexpressão podem levá-lo a profissões nas áreas das artes, do teatro, da música ou da escrita. Com a sua capacidade natural de liderança, você pode ser atraído por posições de autoridade ou pelo trabalho autônomo, mas deve tomar cuidado para que a impaciência não o impeça de ser autodisciplinado, atributo necessário para realizar todo o seu potencial. É provável que precise de liberdade para trabalhar do próprio jeito e, com um bom senso de negócios e entusiasmo natural, você deverá gostar especialmente de dar início a projetos.

ESTRELAS FIXAS

Embora o grau do seu Sol não esteja associado a nenhuma estrela fixa, alguns de seus planetas certamente estão. Por meio do seu mapa astral, você pode descobrir a posição exata dos planetas na sua data de nascimento, além de saber quais as estrelas fixas listadas neste livro são relevantes para você.

Numerologia

Potencial intelectual, pragmatismo e determinação são algumas das qualidades do dia de aniversário número 14. Apesar de você precisar de estabilidade, a impaciência indicada pelo número 14 o leva a ir adiante ou a aceitar novos desafios em uma tentativa constante de progredir. Essa insatisfação inata também pode inspirá-lo a fazer grandes mudanças na sua vida, especialmente se não estiver contente com o seu trabalho ou *status* financeiro. Com a sua mente perceptiva, você responde rapidamente aos problemas e gosta de resolvê-los. A subinfluência do mês número 4 indica que você é uma pessoa ativa, inquisitiva e enérgica, com habilidades práticas e com uma abordagem inventiva. Como possui habilidades executivas e pode agir de forma independente, não gosta de ser reprimido ou acatar ordens de outras pessoas. A sua sensibilidade e intuição muitas vezes sugerem que você precisa equilibrar a sua natureza idealista com o seu desejo de sucesso material.

Positivo: ação decisiva, trabalho duro, sorte, criatividade, pragmatismo, imaginação, diligência

Negativo: excesso de cautela ou impulsividade, instabilidade, falta de ponderação, teimosia

Amor & Relacionamentos

Os seus relacionamentos podem ser uma fonte de prazer ou descontentamento, pois você oscila entre ser uma pessoa amorosa, afetuosa e espontânea e ser uma pessoa fria e reservada. Entretanto, o seu charme natural e sua sociabilidade indicam que você possui um grande círculo de amigos com quem pode ser generoso e dar muito de si. O amor pela beleza e pela arte pode estimulá-lo a expressar os seus fortes sentimentos, mantendo-o satisfeito e entusiástico. Isso o ajudará a deixar de lado ocasionais inibições das suas emoções, que podem deixá-lo frustrado ou desapontado. Evite se martirizar por causa de pessoas que não merecem a sua lealdade e afeição. É possível também que você seja atraído por um parceiro com idade diferente da sua.

ALGUÉM ESPECIAL

Você pode encontrar alguém especial entre as pessoas nascidas nas seguintes datas:

Amor & amizade: jan: 4, 8, 18, 19, 23; fev: 2, 6, 16, 17, 21; mar: 4, 14, 15, 19, 28, 30; abr: 2, 12, 13, 17, 26, 28, 30; mai: 10, 11, 15, 24, 26, 28; jun: 8, 9, 13, 22, 24, 26; jul: 6, 7, 11, 20, 22, 24, 30; ago: 4, 5, 9, 18, 20, 22, 28; set: 2, 3, 7, 16, 18, 20, 26; out: 1, 5, 14, 16, 18, 24; nov: 3, 12, 14, 16, 22; dez: 1, 10, 12, 14, 20

Relacionamentos benéficos: jan: 5, 16, 27; fev: 3, 14, 25; mar: 1, 12, 23; abr: 10, 21; mai: 8, 19; jun: 6, 17; jul: 4, 15; ago: 2, 13; set: 11; out: 9, 30; nov: 7, 28; dez: 5, 26, 30

Atrações fatais: jan: 17; fev: 15; mar: 13; abr: 11; mai: 9; jun: 7; jul: 5; ago: 3; set: 1; out: 17, 18, 19

Relacionamentos desafiantes: jan: 1, 10, 15; fev: 8, 13; mar: 6, 11; abr: 4, 9; mai: 2, 7; jun: 5; jul: 3, 29; ago: 1, 27; set: 25; out: 23; nov: 21; dez: 19, 29

Alma gêmea: ago: 30; set: 28; out: 26; nov: 24; dez: 22

15 de Abril

Você é sensível e charmoso, embora seja ambicioso e vigoroso, e o seu dia de nascimento revela uma mistura de motivação e inércia. Como nativo de Áries, você é muitas vezes desafiado a alcançar o sucesso e a prosperidade. Sem o estímulo necessário, contudo, você pode se desencorajar facilmente e ficar perdido e sem direção até que alguma coisa ou alguém desperte a sua imaginação.

A subinfluência de Júpiter lhe dá oportunidades, sorte e uma personalidade aberta e franca. Entretanto, se deseja alcançar o sucesso deve se manter positivo e otimista. Somente por meio de trabalho duro, perseverança e determinação você alcançará os seus objetivos.

O lado confiante e piedoso da sua natureza também indica que as outras pessoas muitas vezes o procuram para obter apoio e encorajamento e, apesar da sua capacidade de dar bons conselhos, muitas vezes é difícil segui-los você mesmo. Isso sugere que talvez seja importante superar a tendência ao dogmatismo e à teimosia, como também ao orgulho excessivo.

SOL: ÁRIES
DECANATO: SAGITÁRIO/JÚPITER
GRAU: 24°30'-25°30' ÁRIES
MODO: CARDEAL
ELEMENTO: FOGO

Entre as suas diversas qualidades, você tem senso de organização e capacidade de pensar de forma aberta. A felicidade e a promessa de sucesso estão, portanto, ao seu alcance, mas você precisa se esforçar muito para se sentir realmente feliz.

A partir dos 5 anos de idade, quando o seu Sol progredido entra no signo de Touro, inicia-se um período de trinta anos marcado por uma ênfase crescente nas considerações práticas e na segurança financeira. Por volta dos 35 anos de idade, quando o seu Sol progredido entra no signo de Gêmeos, há uma mudança de ênfase na sua vida; você se sentirá estimulado a ampliar os seus interesses e a dar mais importância ao conhecimento, à comunicação e à exploração dos seus recursos mentais. Isso pode levá-lo a iniciar novos cursos de estudos ou mesmo a desenvolver novas habilidades. Depois dos 65 anos de idade, quando o seu Sol progredido entra no signo de Câncer, você tem um interesse maior pelas questões emocionais e pela vida doméstica.

O Seu Eu Secreto

Em um nível profundo, você é uma pessoa muito criativa e intuitiva. Porém, tome cuidado para que essas qualidades especiais não sejam prejudicadas pela tendência a se sentir frustrado. Alguns desses desapontamentos ocorrem porque muitas vezes atrai pessoas dependentes de você, mas que não o ajudam quando você precisa. Aceite uma mudança interna para que as circunstâncias externas também mudem.

Quando está em estado mental positivo, você é uma pessoa muito sociável e tem um grande interesse pelas outras pessoas. É provável que tenha um grande círculo de amigos que o vêem como uma pessoa de mente aberta e generosa. Para evitar a tendência a ser pego pelas cenas teatrais de outras pessoas, talvez seja necessário ter um forte senso quanto aos seus objetivos individuais. Mesmo que uma parte da sua natureza se sinta satisfeita com uma rotina fácil e previsível, o forte desejo de desfrutar as coisas boas da vida deve ser uma fonte de encorajamento que o leva a um esforço maior.

Trabalho & Vocação

A sua incrível mente e sua habilidade para se expressar diretamente podem levá-lo a carreiras como vendas, negócios e promoção. Em qualquer área que escolha, pode sentir uma necessidade de iniciar novos projetos. Sendo uma pessoa de mente aberta e filosófica pode se interessar pelas carreiras do clero, magistério ou advocacia. Como tem jeito para lidar com pessoas e se sai muito bem apoiando os pobres, pode se interessar em lutar por causas sociais. Um amor inato pela cor, harmonia e forma muitas vezes o leva a se expressar com sucesso no mundo das artes, do teatro e da música.

ESTRELA FIXA

Nome da estrela:
Al Perg, também chamada de Kullat Nuti ou Piscium

Posição:
25°50'- 26°46'de Áries, entre os anos de 1930 e 2000

Magnitude:
3.5-4

Força:
★★★★★

Órb:
1°30'

Constelação:
Eta Piscium

Dias:
15, 16, 17 e 18 de abril

Qualidades da estrela:
Saturno e Júpiter

Descrição:
estrela binária localizada no cordão próximo à cauda da Northern Fish

Numerologia

Versatilidade e entusiasmo são sugeridos pelo dia de aniversário número 15. Em geral, você é uma pessoa alerta, com uma personalidade carismática. Os seus grandes atributos são os seus fortes instintos e a sua habilidade de aprender rápido por intermédio da combinação entre teoria e prática. Muitas vezes você utiliza a sua intuição e é rápido em reconhecer as oportunidades que se apresentam. De um modo geral, possui talento para atrair o dinheiro ou receber ajuda e apoio das outras pessoas. Ainda que tenha uma natureza aventureira, você precisa de um suporte real. A subinfluência do mês número 4 indica que você é prático. Embora a sua independência e sua determinação lhe dêem a liberdade de que precisa, é necessário que você seja constantemente positivo e concentrado. Você mostra a sua força sendo atencioso com as outras pessoas, mas é importante evitar a arrogância. Embora pareça ser uma pessoa confiante, as tensões e inseguranças internas podem provocar algumas oscilações de humor. Entretanto, você é uma pessoa orgulhosa e resoluta, com necessidade de saber que os seus esforços são apreciados.

Positivo: boa vontade, generosidade, responsabilidade, gentileza, cooperação, apreço, idéias criativas

Negativo: destruição, inquietude, irresponsabilidade, autocentramento, medo de mudança, perda da fé, preocupação, indecisão, materialismo, mal uso do poder

Amor & Relacionamentos

Uma cordialidade amigável e autoconsciência garantem a sua popularidade. Como o sucesso no trato com as pessoas é uma conclusão prévia, torna-se apenas necessário exercitar a discriminação quanto às pessoas que deseja ter por perto. As outras pessoas podem se tornar dependentes de você, devido à sua habilidade de fazer com que se sintam emocionalmente satisfeitas. Por isso, é necessário certificar-se de que os seus relacionamentos sejam equilibrados. A vida doméstica e familiar desempenha um papel fundamental nos seus planos de vida, assim como a segurança material é também uma questão importante. A elevada expectativa que tem quanto aos relacionamentos faz com que seja significativo saber o quanto os outros precisam de você e o admiram.

INFLUÊNCIA DA ESTRELA PRIMÁRIA

Al Perg confere determinação para a realização dos objetivos. O sucesso deriva da paciência e da prontidão, mas não sem luta. A realização e o reconhecimento podem ser alcançados por meio de perseverança e dedicação. Essa estrela também implica que o descontentamento consigo mesmo e com os outros pode causar irritação.

Ligada ao grau do seu Sol, essa estrela denota realização, com uma ascensão lenta e estável a um poder maior, e a preferência pelo trabalho em área governamental e em questões políticas.

- **Positivo**: felicidade na solidão, senso de dever, franqueza, honestidade
- **Negativo**: inconstância, descontentamento, mau humor, tensões emocionais, mudança de objetivos

ALGUÉM ESPECIAL

Você é uma pessoa que dá muito àqueles que ama e pode encontrar mais oportunidades de receber o mesmo entre as pessoas nascidas nas seguintes datas:

Amor & amizade: jan: 5, 9, 18, 19; fev: 3, 7, 16, 17, 18; mar: 1, 5, 14, 15, 31; abr: 3, 12, 13, 29; mai: 1, 10, 11, 27, 29; jun: 8, 9, 25, 27; jul: 6, 7, 23, 25, 31; ago: 4, 5, 6, 21, 23, 29; set: 2, 3, 19, 21, 27, 30; out: 1, 17, 19, 25, 28; dez: 13, 15, 21, 24

Relacionamentos benéficos: jan: 1, 6, 17; fev: 4, 15; mar: 2, 13; abr: 11; mai: 9; jun: 7; jul: 5; ago: 3; set: 1; out: 31; nov: 29; dez: 27

Atrações fatais: out: 17, 18, 19, 20

Relacionamentos desafiantes: jan: 2, 16; fev: 14; mar: 12; abr: 10; mai: 8; jun: 6; jul: 4; ago: 2; dez: 30

Alma gêmea: jan: 11, 31; fev: 9, 29; mar: 7, 27; abr: 5, 25; mai: 3, 23; jun: 1; jul: 19; ago: 17; set: 15; out: 13; nov: 11; dez: 9

16 de Abril

Um gosto pelas mudanças e uma inquietação inata são freqüentemente indicados por esta data de aniversário. Você é uma pessoa gentil mas ambiciosa, com um forte desejo de ocupar o seu lugar no mundo. Muitas vezes as viagens desempenham um papel importante na sua vida, especialmente no que diz respeito à sua carreira profissional. Você gosta de uma vida ativa, plena de agitação e variedades.

Como nativo de Áries, você é uma pessoa auto-confiante, ambiciosa e ousada. A subinfluência do planeta do seu decanato, Júpiter, sugere que você é progressista e gosta de se lançar em novos empreendimentos. Essa influência pode indicar também o desejo de ocupar uma posição que lhe permita servir de inspiração para outras pessoas. Você possui o poder de se concentrar em um determinado objetivo e devotar a ele sua total atenção. O seu amor pela liberdade e necessidade de auto-expressão garantem que se adotar uma postura autoritária, não o fará por muito tempo. Por meio da perseverança e da determinação, você pode superar as dificuldades e se tornar mais auto-confiante. Mantendo uma ordem metódica e evitando ações impulsivas você pode minimizar as flutuações nas suas circunstâncias financeiras.

SOL: ÁRIES
DECANATO: SAGITÁRIO/JÚPITER
GRAU: 24°30'-25°30' ÁRIES
MODO: CARDEAL
ELEMENTO: FOGO

Informativo e comunicativo, você possui uma mente alerta e pode usar a sua intuição para fazer previsões a longo prazo. Se conseguir economizar e considerar investimentos de longo prazo, pode obter um grande benefício, especialmente em propriedades no estrangeiro.

Depois dos 4 anos de idade o seu Sol progredido entra no signo de Touro, dando-lhe nos trinta anos seguintes um crescente desejo de estabilidade material e segurança financeira. Durante esse período aumenta o interesse pela construção de uma sólida fundação dos seus objetivos e uma ênfase nas suas necessidades físicas. Sua vida sofre uma mudança por volta dos 34 anos de idade, quando o seu Sol progredido entra no signo de Gêmeos, estimulando o crescente interesse nas relações interpessoais e nas habilidades de comunicação. Essa é uma fase na qual você se interessará em estudar, seja por razões profissionais ou por puro prazer. A partir dos 64 anos de idade, quando o seu Sol progredido entra no signo de Câncer, há um aumento da sua sensibilidade e a vida doméstica e familiar ocupa um papel mais importante na sua vida.

O Seu Eu Secreto

Em um nível profundo, você pode às vezes experimentar a insegurança originada da incerteza quanto à tomada de decisões acertadas. Contudo, usando o lado humanitário da sua natureza, que o possibilita ter uma "visão do todo", você pode colocar tudo em perspectiva e deixar as preocupações de lado. O melhor é se concentrar nas suas idéias fantásticas, nos projetos criativos e no senso de humor.

Felizmente, você aprende as coisas rapidamente e sempre sabe perceber as oportunidades que oferecem recompensa financeira. Entretanto, com a sua paciência e seu desejo de realização imediata das suas necessidades materiais, você deve evitar a inclinação a crises de extravagâncias ou de auto-indulgência. Se canalizar a sua inquietude para alguma coisa que realmente o interesse, pode ficar inspirado o suficiente para trabalhar duro e aceitar as responsabilidades que trazem uma sólida recompensa.

Trabalho & Vocação

Com ambição, necessidade de mudança e capacidade de liderança, você se adapta melhor em posição de autoridade que não envolva um trabalho rotineiro. Você precisa usar tanto o seu senso prático quanto o seu senso de imaginação em profissões como ator, escritor, fotógrafo ou arquiteto. Talvez haja o interesse em se juntar a corporações internacionais ou ao mundo da mídia. Por outro lado, você pode se envolver com organizações de caridade e trabalhar por causas justas. A exploração corajosa de novas áreas dentro do seu trabalho pode estimulá-lo a alcançar a sua realização. Você não permanecerá em uma carreira que não traga uma recompensa financeira em curto prazo e pode se interessar especialmente por trabalhos que envolvam viagens. Por outro lado, o seu desejo de ação pode levá-lo à carreiras esportivas.

Numerologia

O dia de aniversário número 16 sugere que você é uma pessoa ponderada, sensível e amigável. Embora analítico, muitas vezes julga a vida e as pessoas de acordo com os seus sentimentos. Com uma natureza de número 16, no entanto, você pode experimentar tensões internas quando enfrenta um embate entre a necessidade de auto-expressão e a responsabilidade para com os outros. Você pode se interessar pelos assuntos mundanos e políticos. Os que são criativos têm talento para escrever e têm súbitos momentos de inspiração. Precisa aprender a equilibrar a confiança excessiva com a dúvida e a insegurança. A subinfluência do mês número 4 indica que você é uma pessoa prática e trabalhadora. Sociável e com consciência de grupo, você é sensível aos sentimentos das outras pessoas e pode ser prestativo e amigo. Ainda que você seja uma pessoa receptiva e valorize a opinião alheia, evite ser facilmente desencorajado pela crítica das pessoas com as quais se importa. Não tenha medo da mudança e aprenda a ser flexível.

ESTRELAS FIXAS

Al Perg, também chamada de Kullat Nuti ou Piscium; Vertex, também chamada de Great Nebuli

ESTRELA PRIMÁRIA

Nome da estrela:
Al Perg, também chamada de Kullat Nuti ou Piscium

Posição:
25°50'- 26°46'de Áries, entre os anos de 1930 e 2000

Magnitude:
3.5-4

Força:
★★★★★

Órb:
1°30'

Constelação:
Eta Piscium

Dias:
15, 16, 17 e 18 de abril

Qualidades da estrela:
Saturno e Júpiter

Descrição:
estrela binária localizada no cordão próximo à cauda da Northern Fish

Positivo: educação elevada, responsabilidade quanto à família e à vida doméstica, integridade, intuição, sociabilidade, cooperação, *insight*

Negativo: preocupação, inabilidade para se satisfazer, irresponsabilidade, natureza opinativa, ceticismo, alvoroço, egoísmo, falta de simpatia

Amor & Relacionamentos

A maneira rápida e observadora de compreender as pessoas garante que em situações sociais você pode ser uma pessoa viva e divertida. As amizades são importantes e você gosta de conhecer pessoas que podem inspirá-lo e ajudá-lo a se divertir. Cheio de idéias e consciente da imagem que deseja criar, você se importa com a opinião das outras pessoas. Em geral, você é uma pessoa com disposição de trabalhar para manter a paz nos seus relacionamentos, mas evite ser impaciente ou se engajar em discussões que possam interferir nas suas associações. Nos seus relacionamentos, você precisa de alguém que tenha uma mente refinada e com quem possa compartilhar os seus interesses. Como você também possui um lado muito jovial e brincalhão, talvez seja importante desenvolver o senso de responsabilidade.

INFLUÊNCIA DA ESTRELA PRIMÁRIA

Al Perg confere determinação para a realização dos objetivos. O sucesso deriva da paciência e da prontidão, mas não sem luta. A realização e o reconhecimento podem ser alcançados por meio de perseverança e dedicação. Essa estrela também implica que o descontentamento consigo mesmo e com os outros pode causar irritação.
Ligada ao grau do seu Sol, essa estrela denota realização, com uma ascensão lenta e estável a um poder maior, e a preferência pelo trabalho em área governamental e em questões políticas.

- **Positivo**: felicidade na solidão, senso de dever, franqueza, honestidade
- **Negativo**: inconstância, descontentamento, mau humor, tensões emocionais, mudança de objetivos

Consulte o Apêndice para obter informações adicionais acerca das estrelas fixas.

ALGUÉM ESPECIAL

Você pode encontrar maior estabilidade no amor e na amizade entre as pessoas nascidas nas seguintes datas:

Amor & amizade: jan: 6, 10, 20, 29; fev: 4, 8, 18, 27; mar: 2, 6, 16, 25, 28, 30; abr: 4, 14, 23, 26, 28, 30; mai: 2, 12, 21, 24, 26, 28, 30; jun: 10, 19, 22, 24, 26, 28; jul: 8, 17, 20, 22, 24, 26; ago: 6, 7, 15, 18, 20, 22, 24; set: 4, 13, 16, 18, 20, 22; out: 2, 11, 14, 16, 18, 20; nov: 9, 12, 14, 16, 18; dez: 7, 10, 12, 14, 16

Relacionamentos benéficos: jan: 7, 13, 18, 28; fev: 5, 11, 16, 26; mar: 3, 9, 14, 24; abr: 1, 7, 12, 22; mai: 5, 10, 20; jun: 3, 8, 18; jul: 1, 6, 16; ago: 4, 14; set: 2, 12, 30; out: 10, 28; nov: 8, 26, 30; dez: 6, 24, 28

Atrações fatais: jan: 25; fev: 23; mar: 21; abr: 19; mai: 17; jun: 15; jul: 13; ago: 11; set: 9; out: 7, 19, 20, 21; nov: 5; dez: 3

Relacionamentos desafiantes: jan: 3, 17; fev: 1, 15; mar: 13; abr: 11; mai: 9, 30; jun:7, 28; jul: 5, 26, 29; ago: 3, 24, 27; set: 1, 22, 25; out: 20, 23; nov: 18, 21; dez: 16, 19

Alma gêmea: jan: 18; fev: 16; mar: 14; abr: 12; mai: 10, 29; jun: 8, 27; jul: 6, 25; ago: 4, 23; set: 2, 21; out: 19; nov: 17; dez: 15

17 de Abril

Prático e visionário, com uma natureza ambiciosa, você é, na maioria das vezes, uma pessoa positiva e pronta para a ação. Como nativo de Áries, tem o ímpeto de se erguer e partir para a ação, mas na sua busca pelo sucesso pode às vezes precisar superar a tendência a ser inquieto e mudar de rumo. A subinfluência de Sagitário, o regente do seu decanato, sugere que, agindo de forma previdente, você pode tomar decisões felizes. Isto lhe dá uma sorte natural e o protege nas questões financeiras. Contudo, para se beneficiar realmente dessa sorte celestial, deve enfatizar os valores e o trabalho duro e desenvolver uma atitude responsável. Você possui a capacidade de lidar com situações desafiantes e de resolver os problemas por meio de realizações rápidas. Embora possa superar obstáculos com a sua determinação e vitalidade, quando conclui suas tarefas precisa de um descanso.

Habilidades práticas, forte intuição e capacidade de concentração no trabalho são alguns dos seus diversos talentos. O orgulho que tem do seu trabalho também pode significar um certo perfeccionismo. No entanto, esse senso de dever e de autocontrole não o deve transformar em uma pessoa excessivamente preocupada com a economia. A sua abordagem eficiente e realista muitas vezes sugere que você é uma pessoa franca e direta, mas tome cuidado com a sua tendência a ser abrupto e teimoso.

SOL: ÁRIES
DECANATO: SAGITÁRIO/JÚPITER
GRAU: 26°30'-27°30' ÁRIES
MODO: CARDEAL
ELEMENTO: FOGO

Quando o seu Sol progredido entra no signo de Touro, por volta dos 3 anos de idade, tem início um período de trinta anos de ênfase crescente na segurança. Sua vida sofre uma mudança por volta dos 33 anos de idade, quando o seu Sol progredido entra no signo de Gêmeos, estimulando-o a ampliar os seus interesses e a dar mais ênfase ao conhecimento, à comunicação e aos estudos. A partir dos 60 anos de idade, quando o seu Sol progredido entra no signo de Câncer, você se tornará mais consciente das suas necessidades emocionais e dará mais ênfase à sua vida familiar e doméstica.

O Seu Eu Secreto

Paradoxalmente, uma parte da sua personalidade quer que a vida seja estável, segura e previsível, enquanto a outra busca atividade e variedade, procurando evitar o tédio. Tome cuidado para não cair na rotina se a sua situação se tornar agradável e fácil, pois as oportunidades estão sempre longe da sua rotina usual no trabalho e em casa. Se essa busca pela novidade ou por novas experiências for reprimida, você pode se sentir inquieto e impaciente sem saber por que. Isso pode levá-lo ao escapismo, como maneira de compensação.

Como é uma pessoa ativa, pode sentir que a experiência ensina mais do que a teoria. Você também possui uma sensibilidade emocional e sutil, e um *insight* intuitivo que pode guiá-lo positivamente. Em vez de correr em direções diferentes, ouça a sua percepção interior e a sua vida pode correr mais suavemente.

Trabalho & Vocação

O dia do seu aniversário mostra excelentes oportunidades para o comércio e empreendimentos. Com um senso inato de praticidade, você gosta de criar método e ordem, por isso é vital ter um plano para as suas grandes visões. Nas questões profissionais, você é indicado para lidar com o dinheiro de outras pessoas, trabalhar com importações e exportações, na área financeira e de advocacia, fazer transações de negócios no exterior e dar início a grandes projetos. É provável também que você tenha habilidade e senso de forma. Ambicioso, com perfil para fazer negociações, você em geral é capaz de ganhar muito dinheiro. A sua data de aniversário também sugere que pode se interessar por fatos e números e obter sucesso material ou alcançar uma posição proeminente como especialista ou pesquisador. Por outro lado, pode se aventurar em viagens e explorações, ou usar a sua sensibilidade e criatividade em alguma forma de auto-expressão por meio da música e das artes.

ESTRELAS FIXAS

Al Perg, também chamada de Kullat Nuti ou Piscium; Vertex, também chamada de Great Nebuli

ESTRELA PRIMÁRIA

Nome da estrela:
Al Perg, também chamada de Kullat Nuti ou Piscium
Posição:
25°50'- 26°46'de Áries, entre os anos de 1930 e 2000
Magnitude:
3.5-4
Força:
★★★★★
Órb:
1°30'
Constelação:
Eta Piscium
Dias:
15, 16, 17 e 18 de abril
Qualidades da estrela:
Saturno e Júpiter
Descrição:
estrela binária localizada no cordão próximo à cauda da Northern Fish

Numerologia

Como um pensador arguto e independente, você se beneficia sendo bem educado ou habilidoso. O dia de aniversário número 17 significa que você utiliza o seu conhecimento especificamente para desenvolver a sua especialidade. Com uma natureza reservada e boa capacidade analítica, você pode alcançar uma posição proeminente como especialista ou pesquisador. Privado e introspectivo, com um forte interesse em fatos e números, você muitas vezes tem um comportamento ponderado. Desenvolvendo as suas habilidades de comunicação, você pode descobrir muito mais a respeito de si mesmo e dos outros. A subinfluência do mês número 4 indica que você pode ser amigável e de fácil trato, com habilidade diplomática. Mostrando a sua natureza carinhosa, você pode resolver todos os mal-entendidos. Embora goste de resolver problemas independentemente, aprenda a dividir os seus pensamentos com as outras pessoas ou a trabalhar em equipe. Evite a tendência à avidez e à inveja. Uma necessidade de reconhecimento sugere que você sabe se expressar e liberar o seu espírito criativo.

Positivo: ponderação, planejamento, bom senso para negócios, sucesso financeiro, pensamento individual, natureza esforçada, acuidade, habilidade para pesquisa, habilidade científica

Negativo: desapego, solidão, teimosia, falta de cuidado, mau humor, excesso de sensibilidade, mentalidade estreita, criticismo, desconfiança

Amor & Relacionamentos

Caloroso e sociável, você atrai as pessoas com o seu charme natural. Com a sua poderosa emoção, você tem muito amor a dar. Entretanto, se não expressar os seus sentimentos de modo positivo, você pode se tornar mal-humorado ou rabugento. A inquietude ou impaciência associadas ao seu dia de aniversário muitas vezes se manifestam se você for reprimido ou se sentir frustrado. Manter-se ativo e com um espírito aventureiro pode ajudá-lo a alcançar a satisfação emocional. Mesmo que às vezes os seus relacionamentos possam ser perturbados, você se esforça de boa vontade para que eles dêem certo e raramente desiste facilmente. Todavia, a sua energia dinâmica e emocional garante que você pode ser bem-sucedido em manter a sua posição e obter a afeição e admiração que deseja com qualquer parceiro.

INFLUÊNCIA DA ESTRELA PRIMÁRIA

Al Perg confere determinação para a realização dos objetivos. O sucesso deriva da paciência e da prontidão, mas não sem luta. A realização e o reconhecimento podem ser alcançados por meio de perseverança e dedicação. Essa estrela também implica que o descontentamento consigo mesmo e com os outros pode causar irritação.

Ligada ao grau do seu Sol, essa estrela denota realização, com uma ascensão lenta e estável a um poder maior, e a preferência pelo trabalho em área governamental e em questões políticas.

- **Positivo**: felicidade na solidão, senso de dever, franqueza, honestidade
- **Negativo**: inconstância, descontentamento, mau humor, tensões emocionais, mudança de objetivos

Consulte o Apêndice para obter informações adicionais acerca das estrelas fixas.

ALGUÉM ESPECIAL

Você pode encontrar o seu parceiro ideal entre as pessoas nascidas nas seguintes datas:

Amor & amizade: jan: 7, 11, 22, 24; fev: 5, 9, 20; mar: 3, 7, 18, 31; abr: 1, 5, 16, 29; mai: 3, 14, 27, 29; jun: 1, 12, 25, 27; jul: 10, 23, 25; ago: 8, 10, 21, 23, 31; set: 6, 19, 21, 29; out: 4, 17, 19, 27, 30; nov: 2, 15, 17, 25, 28; dez: 13, 15, 23, 26

Relacionamentos benéficos: jan: 8, 14, 19; fev: 6, 12, 17; mar: 4, 10, 15; abr: 2, 8, 13; mai: 6, 11; jun: 4, 9; jul: 2, 7; ago: 5; set: 3; out: 1, 29; nov: 27; dez: 25, 29

Atrações fatais: out: 20, 21, 22;

Relacionamentos desafiantes: jan: 9, 18, 20; fev: 7, 16, 18; mar: 5, 14, 16; abr: 3, 12, 14; mai: 1, 10, 12; jun: 8, 10; jul: 6, 8, 29; ago: 4, 6, 27; set: 2, 4, 25; out: 2, 23; nov: 21; dez: 19

Alma gêmea: jan: 9; fev: 7; mar: 5; abr: 3; mai: 1; out: 30; nov: 28; dez: 26

18 de Abril

Sério e cuidadoso, mas original e versátil, você muitas vezes procura caminhos de auto-expressão. Como nativo de Áries, você é uma pessoa determinada e criativa, com charme e personalidade condescendente. A subinfluência do regente do seu decanato, Sagitário, encoraja-o a explorar e viajar ou buscar experiências diferentes e a ter diversos interesses. Contudo, essa influência também adverte contra a tendência a desperdiçar as suas energias e o seu tempo.

Apesar de você muitas vezes confiar no seu senso comum e ter habilidade para ver os diversos lados de cada situação, às vezes você pode ser indeciso. Entretanto, você é um estrategista nato, com uma forte intuição, e quando se depara com um problema muitas vezes chega rapidamente a uma solução engenhosa.

SOL: ÁRIES
DECANATO: SAGITÁRIO/JÚPITER
GRAU: 27°30'- 28°30' ÁRIES
MODO: CARDEAL
ELEMENTO: FOGO

Trabalhador, metódico e cuidadoso, você gosta de ir direto ao ponto. Confiabilidade, argúcia e flexibilidade intelectual muitas vezes sugerem que as outras pessoas admiram a sua integridade e mente criativa. No seu entusiasmo para enfrentar os desafios que a vida apresenta, tome cuidado com a tendência a ser excessivamente idealista ou a se arriscar de forma inconseqüente por acreditar que os inícios irão resolver todos os seus problemas.

Como o seu Sol entra no signo de Touro por volta dos 2 anos de idade, é provável que a sua infância seja marcada por uma forte influência da estabilidade, com ênfase na segurança material. Sua vida sofre uma mudança por volta dos 32 anos de idade, quando o seu Sol progredido entra no signo de Gêmeos. A partir deste período, você desenvolve o desejo de adquirir mais conhecimento e habilidades de comunicação em todas as áreas da sua vida. A partir dos 62 anos de idade, o seu Sol progredido entra no signo de Câncer, trazendo uma mudança de interesses que acentua as necessidades emocionais, domésticas e familiares.

O Seu Eu Secreto

Grande parte da sua constituição física ou mental tem uma necessidade constante de segurança e afeição, que pode se manifestar de modos diferentes. Por exemplo, quando sente que a sua liderança está sendo desafiada, você tem a tendência a prolongar as situações até se sentir seguro. Por outro lado, quando as pessoas queridas estão desanimadas, você tenta, com toda a devoção, levantar os seus ânimos.

Você pode se sentir ansioso ou nervoso se a sua vida cair na rotina e não mudar tão rápido quanto gostaria. Porém, é sempre apenas uma questão de tempo até que a sua natureza capaz e determinada comece a se movimentar. Esse período estático temporário pode ser um pré-requisito para que você encontre a paz de espírito; assim, utilize esses períodos para parar, refletir e recompor as suas energias para recomeçar.

Trabalho & Vocação

O seu excelente poder mental e habilidades de comunicação apontam para uma tremenda capacidade de realização. Você deve apenas se prevenir para não se sobrecarregar ou deixar levar pelo sentimento de dúvida quanto a si mesmo. Quando tem uma disposição positiva, você tem uma maneira altamente criativa de abordar a vida, que pode se manifestar em qualquer área. Se estiver envolvido na área artística, você estará disposto a compartilhar as suas idéias originais e talentosas com as outras pessoas. Como é uma pessoa naturalmente sociável, com uma mente perspicaz para os negócios, você pode ser bem-sucedido em carreiras que integrem essas suas características, como as profissões nas áreas bancárias, vendas e corretagem de imóveis. O aprendizado filosófico ou humanitário pode ser satisfeito por meio de ocupações ligadas à vida religiosa, ao trabalho de caridade ou filantrópico. As viagens são especialmente importantes para a abertura de caminhos e expansão.

Numerologia

Determinação, assertividade e ambição são alguns dos atributos associados ao dia de aniversário número 18. Ativo, com necessidade de enfrentar desafios, você gosta de manter-se ocupado e está constantemente envolvido em algum empreendimento. Capaz, trabalhador e responsável, você alcança posições de autoridade. Por outro lado, o seu forte senso para os negócios e sua capacidade de organização podem levá-lo à esfera do comércio. Como você pode sofrer com o excesso de trabalho, aprenda a de vez em quando relaxar e a diminuir o ritmo. Como uma personalidade número 18, você pode usar o seu poder para curar as outras pessoas, dar bons conselhos, ou resolver os problemas alheios. A subinfluência do mês número 4 indica que você é uma pessoa eficiente, confiável e imaginativa. Quando estiver em dúvida, use a sua fé e acredite nos seus instintos. Se você se sentir sobrecarregado emocionalmente, não perca a paciência ou aja de forma egoísta; tenha tolerância e compreensão. Você é uma pessoa franca e direta, por isto pense antes de agir e evite ser muito crítico. Quando estiver em posição de autoridade, é importante ser verdadeiro e justo.

Positivo: atitude progressista, assertividade, intuição, coragem, resolução, capacidade de cura, eficiência, capacidade de aconselhamento

Negativo: descontrole emocional, preguiça, falta de ordem, egoísmo, incapacidade de concluir trabalhos, ilusão

ESTRELAS FIXAS

Mirach, também chamada de cinturão de Andrômeda; Arl Perg, também chamada de Kulat Nuti ou Piscium; Vertex, também chamada de Great Nebuli

ESTRELA PRIMÁRIA

Nome da estrela:
Mirach, também chamada de cinturão de Andrômeda

Posição:
29°17' de Áries - 0°24'de Touro, entre os anos de 1930 e 2000

Magnitude:
2

Força:
★★★★★★★★

Órb:
2°10'

Constelação:
Beta Andrômeda

Dias:
18, 19, 21, 22 e 23 de abril

Qualidades da estrela:
Netuno e Vênus

Descrição:
estrela amarelo-avermelhada localizada ao lado do cinturão de Andrômeda

Amor & Relacionamentos

Versátil e criativo, é provável que você tenha muitos amigos e conhecidos. O seu charme envolvente garante o sucesso por todas as atividades sociais, mas especialmente naquelas que dizem respeito à auto-expressão. Caso se mantenha positivo nas questões românticas, você pode ser muito amoroso e espontâneo, mas, se se preocupar em demasia com os próprios problemas, pode aparentar frieza ou indiferença. É vital que você tenha tempo para si mesmo, para refletir e ouvir a sua sensibilidade interior intuitiva, pois isso o conecta aos seus elevados ideais. É provável que isto reforce a sua fé e o ajude a evitar a ansiedade nos seus relacionamentos devido à preocupação com a insegurança financeira.

INFLUÊNCIA DA ESTRELA PRIMÁRIA

Mirach confere sensibilidade, uma natureza sonhadora e idealista e um senso de beleza refinado. Você tem, na maior parte das vezes, uma perspectiva gregária e alegre, charme pessoal, desejo de felicidade e amor ao grupo. A influência positiva trazida por essa estrela lhe dá poder de imaginação, inspiração e idéias baseadas na criação artística. Muitas vezes, você possui tendências mediúnicas e gosta de sonhar acordado. Embora seja aventureiro, pode também ser uma pessoa devotada e visionária. Você tem uma influência estimulante sobre as outras pessoas e pode fazer amigos facilmente. Muitas vezes, pode receber ajuda de outras pessoas.
Ligada ao grau do seu Sol, essa estrela denota talento para composição e interpretação musical. A sua meta deve ser a criação do real a partir do ideal. Ela também implica que a excentricidade pode estar associada à falta de autoconfiança.

- **Positivo**: altruísmo, mente brilhante, inclinação para o misticismo, idealismo, bom gosto, talentos artísticos, ampla gama de interesses
- **Negativo**: maus hábitos secretos, preocupação romântica, preocupação, idealismo excessivo, ilusão

Consulte o Apêndice para obter informações adicionais a respeito das estrelas fixas.

ALGUÉM ESPECIAL

É provável que as suas chances de amor ou romance aumentem com as pessoas nascidas nas seguintes datas:

Amor & amizade: jan: 8, 22, 26; fev: 6, 20, 21, 24; mar: 4, 18, 22; abr: 2, 16, 20, 30; mai: 14, 18, 28, 30; jun: 12, 16, 26, 28; jul: 10, 14, 24, 26; ago: 8, 9, 12, 22, 24; set: 6, 10, 20, 22, 30; out: 4, 8, 18, 20, 28; nov: 2, 6, 16, 18, 26; dez: 4, 14, 16, 24

Relacionamentos benéficos: jan: 9, 20; fev: 7, 18; mar: 5, 16, 29; abr: 3, 14, 27; mai: 1, 12, 25; jun: 10, 23; jul: 8, 21; ago: 6, 19; set: 4, 17; out: 2, 15, 30; nov: 13, 28; dez: 11, 26, 30

Atrações fatais: jan: 27; fev: 25; mar: 23; abr: 21; mai: 19; jun: 17; jul: 15; ago: 13; set: 11; out: 9, 21, 22, 23; nov: 7; dez: 5

Relacionamentos desafiantes: jan: 2, 10, 19; fev: 8, 17; mar: 6, 15; abr: 4, 13; mai: 2, 11; jun: 9; jul: 7, 30; ago: 5, 28; set: 3, 26; out: 1, 24; nov: 22; dez: 20, 30

Alma gêmea: jan: 15; fev: 13; mar: 11; abr: 9; mai: 7; jun: 5; jul: 3; ago: 1; out: 29; nov: 27; dez: 25

19 de abril

Idealista e amigável, mas com espírito empreendedor e amor ao conforto material, você muitas vezes procura associações que possam lhe render lucros e vantagens. Como nativo de Áries, você é uma pessoa energética, assertiva e com uma mente aguda e habilidades intuitivas. Isso muitas vezes sugere que você é uma pessoa perceptiva e imaginativa, com talentos criativos que o encorajam a tomar a iniciativa.

A forte ênfase que coloca nos relacionamentos e associações, que é indicada pelo seu dia de aniversário, implica que, embora você seja uma pessoa forte e vigorosa, talvez precise aprender a arte de negociar para se beneficiar do que os outros têm a lhe oferecer. A subinfluência de Sagitário, o regente do seu decanato, sugere que você é uma pessoa otimista e cheia de recursos. Freqüentemente, você pode ter idéias extremamente boas que lhe trarão enormes recompensas financeiras.

Na maior parte das vezes amigável e generoso, você tem uma percepção visionária que o leva a buscar trabalhos que o integram na sua comunidade. Se acreditar em uma causa, pode ser bastante vigoroso e persuasivo. Na área profissional, você tem talento para vendas e promoções, e pode ser bem-sucedido fazendo transações.

SOL: ÁRIES
DECANATO: SAGITÁRIO/JÚPITER
GRAU: 27°30'-28°30' ÁRIES
MODO: CARDEAL
ELEMENTO: FOGO

Quando tem 1 ano de idade, o seu Sol entra no signo de Touro, dando início a um período de trinta anos de crescente ênfase na sua segurança material. Sua vida sofre uma mudança por volta dos 31 anos de idade, quando o seu Sol progredido entra no signo de Gêmeos, estimulando-o a ampliar os seus interesses e a dar mais ênfase no conhecimento, na comunicação e em novos interesses. A partir dos sessenta e poucos anos de idade, quando o seu Sol progredido entra no signo de Câncer, você terá uma maior consciência dos seus sentimentos e deverá buscar uma vida familiar mais harmônica.

O Seu Eu Secreto

A necessidade interior de reconhecimento o leva a realizações materiais, garantindo que você sabe a que veio. Encarnando uma estranha mistura de idealismo e desejo de ter dinheiro e *status*, você tem energia e determinação para obter uma realização substancial, mas pode descobrir que a maior realização advém da satisfação de fazer algo para os outros. O sonho inato de um paraíso de paz e harmonia pode se manifestar na sua necessidade de ter uma base doméstica segura, de onde pode lançar os seus planos ambiciosos. Isso pode levá-lo a desenvolver habilidades musicais ou artísticas, com as quais pode se sentir uma unidade com o seu forte senso universal.

Com uma sólida ética profissional e consciência de que nada vem de graça, você se sente mais feliz quando tem claro em sua mente quais são os seus próximos objetivos. Apesar de ter um medo infundado de falta de recursos, a sua natureza idealista deseja realizar alguma coisa que possa beneficiar as outras pessoas.

Trabalho & Vocação

A sua enorme capacidade e seu entusiasmo para dar início a projetos podem levá-lo a diversas áreas profissionais. Uma propensão para os negócios e a capacidade de vender idéias ou produtos nos quais acredita podem fazer com que simples vendas se transformem em uma boa ocasião para a promoção de seus ideais e de si mesmo. Você é a pessoa mais feliz do mundo quando está em posição de comando e pode delegar as tarefas mais minuciosas e rotineiras para outros. A sua habilidade nos relacionamentos e em fazer contatos indica que as carreiras ideais sejam as que envolvam outras pessoas, como relações públicas, aconselhamento, ou agenciamento. Você pode também ser atraído por negociações profissionais que envolvam vendas imobiliárias ou alguma forma de comunicação. Mesmo que goste de ser o chefe ou trabalhar por conta própria, você também sabe a importância de trabalhar em cooperação com as outras pessoas.

ESTRELAS FIXAS

Mirach, também chamada de cinturão de Andrômeda; Arl Perg, também chamada de Kulat Nuti ou Piscium; Vertex, também chamada de Great Nebuli

ESTRELA PRIMÁRIA

Nome da estrela:
Mirach, também chamada de cinturão de Andrômeda
Posição:
29°17' de Áries - 0°24'de Touro, entre os anos de 1930 e 2000
Magnitude:
2
Força:
★★★★★★★
Órb:
2°10'
Constelação:
Beta Andrômeda
Dias:
18, 19, 21, 22 e 23 de abril
Qualidades da estrela:
Netuno e Vênus
Descrição:
estrela amarelo-avermelhada localizada ao lado do cinturão de Andrômeda

Numerologia

Luminoso, ambicioso e humanitário são algumas das maneiras como as pessoas descrevem quem tem o dia de aniversário número 19. Decisivo e habilidoso, você possui profundidade de visão, mas o lado sonhador da sua natureza é piedoso, idealista e criativo. Embora seja sensível, a necessidade de ser alguém é o que o leva a ser uma pessoa dramática e a querer estar no centro das atenções. Muitas vezes, há o forte desejo de estabelecer uma identidade individual. Para isso, você precisa primeiro superar a influência causada pela pressão social. Para os outros, você pode parecer uma pessoa confiante, resistente e cheia de recursos, mas as tensões interiores podem causar instabilidade emocional. Você é muitas vezes artístico e carismático, e o mundo está à sua espera para ser explorado. A subinfluência do mês número 4 indica que mesmo sendo uma pessoa prática e trabalhadora, você ainda precisa se manter concentrado e evitar desperdiçar as suas energias. Uma tendência para a ação prematura pode derivar do excesso de otimismo. Sendo flexível e auto-assertivo, você pode mostrar a sua capacidade de liderança. Aplicando as suas habilidades práticas e imaginação, pode transformar as suas idéias em resultados tangíveis.

Positivo: dinamismo, centramento, criatividade, liderança, sorte, atitude progressista, otimismo, fortes convicções, competitividade, independência, natureza gregária

Negativo: descontrole emocional, preguiça, falta de ordem, egoísmo, incapacidade de concluir trabalhos, ilusão, auto-centramento, depressão, preocupação, medo de rejeição, instabilidade emocional, materialismo, egotismo, impaciência

Amor & Relacionamentos

A sua energia dinâmica indica que você, em geral, tem uma vida social agitada, com muitos interesses. Você tem uma atração especial por pessoas poderosas, inteligentes ou com forte personalidade. Há uma probabilidade, porém, de se envolver em jogos mentais de poder ou de se tornar muito manipulador se não obtiver o que deseja. Entretanto, você pode ser uma pessoa generosa e prestativa. Você possui também uma capacidade de fazer amigos em todos os lugares onde vai e pode fazer com que estas novas amizades lhe sejam úteis contatos profissionais.

INFLUÊNCIA DA ESTRELA PRIMÁRIA

Mirach confere sensibilidade, uma natureza sonhadora e idealista e um senso de beleza refinado. Você tem, na maior parte das vezes, uma perspectiva gregária e alegre, charme pessoal, desejo de felicidade e amor ao grupo. A influência positiva trazida por essa estrela lhe dá poder de imaginação, inspiração e idéias baseadas na criação artística. Muitas vezes, você possui tendências mediúnicas e gosta de sonhar acordado. Embora seja aventureiro, pode também ser uma pessoa devotada e visionária. Você tem uma influência estimulante sobre as outras pessoas e pode fazer amigos facilmente. Muitas vezes, pode receber ajuda de outras pessoas.
Ligada ao grau do seu Sol, essa estrela denota talento para composição e interpretação musical. A sua meta deve ser a criação do real a partir do ideal. Ela também implica que a excentricidade pode estar associada à falta de autoconfiança.

- **Positivo**: altruísmo, mente brilhante, inclinação para o misticismo, idealismo, bom gosto, talentos artísticos, ampla gama de interesses
- **Negativo**: maus hábitos secretos, preocupação romântica, preocupação, idealismo excessivo, ilusão

Consulte o Apêndice para obter informações adicionais a respeito das estrelas fixas.

ALGUÉM ESPECIAL

Para o amor ou estímulo mental, você pode começar procurando entre as pessoas nascidas nas seguintes datas:

Amor & amizade: jan: 3, 23; fev: 11, 21, 23; mar: 9, 19, 28, 31; abr: 7, 17, 26, 29; mai: 5, 15, 24, 27, 29, 31; jun: 3, 13, 22, 25, 27, 29; jul: 1, 11, 20, 23, 25, 27, 29; ago: 1, 9, 18, 21, 23, 25, 27; set: 7, 16, 19, 21, 23, 25; out: 5, 14, 17, 19, 21, 23; nov: 3, 12, 15, 17, 19, 21; dez: 1, 10, 13, 15, 17, 19

Relacionamentos benéficos: jan: 3, 4, 10, 21; fev: 1, 2, 8, 19; mar: 6, 17, 30; abr: 4, 15, 28; mai: 2, 13, 26; jun: 11, 24; jul: 9, 22; ago: 7, 20; set: 5, 18; out: 3, 16, 31; nov: 1, 14, 29; dez: 12, 27

Atrações fatais: jan: 22, 28; fev: 20, 26; mar: 18, 24; abr: 16, 22; mai: 14, 20; jun: 12, 18; jul: 10, 16; ago: 8, 14; set: 6, 12; out: 4, 10, 23, 24; nov: 2, 8; dez: 6

Relacionamentos desafiantes: jan: 11, 20; fev: 9, 18; mar: 7, 16; abr: 5, 14; mai: 3, 12, 30; jun: 1, 10, 28; jul: 8, 26, 31; ago: 6, 24, 29; set: 4, 22, 27; out: 2, 20, 25; nov: 18, 23; dez: 16, 21

Alma gêmea: jan: 26; fev: 24; mar: 22, 30; abr: 20, 28; mai: 18, 26; jun: 16, 24; jul: 14, 22; ago: 12, 20; set: 10, 18; out: 8, 16; nov: 6, 14; dez: 4, 12

20 de Abril

Nascido na cúspide de Áries e Touro, você possui tanto o impulso e assertividade de Áries quanto a determinação prática de Touro. Ambicioso mas sensível, você possui uma grande necessidade de estabilidade material e de progredir na vida. Isso também indica que será necessário encontrar o equilíbrio entre a sua compaixão natural e a tendência a centrar a sua atenção somente para os seus próprios interesses ou a ser uma pessoa autoritária.

O desejo de ter sucesso e segurança, o que é indicado pelo seu dia de aniversário, também sugere que você deseja obter a aprovação alheia e pode, por isso, ser uma pessoa amigável e receptiva. O seu magnetismo pessoal muitas vezes o ajuda a superar os obstáculos e é frequentemente auxiliado pela sua intuição. Estas qualidades invariavelmente o ajudam a compreender rapida e precisamente as situações.

SOL: CÚSPIDE ÁRIES/TOURO
DECANATO: SAGITÁRIO/JÚPITER
GRAU: 29°30' ÁRIES -0°30' TOURO
MODO: CARDEAL
ELEMENTO: FOGO

Amigável e sociável, você, no entanto, é sensível ao criticismo alheio. Quando desenvolve uma perspectiva mais racional, pode evitar magoar-se facilmente com as atitudes dos outros.

Com a sua abordagem realista e prática e habilidade diplomática inata, você gosta de trabalhar cooperativamente com outras pessoas e sente-se à vontade quando consegue combinar negócios com prazer ou quando promove idéias associadas a lucros financeiros.

Nos primeiros anos da sua vida, há uma forte influência de uma figura feminina, muitas vezes a sua mãe. Até os 30 anos de idade, quando o seu Sol progredido entra no signo de Touro, há uma ênfase na estabilidade material, no *status* e na segurança financeira. A sua vida passa uma transformação nos 30 anos de idade, quando o seu Sol progredido entra no signo de Gêmeos, estimulando-o a ampliar os seus interesses e a dar mais importância ao conhecimento, à comunicação e aos estudos. Por volta dos 60 anos, o seu Sol progredido entra no signo de Câncer, enfatizando as suas necessidades emocionais, a vida familiar e doméstica.

O Seu Eu Secreto

O seu instinto natural para avaliar rapidamente as pessoas e as situações coloca-o em uma posição vantajosa no que diz respeito a obter o que deseja. Seja quando usa esta habilidade para vender uma das suas muitas idéias ou para fazer contantos, você gosta de dar início a novos projetos. Quando trabalha com outras pessoas, é importante evitar usar táticas de poder, o que pode ser feito por meio do desenvolvimento da arte da negociação, da diplomacia e da cooperação.

Em um nível profundo, você possui desejos extremamente fortes que, quando são canalizados por intermédio de atividades altruístas, podem constituir uma força poderosa para a melhoria da vida de outras pessoas. Tome cuidado para não permitir que estas forças poderosas voltadas para o bem não sejam bloqueadas por medo quanto à vida material. Como tem habilidade de manifestar a sua vontade em um nível exterior, é essencial que você saiba exatamente o que deseja e por que.

Trabalho & Vocação

Com o seu entusiasmo, coragem, responsabilidade e habilidades executivas, você pode seguir uma carreira no comércio, atuando como negociador, agente ou conselheiro financeiro. Você prospera quando dá início a novos projetos ou enfrenta novos desafios, e, no mundo dos negócios, tem habilidade para localizar novas oportunidades. Você tem a capacidade mágica de manifestar as coisas materialmente com a sua determinação forte e concentrada. Motivado por uma forte combinação de idealismo e praticidade, você possui uma capacidade natural de liderança, especialmente nas áreas administrativa ou executiva ou atuando como empreendedor. O seu forte senso dramático e capacidade criativa podem atraí-lo a carreiras no mundo das artes e do entretenimento.

Numerologia

Como um indivíduo nascido no dia 20, você é intuitivo, sensível, adaptável e compreensivo, e gosta de se ver como parte integrante de um grupo. Usualmente, você gosta de atividades cooperativas nas quais pode interagir, compartilhar experiências e aprender com as outras pessoas. Charmoso e gracioso, você tem habilidade diplomática e social e se movimenta com facilidade em diversos círculos sociais. Contudo, você precisa desenvolver a sua confiança ou superar a tendência a ser facilmente ferido pelas ações e críticas alheias ou a ser excessivamente dependente. A subinfluência do mês número 4 indica que você é uma pessoa prática e realista, ainda que seja amorosa e prestativa. Confie nas suas premonições e evite preocupar-se com os outros, especialmente se eles podem feri-lo. Como é, na maior parte das vezes, uma pessoa perfeccionista, é imperativo que você saiba que deu o melhor de si. Talvez precise superar a tendência a criticar ou a sentir-se insatisfeito, e deve aprender a pensar por si próprio em vez de ouvir as opiniões das outras pessoas.

ESTRELA FIXA

Nome da estrela:
Mirach, também chamada de cinturão de Andrômeda

Posição:
29°17' de Áries - 0°24'de Touro, entre os anos de 1930 e 2000

Magnitude:
2

Força:
★★★★★★★★

Órb:
2°10'

Constelação:
Beta Andrômeda

Dias:
18, 19, 21, 22 e 23 de abril

Qualidades da estrela:
Netuno e Vênus

Descrição:
estrela amarelo-avermelhada localizada ao lado do cinturão de Andrômeda

Positivo: boas parcerias, gentileza, tato, receptividade, intuição, consideração, harmonia, natureza amigável, embaixador da boa vontade

Negativo: falta de confiança, timidez, sensibilidade excessiva, excessivamente emotivo, egoísmo, ilusão

Amor & Relacionamentos

Amigável e de bom coração, você tem uma vida agitada e gosta de conhecer pessoas novas. A tendência a se envolver em relacionamentos, contudo, adverte que você muitas vezes pode ser inconstante e sentir-se incerto no tocante a compromissos de longo prazo. O seu amor pelas mudanças implica que você pode levar uma vida muito variada e agitada, com muitas viagens e aventuras. Devido à sua ambição e determinação, o ideal é que tenha um parceiro que seja ativo e trabalhador como você. Embora seja geralmente caloroso e atencioso, você pode às vezes comportar-se de modo egoísta e dominador com as pessoas queridas. Quando aprende a ser paciente e imparcial, você encontra o equilíbrio e a estabilidade emocional.

INFLUÊNCIA DA ESTRELA PRIMÁRIA

Mirach confere sensibilidade, uma natureza sonhadora e idealista e um senso de beleza refinado. Você tem, na maior parte das vezes, uma perspectiva gregária e alegre, charme pessoal, desejo de felicidade e amor ao grupo. A influência positiva trazida por essa estrela lhe dá poder de imaginação, inspiração e idéias baseadas na criação artística. Muitas vezes, você possui tendências mediúnicas e gosta de sonhar acordado. Embora seja aventureiro, pode também ser uma pessoa devotada e visionária. Você tem uma influência estimulante sobre as outras pessoas e pode fazer amigos facilmente. Muitas vezes, pode receber ajuda de outras pessoas.

Ligada ao grau do seu Sol, essa estrela denota talento para composição e interpretação musical. A sua meta deve ser a criação do real a partir do ideal. Ela também implica que a excentricidade pode estar associada à falta de autoconfiança.

- **Positivo**: altruísmo, mente brilhante, inclinação para o misticismo, idealismo, bom gosto, talentos artísticos, ampla gama de interesses
- **Negativo**: maus hábitos secretos, preocupação romântica, preocupação, idealismo excessivo, ilusão

ALGUÉM ESPECIAL

Você pode sentir-se mais inspirado a compartilhar o seu amor e afeição com as pessoas nascidas nas seguintes datas:

Amor & amizade: jan: 14, 24, 31; fev: 12, 22, 23, 29; mar: 10, 20, 27; abr: 8, 18, 25; mai: 6, 16, 23, 30; jun: 4, 14, 15, 21, 28, 30; jul: 2, 12, 19, 26, 28; ago: 10, 11, 17, 24, 26, 28; set: 8, 15, 22, 24, 26; out: 6, 13, 20, 22, 24, 30; nov: 4, 11, 18, 20, 22, 28; dez: 2, 9, 16, 18, 20, 26, 29

Relacionamento benéfico: jan: 5, 22, 30; fev: 3, 20, 28; mar: 1, 18, 26; abr: 16, 24; mai: 14, 22; jun: 12, 20; jul: 10, 18, 29; ago: 8, 16, 27, 31; set: 6, 14, 25, 29; out: 4, 12, 23, 27; nov: 2, 10, 21, 25; dez: 10, 19, 23

Atrações fatais: jan: 12; fev: 10; mar: 8; abr: 6; mai: 4; jun: 2; out: 24, 25

Relacionamento desafiante: jan: 16, 21; fev: 14, 19; mar: 12, 17, 30; abr: 10, 15, 28; mai: 8, 13, 26; jun: 6, 11, 24; jul: 4, 9, 22; ago: 2, 7, 20; set: 5, 18; out: 3, 16; nov: 1, 14; dez: 12

Alma gêmea: jan: 25; fev: 23; mar: 21; abr: 19; mai: 17; jun: 15; jul: 13; ago: 11; set: 9; out: 7; nov: 5; dez: 3, 30

Pessoas famosas de Áries

21 de março
Timothy Dalton, Matthew Broderick, Rosie O'Donnell, Johann Sebastian Bach, Al Freeman Jr., Gary Oldman, Ayrton Senna

22 de março
Andrew Lloyd Webber, Stephen Sondheim, Marcel Marceau, Chic Max, George Benson, Bob Costas, William Shatner, Matthew Modine, Jorge Ben Jor

23 de março
Joan Crawford, Chaka Khan, Ric Ocasek, Werner von Braun, Eric Fromm, Akira Kurosawa, Louise Anderson, Moses Malone, Ric Ocasek, Severino Araújo

24 de março
Steve McQueen, Kelly Le Brock, William Morris, Wilhelm Reich, Bob Mackie, Donna Pescow, Denny McLain, Roger Bannister, Jesus Alou, Clyde Barrow

25 de março
Elton John, Aretha Franklin, Arturo Toscanini, David Lean, Gloria Steinem, Sarah Jessica Parker, Nick Lowe

26 de março
Tennessee Williams, Pierre Boulez, Victor Frankl, Robert Frost, Erica Jong, Diana Ross, Martin Short, James Caan, Joseph Campbell, Jennifer Grey, Sandra Day O'Connor, Leonard Nimoy

27 de março
Sarah Vaughan, Mariah Carey, Gloria Swanson, Randall Cunningham, Michael York, Affonso Romano de Sant'Anna, Cale Yarborough, Quentin Tarantino, Xuxa

28 de março
Dirk Bogarde, Santa Teresa d'Avila, Petrovich Mussorgsky, Cheryl James, Lucy Lawless, Diane Wiest, Ken Howard, Dick Bogarde, Marlin Perkins, Sam Walton, Adelino Moreira, Hermínio Bello de Carvalho

29 de março
Jennifer Capriati, Pearl Bailey, John Major, Eric Idle, Walt Frazier, Astrud Gilberto, Braguinha

30 de março
Warren Beatty, Van Gogh, Melanie Klein, Eric Clapton, Tracy Chapman, Paul Reiser, Celine Dion, Ian Ziering, Goya

31 de março
Joseph Haydn, Rhea Perlman, René Descartes, Nagisa Oshima, Al Gore, Richard Chamberlain, Cristopher Walken, Leo Buscaglia, Liz Claiborne, Shirley Jones, Octavio Paz, Gogol

1º de abril
Ali MacGraw, Debbie Reynolds, Sergei Rachmaninoff, Jane Powell, Phil Niekro, David Eisenhower, Lon Chaney, Gil Scott-Heron, Toshiro Mifune

2 de abril
Alec Guinness, Émile Zola, Hans Christian Andersen, William Hunt, Dana Carvey, Emmylou Harris, Marvin Gaye, Alec Baldwin, Linda Hunt, Buddy Ebsen, Don Sutton

3 de abril
Marlon Brando, Alec Baldwin, Eddie Murphy, Jane Goodall, Doris Day, George Herbert, Wayne Newton, Melissa Etheridge, Marsha Mason, Maria Clara Machado, Helmut Kohl

4 de abril
Muddy Waters, Anthony Perkins, Robert Downey Jr., Elmer Bernstein, Christine Lahti, A.Barlett Giamatti, Craig T. Nelson, Maya Angelou, Nancy Mckeon, Cazuza

5 de abril
Spencer Tracy, Gregory Peck, Booker T. Washington, Algernon Swinburne, Bette Davis, Colin Powell, Booker T. Washington, Melvyn Douglas

6 de abril
Harry Houdini, Raphael, André Previn, Baba Ram Dass, Peter Tosh, Gustav Moreau, Butch Cassidy, Billy Dee Williams, Merle Haggard, John Ratzemberger, Andre Previn

7 de abril
Francis Ford Coppola, Ravi Shankar, Jerry Brown, William Wordsworth, James Garner, Billie Holiday, Jackie Chan, Percy Faith, São Francisco Xavier, Mussum

8 de abril
Carmen McRae, Julian Lennon, Betty Ford, Mary Pickford, Jim Hunter Catfish, José Veríssimo, Michael Bennett, Sonja Hernie

9 de abril
Charles Baudelaire, Paul Robeson, Dennis Quaid, Carl Perkins, Knight Pulliam, Paulina Porizkova

10 de abril
Joseph Pulitzer, Samuel Hahnemann, Omar Sharif, Steven Seagal, Brian Setzer, Don Meredith, Clare Boothe Luce, Hélio Silva, John Madden, Zé Trindade

11 de abril
Ethel Kennedy, Oleg Cassini, Dean Acheson, Joel Grey, Bill Irwin, Hugh Carey, Louise Lasser

12 de abril
David Letterman, Herbie Hancock, David Cassidy, Dennis Banks, Clare Danes.b, Andy Garcia, Shannen Doherty, Vince Gill, Chico Anísio

13 de abril
Thomas Jefferson, Samuel Beckett, Gary Kasparov, Al Green, Jonathan Brandis, Seamus Heaney, Max Weinberg, Landford Wilson, Cate Newell Stark, Garry Kasparov

14 de abril
Rod Steiger, John Gielgud, Erich von Daniken, Julie Christie, Ali Akbar Khan, Loretta Lynn, Aluísio Azevedo

15 de abril
Bessie Smith, Henry James, Leonardo da Vinci Claudia Cardinale, Emma Thompson, Evelyn Ashford, Neville Marriner, Roy Clark, Elizabeth Montgomery

16 de abril
Spike Milligan, Charlie Chaplin, Henry Mancini, Kingsley Amis, Peter Ustinov, Kareem Abdul-Jabbar, Martin Lawrence, Ellen Barkin, Jon Cryer, Merce Cunningham

17 de abril
Nikita Khruschev, William Holden, Olivia Hussey, J.P. Morgan, Jan Hammer, Harry Reasoner, Isak Dinesen

18 de abril
Hayley Mills, Leopold Stokowski, Huntington Hartford, Frederika da Grécia, Conan O'Brien, Monteiro Lobato, James Woods, Rick Moranis, Eric Roberts, Antero de Quental, Clarence Darrow

19 de abril
Dudley Moore, Paloma Picasso, Benjamim Disraeli, Gustav Fechner, Jayne Mansfield, Ashley Judd, Manuel Bandeira, Lygia Fagundes Telles, Tim Curry, Elinor Donahue, Dick Sargent, Roberto Carlos, Don Adams, Getúlio Vargas

20 de abril
Daniel Day Lewis, Ryan O'Neal, Joan Miró, Luther Vandross, Jessica Lange, Don Mattingly, Adolph Hitler, Tito Puente

Estrelas Fixas de Áries

Para as pessoas que nasceram em dias que recebem a influência de mais de uma estrela fixa, segue aqui uma lista completa das estrelas fixas e de seus atributos. Você também pode usar este apêndice juntamente com o seu mapa astrológico para aprender mais acerca do significado destes corpos celestiais.

Deneb Kaitos

Nome da estrela: Deneb Kaitos, também chamada de Dipda
Posição: 1°32'-2°27' de Áries, entre os anos de 1930 e 2000
Magnitude: 2
Força: ★★★★★★★★
Órb: 2°10'
Constelação: Beta Ceti
Dias: 21, 22, 23, 24, 25 e 26 de março
Qualidades da estrela: Saturno
Descrição: uma estrela amarelo-laranja localizada na cauda da Baleia.

Deneb Kaitos confere uma natureza controlada e habilidade para seguir adiante com determinação. Ela também confere uma inquietude inata, que pode levar a ímpetos de atividades seguidos por períodos de repouso. Essa estrela adverte contra o mau uso da força e sugere que a pessoa deve aprender a relaxar a sua mente por meio do pensamento positivo; são também importantes períodos de isolamento.
Ligada ao grau do seu Sol, esta estrela indica capacidade de organização e enfatiza os deveres e as responsabilidades. Com disciplina e controle, pode-se alcançar uma grande realização. Ela também adverte contra a tendência à frustração.

Positivo: perseverança, determinação
Negativo: repressão ou frustração, ações **impulsivas**, mudança impensada de direção

Algenib

Nome da estrela: Algenib
Posição: 8°10'-9°4' de Áries, entre os anos de 1930 e 2000
Magnitude: 3
Força: ★★★★★★
Órb: 2°
Constelação: Alpha Pegasi
Dias: 29, 30 e 31 de março e 1 e 2 de abril
Qualidades da estrela: Marte/Mercúrio
Descrição: uma pequena estrela branca localizada na asa de Pegasus.

Algenib confere poder de pensamento e uma mente positiva e ativa, capaz de grandes realizações por meio de idéias e ações. Essa estrela concede determinação, entusiasmo e tendência à competitividade. Ela também amplia a velocidade dos processos mentais e dá confiança para fazer retaliações de maneira justa e com uma oratória que impressiona. Ela também adverte contra a tendência a ser temperamental e inquieto.
Ligada ao grau do seu Sol, esta estrela confere bom senso para os negócios, amor ao aprendizado, interesse por assuntos religiosos e talento para escrever. Algenib também sugere a necessidade de privacidade e de períodos de isolamento. Ela indica sucesso no trato com o público.

Positivo: decisão, espírito empreendedor, força de vontade, espírito lutador, capacidade verbal

Negativo: criticismo, sarcasmo, comportamento obstinado, depressão, propensão a brigas

Sirrah

Nome da estrela: Sirrah, também chamada de Alpheratz e Caput Andromeda
Posição: 13°11'-14°13' de Áries, entre os anos de 1930 e 2000
Magnitude: 2
Força: ★★★★★★★★
Órb: 2°10'
Constelação: Alpha Andromeda
Dias: 2, 3, 4, 5, 6 e 7 de abril
Qualidades da estrela: Júpiter/Vênus
Descrição: uma estrela binária azul, branca e roxa na cabeça de Andrômeda.

Sirrah significa bons relacionamentos com as pessoas e popularidade. Ela confere uma natureza harmônica e benefícios por meio de bons contatos sociais. Essa estrela pode também conceder honrarias, riqueza, jovialidade, otimismo, versatilidade e capacidade de julgamento. Contudo, ela adverte contra a tendência ao excesso de franqueza ou ao descaso da sua popularidade.
Ligada ao grau do seu Sol, ela indica que, na maioria das vezes, você pode atingir o que deseja, contanto que tenha clareza quanto aos seus objetivos. Ocasionalmente, depois de obter o que deseja, você pode ficar perdido sem saber o que fazer em seguida. Porém, como um dos dos seus atributos naturais é conhecer as pessoas certas e estar no lugar certo na hora certa, essa situação não se prolonga por muito tempo.

Positivo: calor humano, alegria, popularidade, personalidade atraente
Negativo: convencimento, excesso

Baten Kaitos

Nome da estrela: Baten Kaitos, também chamada de Cetus ou Zeta Ceti
Posição: 20°57'-21°49' de Áries, entre os anos de 1930 e 2000
Magnitude: 3.5 - 4
Força: ★★★★★
Órb: 1°30'
Constelação: Zeta Ceti
Dias: 10, 11, 12 e 13 de abril
Qualidades da estrela: Saturno
Descrição: uma estrela amarelo-topázio localizada no corpo da Baleia.

Baten Kaitos confere cautela, perspectiva séria e sinceridade. Ela indica também responsabilidade, abordagem direta e habilidade para superar grandes desafios. Muitas vezes, ela indica uma preferência pelo trabalho solitário e a tendência a sentir-se impaciente quando limitado.
Ligada ao grau do seu Sol, ela indica que você precisa aprender a se adaptar às mudanças de cirscunstâncias, pois há uma probabilidade de alteração na sua fortuna e estilo de vida. Quando acha que a poeira já assentou, precisa enfrentar outra reviravolta. Contudo, você tem boas oportunidades de viagens e mudanças de residência devido ao trabalho.

Positivo: ponderação, modéstia, dedicação, diligência, resistência
Negativo: melancolia, egoísmo, instabilidade

Al Perg

Nome da estrela: Al Perg, também chamada de Kullat Nuti ou Piscium
Posição: 25°50'-26°46' de Áries, entre os anos de 1930 e 2000
Magnitude: 3.5- 4
Força: ★★★★★
Órb: 1°30'

Constelação: Eta Piscium
Dias: 15, 16, 17 e 18 de abril
Qualidades da estrela: Saturno e Júpiter
Descrição: uma estrela binária localizada perto da cauda do Peixe do Norte.

Al Perg confere determinação para realização dos objetivos. O sucesso é alcançado com paciência e firmeza, mas não sem lutas. A realização e o reconhecimento podem ser atingidos por meio da perseverança e da dedicação. Esta estrela também indica que a insatisfação consigo mesmo e com os outros pode provocar irritação.
Ligada ao grau do seu Sol, ela denota realização. O sucesso é alcançado por intermédio de uma escalada lenta e firme e há uma preferência pelo trabalho no serviço público ou no mundo da política.

- **Positivo**: felicidade na solidão, senso de dever, franqueza, honestidade
- **Negativo**: inconstância, insatisfação, mau humor, tensão emocional, mudança de objetivos

Vertex

Nome da estrela: Vertex, também chamada de Grande Nebulosa
Posição: 26°51'-27°47' de Áries, entre os anos de 1930 e 2000
Magnitude: 3.5 - 4
Força: ★★★★★★
Órb: 1°
Constelação: M31 Andromeda
Dias: 16, 17, 18 e 19 de abril
Qualidades da estrela: Marte/Lua
Descrição: uma grande nebulosa localizada no lado norte da cabeça de Andrômeda.

Vertex confere uma natureza ambiciosa e ímpeto para se destacar. A sua natureza o leva a querer ser o primeiro; você possui espírito lutador. Esta estrela também confere forte tensão interna, que pode provocar ações prematuras ou impulsivas.
Ligada ao grau do seu Sol, ela indica altos cargos honoríficos no trato com o público. Capacidade de liderança, idealismo e desejo de lutar por causas justas são algumas das qualidades de Vertex. Contudo, é possível que haja perturbações.

- **Positivo**: competitividade, paixão, vigor e entusiasmo, expressão vigorosa
- **Negativo**: inquietude, oscilações de humor, irritabilidade

Mirach

Nome da estrela: Mirach, também chamada de cinturão de Andromeda
Posição: 29°17'-0°24' de Áries, entre os anos de 1930 e 2000
Magnitude: 2
Força: ★★★★★★★★
Órb: 2°10'
Constelação: Beta Andromeda
Dias: 18, 19, 20, 21, 22 e 23 de abril
Qualidades da estrela: Netuno e Vênus
Descrição: uma estrela amarelo-avermelhada localizada no cinturão de Andrômeda.

Mirach confere sensibilidade, uma natureza sonhadora e idealista e um senso de beleza refinado. Na maioria das vezes, você tem uma prespectiva gregária e jovial, desejo de ser feliz e amor à companhia de outras pessoas. A influência positiva que esta estrela indica lhe dá poder de imaginação, inspiração e idéias baseadas em criações artísticas. Você, muitas vezes, possui tendências à mediunidade e a sonhar acordado. Embora seja aventureiro, você pode também ser uma pessoa dedicada e visionária. Você exerce uma influência estimulante sobre as outras pessoas e faz amigos com facilidade. Muitas vezes, você recebe ajuda de outros.

Ligada ao grau do seu Sol, esta estrela indica talento para compor e tocar instrumentos. O seu objetivo deve ser criar uma realidade a partir de algo ideal. Ela também indica que a excentricidade pode estar ligada à falta de autoconfiança.

- **Positivo**: altruísmo, inclinação ao misticismo, idealismo, bom gosto, talentos artísticos, amplo espectro de interesses
- **Negativo**: maus hábitos secretos, preocupação romântica, idealismo excessivo

As autoras

GERALDINE SULLIVAN, nascida em 4 de junho, é astróloga profissional, com vinte anos de experiência, e dá palestras em vários países, além de entrevistas a programas de televisão nos Estados Unidos. Com uma carreira astrológica bem-sucedida, Geraldine ministra *workshops* e cursos de extensão em Londres. Formada em Astrologia e em Psicologia, a autora também conduz pesquisas acerca de temas como inconsciente, sonhos e experiência mística.

SARAH CRAWFORD, nascida em 28 de maio, é numeróloga e astróloga profissional, com treze anos de experiência. Sarah trabalha como consultora astrológica em Londres e ministra cursos e *workshops* acerca de Astrologia e Numerologia. Sua dissertação de mestrado em Ciências Sociais teve como temas história e filosofia da civilização ocidental e incluiu pesquisas a respeito da História da Astrologia, Hermenêutica e Reflexividade.

Software para Astrologia

O programa

Canopus Astrologia 2003 é um programa de computador voltado para a produção de trabalhos de Astrologia, tais como Mapas Natais, Trânsitos, Progressões, Revoluções e outros mais especializados.

Este software está sendo oferecido como brinde na compra do livro *O Poder dos Aniversários*, de Saffi Crawford e Geraldine Sullivan. Ele é de propriedade da Canopus LTDA, empresa que mantêm o *site* esotérico ESTRELA GUIA e possui inúmeros outros produtos. Para saber mais visite o *site* www.estrelaguia.com.br.

Curiosidades

Canopus, a Alfa da constelação Carina, é a segunda estrela mais brilhante do hemisfério sul. É também denominada Estrela Guia. Está situada no conjunto de constelações que formam o mitológico navio ARGUS, a nau dos argonautas. O ARGUS é constituído pelas constelações da Quilha (Carina), Popa e Vela. Canopus situa-se sobre a quilha do ARGUS, próximo à popa. Canopus, personagem mitológico, seria o piloto do ARGUS e teria aprendido navegação com Quiron, o centauro. Canopus é facilmente visível e identificável no céu do hemisfério sul.

Requisitos mínimos

Para poder utilizar o Canopus 2003 o usuário deverá ter acesso a um microcomputador do padrão PC, com processador Pentium II ou superior, ou AMD K6 ou superior, tendo espaço livre em disco rígido de, no mínimo, 30 Mb livres e 32 Mb de RAM, onde esteja instalado o ambiente operacional gráfico Windows 98 ou superior. Monitores SVGA asseguram os melhores resultados face à resolução superior.

É fundamental que o usuário esteja familiarizado com a operação do ambiente Windows no que tange ao uso do *mouse* e ao uso das janelas e da função de Ajuda (HTMLHELP) que caracterizam este ambiente operacional. Placas aceleradoras gráficas garantem melhor *performance* para o programa.

Neste CD você tem programas gratuitos e pagos. O *Astrologia Jr.* é gratuito. O *Astrologia Completo* você pode testar grátis por 30 dias. O programa *Agenda Esotérica Meu Astral* é pago. Se quiser mais informações clique em www.meuastral.com.br

Instalando o programa

Procedimentos para a instalação:

a) insira o CD-ROM no drive adequado do seu computador.

b) aguarde o programa NEXO.EXE rodar automaticamente ou vá para Meu Computador na área de trabalho e dê um duplo clique no ícone CD-Nexo, semelhante à ilustração abaixo.

c) em seguida, selecione Astrologia 2003 e o programa SETUP.EXE copiará o programa para o seu computador e criará o grupo de programas no Windows.

d) leia com atenção os procedimentos passo a passo até completar a instalação do programa.

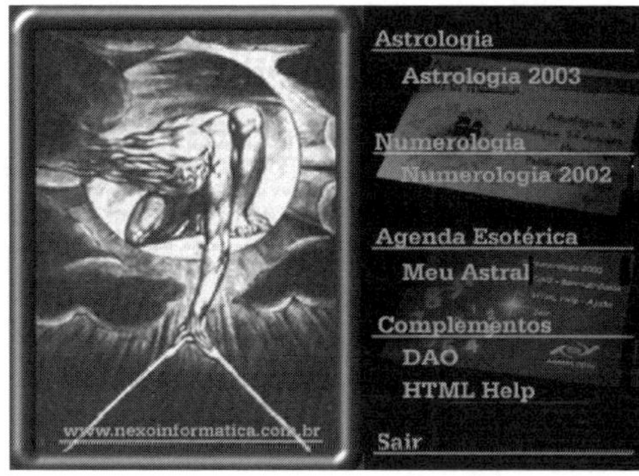

Licenciamento

Depois de realizada a instalação, o programa sempre rodará apresentando um quadro com uma imagem do livro e perguntando se você gostaria de rodá-lo como Júnior, (opção gratuita distribuída com o livro) ou como versão completa, a qual necessitará da aquisição (compra) de uma licença que poderá ser fornecida pelo telefone: (0 xx 21 3852-7401), pelo *e-mail:* vendas@estrelaguia.com.br ou pelo endereço: http://www.estrelaguia.com.br/canopus (é importante que você informe que conheceu o programa *Canopus Astrologia* por meio do livro *O Poder dos Aniversários*, de Saffi Crawford e Geraldine Sullivan), para então liberar o programa para uso definitivo.

ATENÇÃO: ESTES TELEFONES, E-MAILs E URLs SÃO APENAS PARA VENDA. PARA SUPORTE, VEJA A SEÇÃO "SUPORTE" ABAIXO NESTE MANUAL. Optando por rodar o programa completo, será apresentado outro quadro solicitando sua licença, caso você ainda não a possua, você ainda poderá rodar o programa completo como teste por 30 dias.

Se você adquirir sua licença e optar por rodar o programa completo, os dados da mesma deverão ser digitados conforme forem fornecidos, pois a licença é gerada a partir do nome do usuário.

Após informar o nome e a licença, pressione o botão Registrar e em seguida o botão Ok.

O botão Júnior é utilizado para que o usuário possa registrar o programa como uma versão Júnior, ou seja, uma versão que não permite que o usuário possa usufruir todas as opções existentes no programa, já o botão Renovar é utilizado para restaurar para mais 30 dias o período de teste.

Ao lado está a figura da janela referente ao licenciamento do programa.

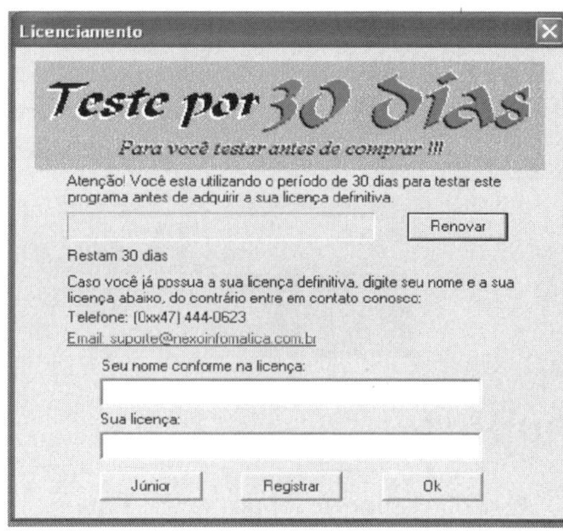

Fazendo Mapas Natais

Este programa Júnior permite que você faça seu Mapa Natal (gráfico) e uma interpretações básica acerca da influência do seu ascendente, planetas e a respeito do seu signo lunar.

Como fazer

Abra o programa na versão Júnior. Na tela que irá se abrir há um texto: Lista de selecionados. Abaixo dela, o primeiro ícone é "Dados do cliente". Clique nele para inserir os dados de quem você quer fazer o mapa. Ao terminar, clique em "OK". Em seguida, aparecerá seu Mapa Natal. Depois, clique na régua superior Ferramentas → Interpretação e você terá o seu mapa com as principais indicações astrais do seu nascimento.

Documentação

Se você estiver com dúvidas ou dificuldades em utilizar o *Canopus Astrologia 2003*, basta pressionar a tecla F1, que é a tecla de atalho para o arquivo de ajuda, e você encontrará desde dicas de como utilizar melhor o seu *software* até como preencher o formulário para entrada de dados dos usuários que posteriormente serão usados para gerar mapas. O usuário também poderá imprimir o arquivo de ajuda para utilizá-lo como um manual de instruções do programa.

Desinstalando o programa

Para desinstalar o *Canopus Astrologia 2003* de seu computador:
Clique no menu Iniciar | Programas | Nexo | Astrologia 2003 | Uninstall
que sua cópia será desinstalada corretamente.

Suporte

Para obter suporte sobre a versão Júnior que acompanha este livro, utilize um dos meios abaixo:
Internet: http://www.nexoinformatica.com.br/suporte/canopus
E-mail: suporte@nexoinformatica.com.br
Telefone em horário comercial: (0xx47) 444-0623

ATENÇÃO: Este suporte é exclusivo para a versão Júnior que acompanha este livro.

Antes de acionar o suporte via telefone, visite a página de suporte indicada acima, pois nela você encontrará dicas e atualizações do programa.

Problemas Conhecidos

Erro ao tentar abrir o banco de dados dos clientes ou das cidades:

É importante ressaltar que para o programa ser executado corretamente é necessário que o seu computador já contenha o gerenciador de acesso à banco de dados DAO que é parte integrante da versão Windows 98 ou superior. Se você possui o Windows 95, certifique-se de que o DAO está instalado, caso contrário, instale-o na opção Complementos.

E se você estiver utilizando o Windows XP com o Service Pack 2, poderá ter de executar um comando para rodar este programa. Você deverá registrar uma DLL no windows que o Service Pack 2 não registra corretamente. Para isso, terá de localizar em seu computador o arquivo DAO360.DLL, que geralmente está no seguinte diretório:

C:\Arquivos de programas\Arquivos comuns\Microsoft Shared\DAO

Siga os passos abaixo:

1. para localizar o diretório correto da DLL no seu computador acione o menu iniciar|localizar (ou pesquisar)

2. procure no seu disco C: o arquivo dao360.dll
Ex: C:\Arquivos de programas\Arquivos comuns\Microsoft Shared\DAO

3. veja em qual diretório ele se encontra. Você precisará desta informação adiante:

4. entre no modo DOS por meio do menu Iniciar|Programas|Prompt do MS-DOS (win98 pode ser diferente no seu windows) ou Iniciar/Programas/Acessórios/Prompt de Comando

5. vá para o diretório onde está a DLL (dao360.dll), utilize o seguinte comando cd \(nome do diretório que você guardou no item 2) – no caso do exemplo citado: cd(espaço)\ Arquivos de programas\Arquivos comuns\Microsoft Shared\DAO

6. Digite o seguinte comando: regsvr32 dao360.dll
Em seguida, aparecerá uma tela informando que o registro foi bem-sucedido.

7. saia do modo DOS digitando: exit

O programa rodará normalmente.

Esta obra foi impressa pela gráfica Edigraf
em off sete sobre papel off sete da Ripasa
para a Ediouro Publicações S.A.
em abril de 2005.